D1919143

Lutz van der Horst

KONFETTI BLUES

Ein
Liebesroman

DROEMER

Besuchen Sie uns im Internet:
www.droemer-knaur.de

MIX
Papier | Fördert gute Waldnutzung
FSC® C083411
FSC www.fsc.org

Originalausgabe November 2025
© 2025 Droemer Verlag
Ein Imprint der Verlagsgruppe
Droemer Knaur GmbH & Co. KG
Landsberger Straße 346, 80687 München
Alle Rechte vorbehalten. Das Werk darf – auch teilweise – nur mit Genehmigung des Verlags wiedergegeben werden.
Die Nutzung unserer Werke für Text- und Data-Mining im Sinne von § 44b UrhG behalten wir uns explizit vor.
Redaktion: Annegret Bauer
Covergestaltung: Johannes Wiebel, www.punch-design.de
Coverabbildung: Johannes Wiebel unter Verwendung mehrerer Motive von Shutterstock.com
Abbildung im Innenteil: Alina / stock.adobe.com
Satz und Layout: Adobe InDesign im Verlag
Druck und Bindung: CPI books GmbH, Leck
ISBN 978-3-426-56145-4

Kontaktadresse nach EU-Produktsicherheitsverordnung:
produktsicherheit@droemer-knaur.de

2 4 5 3 1

INHALT

PROLOG

Es ist der letzte Tag des Jahres 2024, und die ersten Idioten böllern seit Stunden, als gäbe es kein Morgen. Als Gegenmittel lege ich die neue Scheibe von Billie Eilish auf den Plattenspieler. Ich setze die Nadel behutsam auf die Rille, an der unser Lied beginnt, lasse mich auf die Couch fallen und tippe mich durch sämtliche Farbstimmungen des Ambience-Lights im Wohnzimmer, bis ich das perfekte warme Pink gefunden habe, das in fließenden Wellen über die Wände gleitet.

Dann ziehe ich den Karton, den der Amazon-Bote heute Morgen noch rechtzeitig geliefert hat, zu mir heran und die Konfettikanone samt Betriebsanleitung heraus.

Aus der Küche ertönt ein markerschütternder, dumpfer Knall. Ich schließe die Augen und bleibe einfach sitzen.

»Max«, ruft es kurz darauf ins Wohnzimmer. »Das mit dem Fondue wird nix. Lad die Gäste wieder aus.«

Es ist die Liebe meines Lebens, die da spricht. Ich lege die Konfettikanone beiseite und atme tief ein und aus, so, wie ich es im Beziehungscoaching gelernt habe.

»Auf keinen Fall«, rufe ich dann.

Ich freue mich seit Wochen auf unsere Silvesterparty, nicht zuletzt, weil wir eine 2004-Mottoparty feiern, die gleichzeitig eine Art Beziehungsjubiläum für uns ist.

2004 sind wir zusammengekommen, und Jennifer Lopez trennte sich zum ersten Mal von Ben Affleck.

Mark Zuckerberg erfand Facebook, und Wladimir Putin wurde zum zweiten Mal als Präsident bestätigt.

George W. Bush ebenso, und das, obwohl kurz vorher klar wurde, dass keine Massenvernichtungswaffen im Irak gefunden wurden und der Grund für die Operation Iraqi Freedom nur eine mutmaßliche Behauptung seinerseits war.

SpaceShipOne erreichte als erstes privat gebautes Fluggerät den Weltraum, und zum deutschen Unwort des Jahres wurde »Humankapital« gewählt. Eine Sondersteuer auf Alcopops sollte das Komasaufen unter Jugendlichen verhindern, und als »Wirbelloses Tier des Jahres« wurde der Regenwurm gekürt.

»Lebt denn dr alte Holzmichl noch?« dominierte die deutschen Charts, und Ray Charles starb.

Der griechischen Fußballnationalmannschaft gelang unter Otto Rehhagel das Unglaubliche: Sie holte zum ersten und vermutlich letzten Mal den Europameistertitel.

Auch für die Band Juli sollte das Jahr turbulent werden. Ihr Hit »Die perfekte Welle« überholte erst den Holzmichl und verschwand dann wieder in der Versenkung, nachdem ein verheerender Tsunami aus dem Indischen Ozean auftauchte.

»Hartz IV« war das Wort des Jahres, und die gleichnamigen Sozialreformen wurden zum Anlass für eine monatelange Demonstrationswelle quer durch die Republik.

Die Jahresdurchschnittstemperatur in Europa lag mit etwa 0,5 Grad über dem langjährigen Durchschnitt, wodurch großen Teilen der Bevölkerung erstmals die Folgen des menschengemachten Klimawandels bewusst wurden.

Die 23. Auflage des Dudens nahm zwar etwa 5000 weibliche Tätigkeits-, Amts- und Berufsbezeichnungen offiziell auf, führte das Wort »Fidschi« neben der gleichnamigen Inselgruppe allerdings weiter als »salopp abwertende Bezeichnung« für asiatische Menschen.

2004 war auch das internationale Salvador-Dalí-Jahr. Das ist der Surrealismus-Typ mit den zerfließenden Formen, und wenn ich auf mein damaliges Ich zurückschaue, finde ich das erschreckend präzise. Alles schien mir zwischen den Fingern zu zerfließen, und ich lernte unter Schmerzen die einfachste aller Lektionen:

Man muss sich erst selbst finden und lieben, um die Liebe zu finden.

So blöd das klingt.

Und wenn man sie gefunden hat, muss man mit dem Chaos klarkommen, das sie in der Küche anrichtet.

KAPITEL 1: PANNENSHOWS

JA, JA, JAJA, JAAAAAAAAAAAAAAAAAAAA, JA, JA, JA, OH MEIN GOTT!«

Im Pornokino unter mir kommt gerade das erste der *Drei dauergeilen Dirndl.* Ich lasse den Kopf auf das Mauspad fallen, das neuerdings extra an dieser Stelle liegt, damit es nicht so wehtut. Die Computermaus kratzt jetzt über das Furnierholz des Schreibtischs.

Wie bin ich hierhergekommen?

In den kleinen, schäbigen Raum über dem kleinen Kölner Schmuddelkino, in dem ich fünf Tage der Woche sitze und lustige Dialoge für Sendungen schreibe, die *Witzeshow, Pannenshow* oder *Die witzige Pannenshow* heißen und aus unerklärlichen Gründen gerade ein großes Ding sind.

Inhaltlich passiert darin immer eins der gleichen drei Dinge: Eine Frau fällt hin, ein Mann fällt hin, oder ein Kind fällt hin. Auf den Bauch, auf den Arsch oder auf den Rücken. Auf Eisflächen, Spielplätzen oder Hochzeitsfeiern. Immer.

Die Szenen werden mehrfach in unterschiedlichen Tempi wiederholt und mit Geräuschen wie *Poing, Zong* oder *Wawawa* unterlegt.

»JA, JA, JA, JAAAAAAA, GIB'S MIR!« Dirndl Nummer zwei nähert sich unter mir dem Höhepunkt.

Und dann folgt der lustige Spruch aus meiner Feder. Wenn zum Beispiel die Frau auf der Eisfläche hinfällt, schreibe ich so etwas wie: »Diesen Winterspaziergang fand Edeltraud mal wieder echt umwerfend.«

Wenn das Kind mit dem Gesicht voran in die Hochzeitstorte klatscht, schreibe ich … offensichtlich nichts. Mir fällt einfach nichts mehr ein.

Ich warte, bis das dritte Dirndl den lautstarken Orgasmus beendet hat, hebe den Kopf und kratze mit der Maus über den Tisch, um Google zu öffnen.

Ich tippe Max Steinbach, meinen Namen, und erhalte 21 300 Treffer. Das klingt erst mal viel, ist aber für den aufstrebenden Comedian, für den ich mich noch vor zwei Monaten hielt, ein Witz. Menschen wie Shakespeare oder Wagner bewegen sich zwischen 150 und 200 Millionen Treffern, doch wenigstens bin ich in einer Liga mit »Seelach« (23 700), und das immerhin ist ein ganzes Wohnviertel in Baden-Baden. Für das sich allerdings kaum jemand interessiert. Wie für mich.

Nicht mal mein Agent ruft mich an, seit meine Fernsehshow aus mir unbekannten Gründen abgesetzt wurde.

Exakt drei Mal lief sie über den Bildschirm. Auf einem kleinen Spartensender. Nach Mitternacht. Bis ich eines Morgens die Fernsehzeitschrift aufschlug und sie nicht mehr fand. *Die unlustigste Show der Welt* war verschwunden, und niemand sagte mir, warum. Ich kann die Anrufe und Mails, die ich dem Produzenten hinterlassen habe, gar nicht mehr zählen.

21 300 Treffer. Das ist alles, was mir Google nach dieser Karriere anbietet? Zugegeben, sie ist nicht vergleichbar mit

der eines Richard Wagner, aber fairerweise muss man sagen, dass der Mann ja einen Vorsprung von 162 Jahren hat und unter den Eintrag »Wagner« auch noch andere Wagners fallen, wie zum Beispiel Franz Josef Wagner von der BILD-Zeitung oder die Original Wagner Steinofen-Pizza.

Und so bin ich hierhergekommen, in mein altes Autorenbüro namens Karoshi, was auf Japanisch Tod durch Überarbeitung bedeutet und das ich mir mit meinem Kollegen Danny teile. Kann sein, dass ich etwas überhastet aus unserer gemeinsamen Arbeitsbeziehung ausgezogen war, sobald klar war, dass die *Unlustigste Show der Welt* produziert wird.

Dass ich einfach zurückkriechen durfte, ist vermutlich allein dem Umstand zu verdanken, dass Danny notorisch gut gelaunt ist.

Danny ist 26, Brite, mit einer viel zu großen Brille und einer Stimme, die oft präpubertär wegknackst. Als wäre er im Stimmbruch stecken geblieben. In den *Eis am Stiel*-Filmen hätte man ihn ganz klar als den Loser besetzt. Kennengelernt haben wir uns vor zwei Jahren beim Comedy-Praktikum in der Redaktion eines Privatsenders.

Wir waren zwei von sieben Praktikanten, und ich war einigermaßen eingeschüchtert. Wenn keine Kamera oder Publikum vor mir ist, bin ich ein zurückhaltender Mensch. Danny und ich bildeten also die Art Schicksalsgemeinschaft, die man am ersten Tag eingeht, damit man nicht untergeht, und die sich relativ schnell wieder auflöst, wenn die Anfangsunsicherheit abebbt. Weil man sich dann den Menschen zuwendet, mit denen man Gemeinsamkeiten hat. Und Danny und ich hatten nichts gemeinsam außer dem Zufall, dass wir uns im Aufzug zum Praktikumsplatz kennenlernten und die gleichen schwitzigen Hände bei der

Begrüßung hatten. Wir rutschten beim Händedruck beinahe voneinander ab.

Und danach blieb er einfach an mir kleben – buchstäblich. Das ganze dreimonatige Praktikum über war Danny mein Schatten, und so kam es, dass wir vor zwei Jahren das gemeinsame Autorenbüro über dem Pornokino bezogen. Und das, obwohl wir in puncto Humor keinerlei Gemeinsamkeiten haben. Genau wie im Leben.

Bis ich Danny kennenlernte, war ich der festen Überzeugung, dass alle Engländer einen überragenden Humor besitzen. Schwarz, schmerzvoll und gleichzeitig subtil. Die perfekte Melange aus Ironie und Understatement. Aber offensichtlich gibt es Ausnahmen. Danny ist fröhlich, jedoch alles andere als lustig. Das ist ein himmelweiter Unterschied.

Wie aufs Stichwort fliegt die Tür mir gegenüber auf, und er betritt den Raum. Pfeifend. In der Frequenz einer Piccoloflöte. Danny summt, murmelt und flötet, wo er geht und steht. Und als wäre das nicht schlimm genug, entscheidet er sich treffsicher für die absolut uncoolsten Lieder der Popgeschichte. Heute ist es »Final Countdown« von Europe.

Ich selbst würde mich nicht als überdurchschnittlich trendy bezeichnen, aber so sicher, wie ein Trüffelschwein einen Pilz findet, findet Danny unter Abertausenden guten bis mittelmäßigen Songs garantiert den uncoolsten. Was heute »Final Countdown« ist, war gestern »Walking on Sunshine« und am Tag zuvor »Midnight Lady«.

»Du errätst nie, was ich vorhabe«, gluckst er zufrieden und plumpst auf den Schreibtischstuhl mir gegenüber.

»Keine Ahnung«, antworte ich wahrheitsgemäß, denn ich habe nie eine Ahnung, was in ihm vorgeht. »Aber im Idealfall hörst du auf, Europe zu flöten.«

»LOL.« Er spricht das Wort tatsächlich aus und zieht sein Handy aus der Tasche. »Ich buche jetzt …« Er beugt sich enthusiastisch vor und flattert aufgeregt mit den Armen. Ich erwarte Schlimmes. »… den Ti-Amo-Tisch bei meinem Lieblingsitaliener, für nächste Woche, und mache Isi einen Antrag.« Ich nicke grenzdebil. »Und die Frau des Besitzers wird die Verlobungsringe in einer Eissplittertorte servieren, als Zauberfee verkleidet.«

Okay, denke ich und muss mich zusammenreißen, um den Kopf nicht direkt wieder auf das Mauspad fallen zu lassen. Darauf wäre ich nie gekommen. Probiert er gerade einen neuen Gag an mir aus?

Unsicher, wie ich reagieren soll, öffne und schließe ich den Mund ein wenig, aber Danny braucht gar keine Reaktion. Er lehnt sich im Stuhl zurück und schaut in Richtung der handgeschriebenen Zettel, die traurig neben meiner Tastatur liegen.

»Woran arbeitest du gerade, Max?«

»Ich schreibe meine Biografie«, lüge ich schamlos, und er blickt mich überrascht an. Ich kann buchstäblich sehen, wie es in ihm arbeitet. Offensichtlich hält er gar nichts von dieser Idee, aber er ist viel zu nett, um mir das zu sagen. Also überlegt er, wägt ab, analysiert und strukturiert seine Antwort.

»Spitze!«, quietscht er dann und kratzt sich dabei am Kinn.

»Das ist alles andere als spitze«, entgegne ich und merke, wie mich eine Welle der Wut eiskalt erwischt.

»Du weißt, dass diese Idee total schwachsinnig ist, Danny. Wer zur Hölle wartet auf die Biografie eines gescheiterten Comedians?« Ich funkele ihn herausfordernd an.

»Na … ich zum Beispiel …«, antwortet er kleinlaut. »Ich finde so was interessant.«

»Interessant?«, wiederhole ich genüsslich. Wir alle wissen, dass *interessant* ein absolutes Verlegenheitsurteil und die kleine Schwester von Scheiße ist. So viel britischer Humor steckt dann doch in ihm. Wenn ein Engländer etwas, was du sagst, *interesting* findet, möchte er das Gespräch lieber beenden.

»Ach ja?«, bohre ich weiter. »Wie viele Biografien von gescheiterten Comedians hast du denn schon gelesen?« Pause. Ich habe keine Ahnung, warum ich gerade so lustvoll auf dieser passiv-aggressiven Welle reite. Aufhören kann ich jedenfalls nicht. »Genau, Danny, keine.«

»Okay, stimmt«, windet er sich. »Aber es gibt ja auch keine Biografien von gescheiterten Comedians.« Er tappt mitten in die Falle, die ich ihm gestellt habe.

»Exakt! Und warum wohl?«

Pause. Dass Danny immer noch versucht, mir zu antworten, rührt mich fast. Doch ich bin zu berauscht von meinem eigenen Zynismus.

»Ich helfe dir ein bisschen, Danny. Es gibt keine Biografien von gescheiterten Comedians, weil sie *gescheitert* sind.«

Der letzte Rest von Dannys Optimismus welkt vor sich hin, und ich stürze von meiner Zynismuswelle runter.

»Was hältst du eigentlich davon, dass ich mich verlobe?«, wechselt er das Thema und blickt mich aus großen Augen an. »Du findest doch auch, dass Isi und ich gut zusammenpassen, oder?«

»Klar, Danny. Die Idee ist einfach genial. Du bist immer gut drauf. Isi ist immer gut drauf. Und wenn ihr heiratet, könnt ihr zusammen supergut drauf sein. Es spricht rein gar nichts dagegen.«

»Danke«, antwortet er knapp und sieht ein weiteres Mal

darüber hinweg, dass ich mich wie ein frustriertes Arschloch verhalte. Oder es bin.

»Hey, Danny«, sage ich deshalb nach ein paar Sekunden quälender Stille. »Es tut mir leid, dass ich so fies bin. Echt jetzt … Mein eigenes Selbstmitleid kotzt mich an.«

»Schon okay«, entgegnet er dankbar lächelnd. »Versuch doch einfach mal, das Leben etwas positiver zu sehen. Du kennst sicher den Spruch: Wenn dir das Leben Zitronen gibt, mach Limonade draus!«

Ich könnte schon wieder in die Luft gehen angesichts dieser abgedroschenen Küchenpsychologie-Phrase, aber ich beiße mir schnell auf die Unterlippe. Das hier, diese kleine dysfunktionale Bürogemeinschaft, ist gerade meine letzte Zuflucht.

»Ich weiß …«, zische ich durch die Zähne. »Das Blöde ist halt: Wenn mir das Leben Zitronen gibt, mach ich bloß Zitronensaft draus. Ich finde einfach nicht den verdammten Zucker.«

Dann stecke ich mir die Kopfhörer in die Ohren und schalte den iPod ein. Ich brauche etwas New Country, um mich zu beruhigen. Das funktioniert eigentlich immer.

Den meisten Menschen, die ich kenne, ist meine Liebe zu New Country ein Rätsel. Bei Klassikern wie Johnny Cash oder Dolly Parton gehen die meisten noch mit, aber bei New Country steigt eigentlich jeder aus. Ich liebe New Country über alles. Zugegeben, manchmal ist er grenzwertig rechtskonservativ, aber eines haben moderne Cowboys wie Garth Brooks, Alan Jackson und Keith Urban gemeinsam: Sie besingen mit Hingabe die einzig wahre Liebe. Ohne ironische Brechung und ohne eine Spur Scheu vor Kitsch. Harte Cowboys mit babywindelweichen Herzen haben es mir angetan, obwohl das Publikum eines Toby-Keith-Konzerts eine »Schwuchtel« wie mich vermutlich mit Fackeln durchs Dorf jagen und anschließend windelweich prügeln würde.

Dass ich bisexuell bin, würde mir sicherlich nicht helfen, denn obwohl wir mittlerweile 2004 haben und das irgendwie nach Science-Fiction und Zukunft klingt, löst das Konzept der Bisexualität weiterhin maximale Verwirrung in Menschen aus. Entweder schwul oder hetero zu sein, ist irgendwie wichtig. Wenn ich mich in eine Frau verliebe, glaubt sie, es ist nur eine *Phase*, wenn ich mich in einen Mann verliebe, glaubt er, ich will nur ein bisschen experimentieren. Wenn du an beiden Ufern fischst, wird dir ganz schnell mangelnde Entscheidungsfähigkeit attestiert, oder schlimmer: Unfähigkeit zu tieferen Gefühlen. Obwohl mein Herz genauso bricht, wenn Alan Jackson »Once in a Lifetime Love« singt.

KAPITEL 2: DISCOSHIT

Hast du mittlerweile was von der Produktionsfirma gehört wegen deiner Show?«, fragt Danny später von seinem Schreibtisch aus, als ich die Kopfhörer wieder abnehme. Ich habe genügend New Country gehört, um weiterarbeiten zu können, hoffe ich.

»Nein!«, antworte ich niedergeschlagen. »Ich kriege einfach keinen Termin. Der Scheißproducer geht nicht mal mehr ans Telefon. Ich werde noch verrückt!«

»Noch verrückter?«, fragt Danny und hat einfach nur recht.

Die unlustigste Show der Welt war natürlich nicht wirklich unlustig. Ich hielt sie für ein überragendes Konzept, wenn ich ehrlich bin, sogar ein bisschen für Kunst. Es war eine Art Anti-Comedy-Sendung mit Gästen, die sich für lustig hielten, es aber nicht waren. Dazu gab es noch unlustige Studio-Aktionen, unlustige Rubriken und unlustige Einspielfilmchen – alles derart unlustig, dass es wieder lustig war. Mein Meisterstück war die Figur des Hosts, die ich spielte. Ein tragischer, überambitionierter Komiker, der ein Motivationsseminar zu viel besucht hat und etwas zu sehr an sich und seinen Witz glaubt. Der in Bauchredner-Einlagen mit seiner Onaniesocke diskutiert und das Publikum durch den »Respekt-Regenbogen« quält, einen siebenstrophigen Rap über Völkerverständigung, bei dem ich »aus Versehen« in jeden rassistischen Fettnapf trete, der sich finden lässt:

Lasst uns alle strahlen
Im Respekt-Regenbogen
Alle bunten Farben
Im Respekt-Regenbogen
Denn es ist ganz egal
Ob du schwarz bist oder gelb
Ob du braun bist oder rot
Ob nackt oder angezogen
Im Respekt-Regenbogen

Ich habe die Leute in Fremdscham gebadet, um auf die Niveaulosigkeit bestimmter Comedians der Gegenwart hinzuweisen. Vielleicht war es aber auch nur eine unbewusste Form der Therapie, in der mir selbst nicht klar war, was genau ich damit wegtherapieren wollte.

Ich weiß, dass das etwas ambitioniert war für den Comedysektor, klar, aber deswegen lief die Show auch erst mal auf einem kleinen Spartensender. Nach Mitternacht. Um früher oder später über den Kultfaktor zu einem größeren Publikum zu gelangen. Dachte ich jedenfalls. Und hier bin ich: in der unlustigsten Show der Welt, die jetzt mein Leben heißt – leider ohne Metaebene.

Um nicht völlig unterzugehen, muss ich also dringend daran arbeiten, ins Rampenlicht zurückzukehren. Fürs Erste habe ich mir vorgenommen, ein Stand-up-Programm zu schreiben und damit live aufzutreten. Ich gehe abends auf die Bühne, erzähle unglaublich komische Gags, und die Menschen lachen sich über mich kaputt.

Super in der Theorie, schwierig in der Praxis, denn seit Wochen kriege ich keinen einzigen Witz aufs Papier. Es funktioniert einfach nicht. Meine Selbstzweifel und Minderwertigkeitskomplexe haben eine meterhohe Blockade in meinen Weg gemauert. Und deswegen sitze ich auch heute wieder am Computer und schreibe völlig verkrampft an Seite eins herum, die ich regelmäßig in den Papierkorb schiebe, nur um sie ein paar Minuten später wiederherzustellen.

Dann klingelt das Telefon. Es ist mein bester Freund Markus.

»Alter!«, brüllt er in die Muschel, und ich halte das Handy ein Stück von meinem Ohr weg, wie eine Comicfigur. »Heute Abend sieht schlecht aus.«

»Was?«, frage ich und klinge so hysterisch, dass Danny mir einen besorgten Seitenblick zuwirft. »Heißt das, wir gehen nicht aus?«

»Quatsch, natürlich gehen wir aus«, antwortet Markus, als wäre ich schwer von Begriff. Ich bin beruhigt. Dies ist eines der Wochenenden, wo ich mich dringend besaufen muss. Also so wie letztes und nächstes auch.

»Das Problem ist, dass ich keinen Discoshit habe!« Markus klingt ehrlich verzweifelt. Aus irgendeinem Grund gehen wir nie aus, ohne etwas zu nehmen, dabei habe ich eigentlich nie wirklich Lust auf das blöde Pep. Speed macht mich nur wach, und wenn ich gleichzeitig viel Bier trinke, werde ich wieder nüchtern.

»Scheiß drauf!«, sage ich also möglichst gelassen und dann, etwas vorsichtiger: »Was hältst du von der verrückten Idee, einfach mal *ohne* Drogen auszugehen?«

»Nix!«, brüllt er kurz und bündig ins Telefon. »Vielleicht kann ich ja doch noch was besorgen! Wie lang biste noch auf Schicht?«

»Markus, warum brüllst du die ganze Zeit?«

»Was?«

»Warum brüllst du eigentlich die ganze Zeit?«

»Ich brülle nicht«, brüllt er zurück, und ich gebe es auf. »Ich bin um neun zum Vorglühen bei dir.«

»Okay. Aber komm bitte ins Büro. Ich muss heute länger …«

»Verstanden. Also um neun bei dir!«, unterbricht er mich.

»Nein, Herrgott! Um neun im Büro!« So langsam komme ich mir vor wie in einem miesen Sketch, den ich selbst geschrieben habe. »Weißt du noch, wo das ist?«

»Pornokino, klar«, brüllt Markus und legt auf.

*

Um halb zehn klingelt es Sturm, und Danny schreckt von seinem Bildschirm auf. Er sagte, er müsse Überstunden machen, aber ich habe den Verdacht, er will mich nur nicht allein lassen. Als ich die Tür öffne, stürmt Markus mit dem Arm voller Flaschen an mir vorbei und stellt sie laut polternd auf meinem Schreibtisch ab. Dabei bemerkt er Danny. Er kennt ihn zwar aus meinen Erzählungen, aber getroffen haben sich die beiden noch nie.

»Tach! Du bist wohl der Bürokollege? Auch 'n Kölsch?«, fragt er höflich, streift sich die zerzausten blonden Locken aus dem Gesicht und lächelt sein Surferboy-Lächeln.

»Nein danke«, winkt Danny ab. »Ich trinke kein Bier.«

Ich halte die Luft an.

»Kein Thema, Alter. Ich hab auch Wodka.« Markus greift in die Innentasche seines abgewetzten Army-Parkas und zieht eine Flasche heraus.

»Nein danke«, sagt Danny und strahlt ihn an. »Alkohol ist generell nicht mein Ding.«

Bumm. Es passiert: Zwei Welten treffen aufeinander. Zwei Planeten, die Millionen Lichtjahre voneinander entfernt waren, begegnen sich zum ersten Mal. Planet Danny, eher klein und beschaulich, und Planet Markus, groß, holprig und unberechenbar.

»Alkohol ist Nervengift«, sagt Danny ahnungslos. »Den trinke ich nur in Ausnahmefällen. Zu festlichen Anlässen.«

Während Planet Danny also noch naiv um Planet Markus kreist, hat dieser gerade einen Entschluss gefasst. Er ist eh größer und stärker. Warum also das Sonnensystem teilen?

»Festliche Anlässe also?«, fragt Markus und stellt die Wodkaflasche krachend auf meinem Schreibtisch ab, nicht ohne mir einen Seitenblick zuzuwerfen. »Was wird denn da gefeiert? Dass du dir den Stock aus dem Arsch ziehst?«

Ich schaue hilflos zu, wie die Katastrophe ihren Lauf nimmt, und CRASH! Es ist passiert. Sie sind zusammengeprallt.

»Was soll das denn?«, fragt Danny pikiert. »Findest du mich jetzt uncool oder was? Nur weil ich keinen Bock habe, mir das Gehirn zu ruinieren?«

»Alles easy«, sagt Markus gefährlich versöhnlich und lehnt sich über den Schreibtisch in Richtung Danny. »Wir machen es so. Du darfst die leeren Flaschen behalten und dir von dem Pfand ein Snickers kaufen! Vielleicht lockert dich der Zuckerschock ein bisschen.«

Sosehr mich dieser Wortwechsel aus Dannys mauen Sprüchen und Markus' ganz akzeptablen Anfeindungen auch fasziniert: Langsam sollte ich mal einschreiten.

»Stopp jetzt!«, rufe ich deshalb. »Markus trinkt. Danny trinkt nicht. Punkt. Können wir uns einfach darauf einigen?«

»Klar«, sagt Markus handzahm und grinst dieses umwerfende Grinsen, das einfach nie seine Wirkung verfehlt. Meine Mundwinkel zucken unwillkürlich nach oben, aber ich weiß, dass ich auf das Schlimmste gefasst sein sollte.

»Was ist mit dir, Max? Vergiftest du deine Nerven mit mir?«

Er nimmt die Flasche Moskovskaya und hält sie mir entgegen. »Oder soll Danny zwei Snickers kaufen gehen?«

Ich fühle mich wie im Kindergarten – von der Flasche Wodka in meinem Blickfeld mal abgesehen. Aber wer weiß, wie es in russischen Kindergärten zugeht. Markus grinst breit, und Danny steht zum ersten Mal, seit ich ihn kenne, so etwas wie Wut ins Gesicht geschrieben. Er blickt mich Hilfe suchend an, und ich fühle mich plötzlich wie in »The Girl Is Mine«, diesem schwülstigen Duett von Michael Jackson und Paul McCartney, in dem sich die beiden singend streiten, wer die Frau bekommt. Okay … Es waren die Achtziger, und trotz des Songs wurde das Album *Thriller* zum meistverkauften aller Zeiten. Aber es blieb ein unglaublich peinlicher Song, weil sich die beiden anzicken wie Chorknaben.

Und das unterscheidet Paul und Michael von Markus und Danny. Letzterer ballt jetzt nämlich tatsächlich die Fäuste und würde am liebsten zuschlagen. Oder etwas Ähnliches. Den Anschein, als wollte er gleich anfangen, »The Girl Is Mine« zu trällern, erweckt er jedenfalls nicht.

Ich bin völlig überrascht von Dannys Aggression. Ich dachte, er hätte das nicht in sich.

»Stopp! Jetzt wird es lächerlich. Entweder, ihr versöhnt euch jetzt – oder wir beide müssen gehen.«

Markus schaut mich an und sammelt wortlos seine Flaschen vom Schreibtisch.

*

Mit zwei Kölsch in den Händen verlassen wir das Haus und laufen Richtung Venloer Straße – in der denkbar miesesten Laune, obwohl heute 3klang ist, meine liebste Party in Köln. Die Musik ist laut, die Gäste sind betrunken, und der Abend endet immer mit mindestens einer Herzschmerz-Katastrophe. Außerdem ist die Party das, was man so schön als *multisexuell* bezeichnet. Das heißt, ich muss erst vor Ort entscheiden, mit welchem Geschlecht ich ins Bett gehe.

Markus tritt gegen eine leere Bierdose auf dem Weg und kickt sie vor sich her. Es ist ein nervtötendes Geschepper, das die laute Stille zwischen uns noch unerträglicher macht. Ich beobachte ihn aus den Augenwinkeln und frage mich, wann genau sein eher handfester Humor in stabile Aggression umgekippt ist. Markus ist seit acht Jahren mein bester Freund, aber eigentlich könnte er auf jedem einzelnen Foto aus meiner Kindheit sein. Da gehört er hin. Da ist er aber nicht.

Er trägt sein typisches Outfit: den Army-Parka, die ausgefranste Jeans, und auf den blonden Locken sitzt ein Basecap, das aussieht, als hätte es ein Trucker vor zwanzig Jahren an einer litauischen Tankstelle verloren. Er schiebt es im Gehen etwas aus der Stirn und kickt die Dose in meinen Weg, um Kontakt herzustellen. Ich trete demonstrativ darauf und lege im Laufen meine Hand zwischen seine Schulterblätter. Wir sind Jungs und verhalten uns auch so. Wir kicken verlegen mit Bierdosen um nicht vorhandene Gespräche herum und vertragen uns mit scheuen, kleinen Gesten.

Als wir schließlich am Artheater ankommen, wo die Party stattfindet, kommt uns auch schon Elmar entgegen.

»Ach, Leute. Ist doch alles scheiße!«, winselt er, und ich fühle mich, als hätte ich ein Déjà-vu.

»Wegen Nina?«, fragt Markus gelangweilt.

»Ja, sie ist gerade reingegangen und hat mich nicht einmal angeschaut. Ich glaube, sie steht nicht auf mich!«

Alles ist wie immer. Elmar ist frustriert und weint Nina hinterher, einer Frau, bei der er definitiv keine Chance hat. Denn Nina ist eine der Frauen, die man optisch als vollkommen bezeichnen könnte. Der Mann, der es schafft, ihr Interesse zu wecken, ist ein glücklicher Mann. Und er sieht auf keinen Fall so aus wie Elmar.

»Du bist ein Idiot!«, entgegnet Markus knapp. »Natürlich steht sie nicht auf dich. Sie hat noch nie auf dich gestanden!«

Elmar schnappt nach Luft, und ich schalte mich widerwillig in das Gespräch ein.

»Elmar«, sage ich und versuche, möglichst überzeugend zu klingen. »Es gab zu keiner Zeit auch nur das winzigste Indiz dafür, das die leise Vermutung zuließ, sie könnte auf dich stehen!«

»Klar gab es Indizien!«, protestiert er.

»Und welche?«, frage ich, während ich aus dem Augenwinkel beobachte, wie Markus die Flasche Wodka an die Lippen führt.

»Wie sie mich immer angeschaut hat, zum Beispiel.«

»Sie schaut dich nicht an!«

»Sie hat zweimal mit mir gesprochen.«

»Sie schnorrt Zigaretten, Elmar!«

»Sie ist nur schüchtern«, antwortet er kleinlaut. Markus verschluckt sich am Wodka und prustet so laut, dass ich die Hand auf Elmars Schulter lege und ihn Richtung Eingang schiebe.

»Lass uns reingehen.«

Ich bin wirklich ein Romantiker und hingerissen davon, dass Menschen fest an die Liebe glauben. Aber so fest wie bei Elmar muss es dann doch nicht sein.

KAPITEL 3: QUEEN OF THE FUCKING UNIVERSE

Als wir in den Laden kommen, ist er schon gut gefüllt, und ein dichter Nebel aus Zigarettenrauch und Trockeneis liegt in der Luft. Elmar macht sich direkt auf die Suche nach Nina. Ich tappe durch den Qualm und merke, wie der Alkohol, den wir auf dem Weg getrunken haben, anschlägt. Er treibt mir eine unangenehme Röte ins Gesicht, und ich kann förmlich spüren, wie ich glühe. Ein Problem, das ich seit ein paar Wochen habe und dringend ärztlich abklären lassen muss. Nicht nur, weil es mir den bescheuerten Namen »Tomatenprinz« eingebracht hat.

»Ich hol uns schnell zwei Wodka Red Bull von der Theke. Stell du dich schon in der Kokserschlange an«, sagt Markus und klopft mir auf die Schulter. Ich sollte nichts mehr trinken in Anbetracht meiner Gesichtsfarbe, und mit dem Pep wollte ich eigentlich bis später warten, aber ich brauche wirklich dringend ein bisschen Sorglosigkeit. Ich muss mal so richtig abschalten, damit ich jemals wieder was zu Papier bringe. Ich stelle mich also in die zweite Schlange vor dem Herrenklo, zu denen, die nicht auf ein Urinal, sondern auf einen Timeslot in der Kabine warten, und lasse den Blick durch den vorderen Part des Ladens schweifen. Es ist das übliche Publikum aus verranzten Alkoholikern, süßen Punk-Mädchen und Möchtegern-Alternativen, die sich vorher ganz genau überlegt haben, wie groß die Löcher sein müssen, die sie in ihre Jeans schneiden, und die den Stoff anschließend mit Bimsstein bearbeiten, damit er den richtigen Used Look hat. Im Gegensatz zu Markus, dessen Jeans used aussehen, weil sie genau das sind: used, bis sie irgendwann von allein auseinanderfallen.

So weit ist also alles wie immer, denke ich, als mein Blick an jemandem hängen bleibt. Er steht mit einer Gruppe von Leuten in der hinteren Ecke des Raums und trinkt ein japanisches Asahi-Bier. Und er ist mit großer Sicherheit auch Japaner. Sein Stil sieht nach Manga aus. Die Haare sind blondiert und sorgsam verstrubbelt. Er trägt eine glänzende Hose, und auf seinem ziemlich knappen Shirt steht in bunten Lettern *Queen of the Fucking Universe*. Er amüsiert sich über irgendetwas, und das Lachen explodiert förmlich auf seinem ebenmäßigen Gesicht, während er den Kopf in den Nacken legt und sich anschließend die schmale Hand auf den Mund presst.

Ich bin perplex. Nicht nur, dass ich ihn hier noch nie gesehen habe, für mich verkörpert er in diesem Moment die absolute Perfektion. Sogar von Weitem.

Ich merke, dass ich starre, und gebe mir ernsthaft Mühe, den Blick von ihm loszueisen, aber es geht nicht. Ich muss einfach hinschauen. »Cause I'm on fire«, scheppern Bloc Party zusätzlich im Hintergrund.

»Was stierst du denn so?«

Markus ist plötzlich neben mir aufgetaucht und drückt mir ein Glas in die Hand.

»Ey, Tomatenprinz? Alles klar?« Er schnippt mit den Fingern in meinem Blickfeld rum, und ich grinse weiter dämlich vor mich hin.

»Superklar. Ich hab nur gerade die Perfektion erblickt!«, antworte ich.

»Was? Wo?«

Markus sieht sich fragend um, bis er den Japaner entdeckt, der sich mittlerweile lässig in die Sofaecke gefläzt hat und mich anlächelt. Bingo!

»Och nee, Max«, sagt Markus impulsiv. »Der Fidschi?«

Ich zucke zusammen. Das hat er jetzt nicht wirklich gesagt?

»Nicht so laut, du Idiot!«, stauche ich ihn zusammen und widme mich wieder dem Anblick der Vollkommenheit. Er unterhält sich angeregt mit seinen Freunden, lächelt mich immer wieder an und macht so unmissverständlich klar, dass er mich zumindest minimal sexy findet.

»Was denn?«, fragt Markus betont naiv, und ich wende mich unwillig vom Objekt meiner Begierde ab.

»Du kannst doch nicht ernsthaft Fidschi sagen. Das ist rassistisch«, zische ich ihm zu.

»Wieso ist das rassistisch?«, fragt er, wie immer eine Spur zu engagiert. Man könnte es auch laut nennen. »Wenn man von den Fidschi-Inseln kommt, ist man ein Fidschi. Das ist doch nicht rassistisch!«

Die beiden Typen vor uns wenden uns langsam die Köpfe zu und blicken skeptisch. Ich lächle freundlich, und sie ziehen synchron die Stirn in Falten, bevor sie sich wieder abwenden.

»Du sagst aber zu *allen* Asiaten Fidschis«, flüstere ich Markus zu. »*Das* ist rassistisch.«

»Ja, Herrgott«, sagt er verteidigend. »Was soll ich denn

sagen? Das sind über eine Milliarde. Soll ich die alle beim Vornamen nennen oder was?«

Ich massiere meine Nasenwurzel mit zwei Fingern. Markus ist bockig und manövriert sich aus Trotz wieder in irgendeine absurde Position hinein, die er überhaupt nicht vertritt. Sein inneres Kind will nicht kritisiert werden. Die beiden Typen vor uns drehen sich sehr langsam um und mustern ihn verächtlich.

»Sag es einfach nicht mehr, okay?« Ich schaue ihn bittend an, und er blickt schmollend in die entgegengesetzte Richtung. Die Ruhe ist trügerisch und währt nur kurz. Sein inneres Kind will etwas einreißen.

»Ich hab ja eh das Gefühl, dass alle Asiaten schwul sind.«

Ein verzweifeltes kleines Lachen überfällt mich, als ich die Stimme des Typen vor mir höre: »Alter, wenn du so weitermachst, kriegst du gleich eine auf die Fresse.« Er baut sich vor Markus auf. Der drückt mir seinen Drink in die Hand, und ich räuspere mich.

»Lasst ihn«, sage ich. »Er ist mein bester Freund und wirklich kein Rassist. Und auch nicht homophob.«

»Warum labert er dann so einen Scheiß?«, fragt der andere Typ, und ich zucke mit den Schultern.«

»Weil sein inneres Kind ein kleiner Giftzwerg ist?«

Der Typ vor mir schaut mich an, als hätte ich den Verstand verloren. Aber es funktioniert. Ich nehme einen langen, erleichterten Zug von meinem Drink.

*

»Ich meine … wie sie mich immer angeguckt hat. Das war schon ein Indiz. Und sie hat nicht einfach nur nach Zigaretten gefragt, Mann. Das war doch bloß eine Ausrede …«

Ich bin vom Klo gekommen und direkt in die Elmar-Falle getappt. Eigentlich wollte ich nur auf die Tanzfläche, aber tragischerweise stand er mitten im Weg. Und man kann ihn doch nicht einfach da stehen lassen, mit diesem traurigen Gesicht. Man lässt auch kein Körbchen mit winselnden Hundewelpen im Fluss vorbeitreiben.

Ich seufze, weil ich wirklich nicht weiß, was ich antworten soll. Das Pep hat noch nicht reingekickt. Ich habe noch etwa zehn Minuten bis zur Sorglosigkeit. Außer Elmar quatscht mich wieder nüchtern. Ich folge seinem Blick Richtung Tanzfläche und sehe Nina sofort. Sie tanzt wie immer: überbordend sexy.

»Siehst du, wie sie mich heißmacht?« Elmar ist voll. Nicht betrunken. Er ist voll. Voll wie ein Irish Pub am Samstagabend.

»Pass auf, Elmar«, sage ich. »Ich hol mir fix was zu trinken, und dann komme ich gleich wieder, okay?«

Es ist eine Lüge, denn ich werde keinesfalls wiederkommen. Elmar lässt den Kopf sinken, und ich fühle mich schlecht. Er ist diese Person, die immer irgendwo stehen gelassen wird, während man vorgibt, nur schnell ein Getränk zu holen. Aber was kann ich denn dafür? Ich bin nur einer von vielen.

»Echt?«, fragt er kleinlaut, und ich kann ihn nicht weiter anschauen.

»Klar. Auf jeden Fall!«, antworte ich, obwohl ich weiß, dass mich mein schuldbewusstes Lächeln verrät. Hastig drängle ich mich durch die Massen zur Bar – und dann steht er plötzlich vor mir: der hübsche Japaner. Aus der Nähe betrachtet trifft mich seine Perfektion wie ein Schlag. Ich kann gar nicht sagen, was ich zuerst will. Die makellose Haut, die sich über seine markanten Wangenknochen spannt, mit meinen Fingerspitzen berühren oder mit der Zungenspitze über die fein geschwungene Linie seiner Lippen lecken. Also stolpere ich kopfüber in seine großen, fast schwarzen Augen und grinse dämlich.

»Warst du nicht mal im Fernsehen?«, fragt er lächelnd. »Du hast doch diese unlustige Show gemacht, oder?«

Wow. Stolz schwillt meine Brust. Nicht nur, dass er mich anspricht, nein, er ist auch noch einer der wenigen Menschen, die eine der drei Folgen gesehen haben. Auf dem kleinen Spartensender. Nach Mitternacht.

»Ja, der bin ich leider«, antworte ich und merke, wie sich eine Prise Scham in die Welle mischt. Also spiele ich meine Minikarriere in gewohnter Understatement-Manier herunter. Ist ja auch sympathischer. »Willst du trotzdem was mit mir trinken? Ich bin übrigens Max.«

»Ich bin Yuma«, sagt er und zieht kokett eine Augenbraue hoch. »Und was willst du mir denn ausgeben?«

Das ist so herrlich dreist, dass ich ihm am liebsten um den Hals fallen würde. Aber das wäre wohl ein bisschen verfrüht. Während ich großkotzig zwei teure Longdrinks bestelle und viel zu viel Trinkgeld gebe, beobachtet er mich lächelnd. Er ist so süß, dass ich zum ersten Mal nachvollziehen kann, was im Kopf des Kannibalen von Rothenburg vorgegangen sein muss. In dem Moment weiß ich, dass das Pep begonnen hat zu wirken.

»Du bist …«, überlege ich laut, und er schaut mich erwartungsvoll an. »Du bist total süß.«

Wow. Zum Glück ist mir nicht auch das *zum Anbeißen* rausgerutscht.

»Du auch«, entgegnet er und schaut mich mit seinen dunklen Augen an. Sie glänzen und reflektieren das Licht der Scheinwerfer wie …

»Und jetzt lass den Drink rüberwachsen!«, unterbricht er brüsk meine Gedanken. Dann lacht er. Ich liebe ihn.

*

4:00. Ich hab's geschafft. Der schönste Mensch des Planeten betritt mein Reich und schwankt ein bisschen, als er sich um die eigene Achse dreht und meine Wohnung scannt.

Ich trete hinter ihn und umfasse seine schmalen Hüften, um ihm Halt zu geben. Dann lege ich mein Kinn auf seine Schulter und atme den Geruch ein. Unter dem ganzen Qualm der Nacht rieche ich eine Spur Parfüm und etwas völlig Berauschendes, das er sein muss. Er stöhnt ein bezauberndes kleines Stöhnen, als ich mit der Nasenspitze über seine Halsbeuge streiche, und ich kann es kaum noch aushalten. Ich will endlich seine Lippen auf meinen spüren.

Ich drehe ihn an der Hüfte, bis sein Blick auf das riesige Regal fällt, in dem meine Platten- und CD-Sammlung wohnt. Der Anblick scheint ihn zu überraschen, wie alle, die zum ersten Mal meine Wohnung betreten. Das Regal ist vier Meter breit und reicht bis unter die hohe Decke meiner billigen Altbauwohnung.

»Hast du irgendeinen Musikwunsch?«, frage ich großkotzig, und er schüttelt den Kopf dicht an meiner Wange.

»Leg einfach irgendwas auf, ich lasse mich überraschen.«

Gut, das ist die Antwort, die ich nicht hören wollte, denn jetzt wird es schwierig. Der perfekte Typ hat nämlich verdammt noch mal die perfekte CD verdient.

Mein Blick rauscht am Plattenregal entlang. Damien Rice? Zu sentimental. Talking Heads? Zu nüchtern. White Stripes? Zu laut. Nick Drake? Zu leise. The Smiths? Nee, passt auch nicht. The Babyshambles?

KAPITEL 4: METTGEFLÜSTER

Am Morgen danach ist alles anders. Yuma ist seltsam reserviert. Ich bin mir relativ sicher, dass es nicht am Sex gelegen haben kann. Die Nacht war erstaunlich gut für eine erste, und den Tönen nach zu urteilen, die er gemacht hat, muss es für ihn genauso gut gewesen sein wie für mich. Außerdem habe ich ihn behandelt wie den kostbarsten Schatz der Welt.

»Ich muss dann mal los!«, sagt er nüchtern.

»Okay«, antworte ich irritiert und weiß nicht, wo ich hinschauen soll. Ich entscheide mich für meine Füße. »Willst du noch den obligatorischen Kaffee?«, frage ich, um die Situation ein bisschen aufzulockern.

»Hm … wenn's schnell geht. Ich hab noch viel zu tun!«

Mein Blick zuckt in seine Richtung. Ist das derselbe Typ wie gestern, der da vor mir steht? Noch vor wenigen Stunden sind wir besoffen durch die Wohnung gerast und haben miese Schlager gegrölt, und danach … gut, lassen wir das. Von seiner Ausgelassenheit und seinem Humor ist nichts mehr zu spüren. Wäre es nicht unvernünftig, würde ich ihm am liebsten einen Flachmann in den Kaffee schütten.

»Welche Tasse soll's denn sein?«, frage ich und verweise auf mein Sortiment, das hinter ihm im Küchenregal steht. Keine Tasse passt zur anderen. Ich habe einen kleinen Fimmel in der Hinsicht. »Wenn ich im Urlaub oder in einer anderen Stadt bin, nehme ich immer eine Tasse mit. Als Souvenir«, erkläre ich, weil es doch angeblich die kleinen, verschrobenen Details sind, in die sich Menschen verlieben. Habe ich gerade *verlieben* gedacht?

Yuma schaut desinteressiert, und ich fühle mich wie ein Idiot. Bevor er also in die Verlegenheit kommt, eine Wahl treffen zu müssen, greife ich nach einer x-beliebigen Tasse und reiche sie ihm. Es ist die Phantasialand-Tasse.

»Aha«, sagt er und dreht sie in der Hand. »Du stehst wohl auf Freizeitparks?«

»Äh, ja!«, antworte ich unsicher. »So eine Achterbahnfahrt kann schon rasant sein, findest du nicht?«

Yuma mustert mich irritiert, und mein hilfloser Versuch, die ganze unangenehme Situation in einen Flirt zu verwandeln, geht völlig nach hinten los. PLING! Die Idiotenskala hat ausgeschlagen, und es ist … Glückwunsch … eine Zehn!

Ich drehe mich schnell, um den Kaffee zu suchen, und bete innerlich, dass noch welcher da ist. Ich trinke kaum Kaffee. Kaffee versetzt mich in einen Zustand nervöser Unruhe.

»Weißt du …«, höre ich Yumas Stimme in meinem Rücken. »Ich hab grad gesehen, dass es ganz schön spät ist. Ich schaff den Kaffee doch nicht.«

Fast bin ich erleichtert, das zu hören, denn ich habe absolut keine Ahnung mehr, wie ich die Situation noch irgendwie retten könnte. Mein Kopf ist leer gefegt, und mein Herz pocht irgendwo außerhalb meines Körpers.

»Okay«, sage ich und drehe mich um. Yuma steht schon an der Wohnungstür. »War schön.«

Er nickt und tritt von einem Fuß auf den anderen, als er »Wir sehen uns!« nuschelt und die Klinke drückt.

Das *Wann* auf meiner Zunge verschlucke ich schnell und winke stattdessen dämlich. Yuma öffnet die Tür und ist weg.

Keine Sekunde später kriecht ein intensives Gefühl von Trauer und Einsamkeit in mir hoch. Die Nachwirkungen des Peps machen sich bemerkbar, zusammen mit den Unmengen Wodka Red Bull in meinem System. Ich beschließe, die Leere mit einem Mettbrötchen aus der gegenüberliegenden Metzgerei zu füllen.

Während ich im Laden stehe und darauf warte, bedient zu werden, sehe ich Yumas Gesicht in kleinen Flashbacks vor mir. Besser unter mir, und ich versuche, mich auf das Mettbrötchen zu konzentrieren, das ich gleich bestellen werde. Mett. Was für ein blödes Wort. Ein phonetischer Unfall. Und überhaupt: Eigentlich ist das ganze Ding widerlich, aber wenn ich verkatert bin, habe ich ein plötzliches Verlangen danach. Wie andere nach Gurkenwasser. Typisches Zombieverhalten nach der Party. Manchmal, wenn ich Zombiefilme schaue, stelle ich mir vor, es wäre einfach nur eine extrem verkaterte Horde nach einer heftigen Party: bleiche Gesichter mit blutunterlaufenen Augen, schleppender Gang und kulinarische Bedürfnisse, die völlig aus dem Ruder laufen. Hätte man ihnen Wurstwasser oder Mett gereicht, wären sie vielleicht zufrieden gewesen.

Aber wie ist die Menschheit eigentlich auf die Idee gekommen, Schweineabfall durch den Wolf zu drehen und roh auf ein Brötchen zu schmieren? Hatte denn da niemand Einwände? War es akuter Hunger oder schlichte Gier? Hat der oberste Schweinemetzger eines Tages entschieden, noch mehr Profit zu wollen und auch Schlachtabfälle teuer zu verkaufen? Mein Kopf sortiert sofort eine Szene. Hat sich eines Tages während der jährlichen Metzgerversammlung Folgendes zugetragen?

»Wir geben dem Zeug einen Namen und schmieren es einfach auf ein Brötchen. Hat bei Schmelzkäse ja auch funktioniert«, sagt der Schweineboss donnernd und lässt die Faust auf den Tisch krachen.

»Mett!«, brüllt er triumphierend. »Wir nennen das ganze Mett und schmieren es auf ein Brötchen!«

Ein tiefes Einatmen geht durch die Menge.

»Aber Chef …«, stottert ein mutiger Metzger. »Das … das kann unmöglich dein Ernst sein.«

»Schnauze«, brüllt der Schweineboss. »Ich wünsche die Durchführung, Schluss, aus, Ende.«

»Jung, wat is? Wat darf ich dir geben?« Fragend blickt mich die Metzgerin an.

»Ein … ähm, ein Käsebrötchen, bitte«, sage ich.

»Gibt nur Käse und Salami.«

»Meinetwegen«, sage ich. Alles, bloß kein Mett.

*

Als ich wieder in meine Wohnung komme, konsultiere ich meine Filmsammlung auf der Suche nach der bestmöglichen Ablenkung von Yuma und der quälenden Leere, die das Pep in mir hinterlassen hat. Und er. Wenn er geblieben wäre, könnten wir uns jetzt auf die Couch legen und zusammen eine meiner neuen Horror-Trash-DVDs anschauen. *Ilsa – She Wolf of the SS* oder vielleicht ein paar alte Folgen *Schwarzwaldklinik.* Im Prinzip habe ich alles, was man an einem postkoitalen Samstagnachmittag sehen wollen könnte. Meine Filmsammlung ist ähnlich ausufernd wie meine Musikbibliothek, und die Sortierung bereitet mir permanentes Kopfzerbrechen.

Sortiere ich die Filme alphabetisch, chronologisch, nach Regie, Schauspielern oder nach Genre? Bis auf Weiteres habe ich mich für eine Mischform entschieden. Ein alphabetischer Bereich mit den wichtigen Regisseuren und Regisseurinnen, ein Bereich mit den wichtigen Schauspielern und Schauspielerinnen von A bis Z, und dann folgen die verschiedenen Filmgenres: Drama, Komödie, Thriller, Horror, Science-Fiction, Fantasy, Action, Bollywood, Giallo, Exploitation, Sexploitation, Trash, unter denen die jeweiligen Filme angeordnet sind, die nicht in die Kategorie »von oder mit« passen.

Aber das wirft ein neues, signifikantes Problem auf, denn der Horrorbereich ist größer als alle anderen zusammen. Deshalb müsste ich dieses Genre eigentlich weiter aufsplitten. Meine bisherige Idee ist folgende:

An erster Stelle steht Horror allgemein, und dann wird es spezieller. Okkultismus, Haunted House, Zombies, Kannibalen, Vampire, Slasher, Puppen, Kinder, Tiere, Monster und Kaijū, also japanische Monster. Das klingt in der Theorie befriedigend, wirft jedoch mehrere knifflige Anschlussfragen auf.

Erstens: Hat der spanische *Cannibal Man* von 1972 wirklich etwas im Bereich Kannibalen zu suchen – obwohl es im gesamten Film keinen einzigen kannibalistischen Vorfall gibt?

Zweitens: Gehört der französische Zombiefilm *La revan-*

che des mortes vivantes von 1987 wirklich in die Rubrik Zombie, obwohl sich am Schluss herausstellt, dass es sich gar nicht um Zombies handelt, sondern um verkleidete Fabrikarbeiterinnen mit Gummimasken?

Und drittens: Ab wann werden Tiere eigentlich zu Monstern? Schließlich ist *Octaman – Die Bestie aus der Tiefe* ein Krake, also ein Tier. Aber ist er nicht auch ein Monster? Schließlich ist das Vieh riesengroß und wahnsinnig hässlich. Und in welche Rubrik gehören eigentlich Werwölfe?

Die Türklingel erschreckt mich wie immer zutiefst. Sie klingt wie die Telefone in David-Lynch-Filmen. Schrill und so laut, dass man jedes einzelne Mal unwillkürlich zusammenzuckt. Yuma, schießt es mir durch den Kopf. Vielleicht hat er etwas vergessen, diese eine Sache, die man nach der ersten Nacht liegen lässt, um sie wiederholen zu können, damit etwas weitergeht und niemand sich als Erster melden muss. Könnte ich nicht mal. Hab seine Nummer nicht.

Ich hole tief Luft und öffne die Tür schwungvoll. Es ist Markus. Mit einem Mettbrötchen in der Hand.

»Alter«, begrüßt er mich und schiebt es mir entgegen. »Hier. Dein Katerfrühstück.«

Ich lasse ihn herein, starre auf das Mettbrötchen in meinen Fingern und bleibe unschlüssig an der Tür stehen, bis sie krachend ins Schloss fällt.

»Und? Haste gefickt?«, ruft Markus und lässt sich gleichzeitig auf die Couch am Ende des Raumes fallen.

Faszinierend, wie schnell er das Gespräch aufs Wesentliche lenken kann. Das wird eines unserer typischen Samstagnachmittaggespräche, in denen wir den vergangenen Abend mit der nötigen Distanz reflektieren und analysieren.

»Sicher doch!«, antworte ich, stolz wie ein Schuljunge nach dem ersten Mal. »Er ist vorhin erst gegangen.«

Ich lege das Mettbrötchen auf den Tisch und lasse mich neben ihm aufs Sofa fallen.

»War gut?« Er betrachtet mich aufmerksam.

»Ja. Mehr als. Aber danach war's irgendwie komisch.«

»Na und?«, antwortet Markus. »Da hattest du ihn doch schon gefickt?«

Wieder einmal bin ich überrascht darüber, dass Markus nicht einmal *in Erwägung* zieht, es könnte noch eine Phase nach dem Geschlechtsakt geben.

»Ach Mann«, sage ich deshalb. »Ich dachte halt, das mit Yuma könnte vielleicht mehr werden.«

»Mit wem?«

»Mit dem Typen von gestern Abend. So heißt er.«

»Ach so, mit dem …«

Ich werfe Markus einen strengen Blick zu, bevor er das F-Wort aussprechen kann.

»Ja, blöd«, sagt er nach einer Weile. Es klingt unwillig. »Na ja, das ist halt eine ganz andere Kultur. Vielleicht ist das normal.«

»Was?«

»Na, dass sie dann am nächsten Tag vielleicht beschämt sind. Weil sie gegen ihre Regeln verstoßen haben oder so.«

»Was redest du da? Er ist Japaner und kein Alien. Und welche Regeln sollen das bitte sein?«

»Wieso war es denn komisch?«, lenkt er schnell ab, weil er genau weiß, dass seine seltsame These nicht zu Ende gedacht ist.

»Er war wie ausgewechselt. Ein ganz anderer Mensch.«

»Mmh«, überlegt Markus kurz und grinst gefährlich. »Vielleicht *war* er ja ein anderer Mensch. Diese Asiaten sind optisch schwer zu unterscheiden. Und bevor du jetzt sagst, das ist rassistisch: Das geht ihnen mit uns genauso.«

Statt einer Antwort werfe ich ein Sofakissen nach ihm. Ich lasse mich nicht wieder in eines dieser schwachsinnigen Gespräche verstricken, das er nur beginnt, um mich zu provozieren. Und plötzlich hab ich doch Bock auf das Mettbrötchen.

»Wie war denn dein Abend?«, frage ich kauend.

»Seltsam«, antwortet er und lehnt den Kopf auf der Sofalehne zurück. »Da war diese Tussi. Was heißt Tussi, sie war eigentlich ziemlich cool, und anfangs lief es auch ganz gut, aber dann kam sie mit dieser wirklich seltsamen Frage.«

»Kannst du mich bitte in Ruhe lassen?«, sage ich und verschlucke mich fast an einem Bissen.

»Nein. Sie hat gefragt, ob ich auf Fesselspiele stehe.«

»Ups.« Damit hatte ich nicht gerechnet. »Und? Tust du?«

Er spielt mit den Fransen an den Löchern seiner Jeans.

»Natürlich nicht. Ich weiß überhaupt nicht, wie so was ablaufen soll. Außerdem kann ich diese ganzen Knoten nicht.«

»Knoten?«

»Na, all diese Seemannsknoten. Das sind doch bestimmt an die hundert. Du kannst da doch bestimmt keine einfachen Doppelknoten reinmachen.« Er reißt ein paar Fransen von der Jeans und wirkt irgendwie zerbrechlich.

»Markus, bei Fesselspielen geht's doch nicht um die Qualität der Knoten.«

»Ja, keine Ahnung«, sagt er genervt. »Ich wollte halt vögeln und keine Knoten machen!«

Noch ein paar Fransen müssen daran glauben, und ich schlucke den letzten Bissen des verdammten Mettbrötchens runter.

»Das heißt, ihr wart nicht im Bett?«

»Natürlich nicht«, zischt er durch die Zähne. »Außerdem wär ich eh nicht mehr geil gewesen, bis alles richtig verschnürt ist. Das dauert sicher ewig. Und nachher muss man diese ganzen Knoten ja auch wieder aufmachen. Das dauert wahrscheinlich noch länger.«

Ich kann mir das Grinsen nicht länger verkneifen. Er hatte Schiss. Chauvi-Markus war verunsichert. Ich finde den Gedanken fast niedlich.

»Gib es zu: Du hattest Angst, mein Lieber ...« Ich lehne mich zu ihm herüber und piekse ihn in die Seite. »... Angst vor einer neuen Erfahrung jenseits des üblichen Rein-raus-Spiels!«

»Quatsch!«, sagt er ungewohnt leise und wechselt dann auffällig schnell das Thema.

»Haste das von Elmar schon gehört?« Gut, das Ablenkungsmanöver lasse ich gelten. Ich hab seit gestern Abend nicht auf mein Handy gesehen, und natürlich will ich wissen, was los war.

»Nein. Was denn?«

»Er hat eine aufs Maul gekriegt. Von Nina«, sagt er kichernd. Markus' Stimmungen können sich wirklich in Windeseile ändern.

»Was?«, frage ich überrascht, obwohl mich das keineswegs überraschen sollte.

»Er ist ständig um sie rumgetänzelt und hat sie irgendwann angetatscht. Am Hintern. Fand sie wohl nicht so witzig!«

Eigentlich würde ich jetzt gerne lachen. Aber in diesem Moment kommt es mir wie eine Übersprunghandlung vor. Nichts daran ist witzig, und ich kann mich nicht entscheiden, ob ich mich für Elmar fremdschäme oder Mitleid empfinde angesichts der Witzfigur, zu der er langsam wird.

»Gestern hat er mich noch die halbe Nacht zugequatscht«, sagt Markus. »Weil du schon weg warst. Er ruft dich heute bestimmt noch an und heult dir was vor.«

»Mein Handy ist aus«, sage ich und stehe auf, um es zu suchen. Keine Ahnung, wo ich es zuletzt gesehen habe. In meiner Jacke?

»Wo gehen wir heute hin?«, fragt Markus von der Couch aus.

»Nirgends«, rufe ich über die Schulter. »Ich hab keine Lust. Außerdem …« Tut mein Herz weh, denke ich, als ich meine Jacke finde und in die Tasche greife. »… wollte ich *Ilsa, She Wolf of the SS* schauen.«

Ich mache das Telefon an und sehe siebzehn verpasste Anrufe von Elmar. Da kümmere ich mich lieber morgen drum.

»Wow. Das klingt richtig beschissen«, ruft Markus. »Ich bin dabei. Hast du Bier im Kühlschrank?«

*

Meine Finger gleiten durch Haare. Sie sind so weich, dass ich das Gefühl habe, nicht zu wissen, wo meine Fingerkuppen aufhören und die Strähnen beginnen. Es fühlt sich gut an, alles fühlt sich gut an, bis auf die Tatsache, dass meine Blase gleich zu platzen droht. Ich schlage die Augen auf, und Markus ist so nah, dass ich die Wimpern an seinen geschlossenen Augen zählen könnte. Es ist dunkel, und nur das Startmenü von *Ilsa* beleuchtet die Couch, auf der wir liegen.

Mein Blick fällt auf seine leicht geöffneten Lippen, und dann springe ich so schnell auf, dass mein Kreislauf in den Keller rauscht. Ich stolpere gegen den flachen Couchtisch,

Bierflaschen krachen klirrend aneinander, und jetzt bin ich richtig wach. So wie Markus, der ebenfalls von der Couch aufschreckt und mich anblinzelt.

»Was ist los?«, fragt er schlaftrunken.

»Nichts. Schlaf weiter.« Dann taumele ich in Richtung Bad.

KAPITEL 5: ABSPANN

Als ich am Montag ins Büro komme, höre ich Danny wie immer pfeifen. Aber etwas ist anders. An der Art der Melodie kann ich als geübter Zuhörer erkennen, dass ihm etwas auf der Seele liegt. Es ist »It's Not Right but It's Okay« von Whitney Houston. Aus Dannys Mund klingt das fast wie eine Selbstmorddrohung.

»Also eins muss ich dir mal sagen«, beginnt er vorwurfsvoll. »Dein Freundeskreis ist gar nichts für mich!«

Darum geht es also. Hätte ich mir denken können.

»Markus meint das nicht so«, lüge ich. »Er ist nur ein bisschen … kompliziert.« Das immerhin stimmt. Er ist eine komplexe Person, wenn man es vorsichtig formulieren möchte, und seit ich mit meinen Fingern in seinem Haar erwacht bin, kommt er mir noch komplexer vor.

»Er ist nicht kompliziert. Er ist ein Arschloch«, beendet Danny das Gespräch mit ungewohnt deutlichen Worten und zeigt auf ein paar Papiere, die neben meiner Tastatur liegen.

»Hab ich dir ausgedruckt«, erklärt er. »Das ist der Bewerbungsbogen für das Funny Faces Festival. Ich finde, du solltest da mit deinem Stand-up auftreten.«

»Mensch, das ist aber nett«, sage ich überrascht und schaue auf den Bogen. »Danke, Danny! Doch ich fürchte, ich bin einfach noch nicht so weit.«

Danny zieht prüfend eine Augenbraue hoch. Also schiebe ich ein »Aber ich denke drüber nach« hinterher.

»Das solltest du«, sagt er und wendet sich wieder seinem Bildschirm zu. »Du brauchst eine neue Herausforderung, der du dich stellen kannst.«

Das ist mein größtes Problem gerade, aber aus seinem Mund klingt es wie eine einfache Lösung.

Ich atme tief ein und schlucke die zynische Bemerkung runter, die mir auf der Zunge liegt. Gott sei Dank klingelt im nächsten Moment das Telefon. Bitte mach, dass es der Produzent meiner Ex-Show ist, denke ich und nehme ab.

Er ist es selbstverständlich nicht, aber ich bin selbst überrascht, dass es der Redakteur einer bekannten Kölner Produktionsfirma ist, der sich mir gerade vorstellt. Ein Teil meiner Bitte wurde erhört.

»Du hast doch mal *Die lustigste Show der Welt* gemacht, oder?«, fragt er im typisch euphorischen Arbeitston.

»Die un*lustigste Show der Welt«,* korrigiere ich ihn.

»Ach ja … genau. Riesenfan! Also, ich war ein Riesenfan!«

Das ist professionell gelogen, Arbeitseuphemismus, wie ich es nenne, aber ich lasse mir trotzdem gerne Honig ums Maul schmieren.

»Wie dem auch sei …«, fährt er fort, »wir produzieren gerade ein anspruchsvolles Infotainment-Format für SAT.1 und brauchen noch eine regelmäßige lustige Rubrik.«

Ich könnte schwören, dass er Gänsefüßchen um das Wort *lustig* in die Luft malt.

Infotainment – anspruchsvoll – lustig – SAT.1, denke ich. Wie soll das zusammenpassen?

»Ich fand die Show ja super …«, redet er weiter, »… und würde deswegen gerne ein paar Probeaufnahmen mit dir machen. Hast du morgen vielleicht spontan Zeit?«

Yes, yes, yes, denke ich, zwinge mich aber, die obligatorischen drei Sekunden runterzuzählen, bis ich »Äh, ja. Hier ist es zwar gerade etwas stressig, aber das kann ich sicher reinschieben« sage. Posen ist die halbe Miete. Selbst wenn klar ist, dass eine derart spontane Einladung vermutlich bedeutet, dass jemand anderes abgesagt hat. Trotzdem freue ich mich, und Freude wird schnell mit Verzweiflung verwechselt, und die ist ein No-Go in meinem Geschäft. Verzweiflung klebt an dir wie ein süßliches Parfüm, von dem jedem schlecht wird.

»Super-duper«, antwortet er bemüht zeitgemäß. »Wenn du magst, kannst du gerne was vorbereiten. Das Thema ist Blähungen. Ich mail dir die Details.« Dann legt er auf.

Blähungen? Ich weiß nicht, ob ich lachen oder heulen soll.

»Alles okay?«, fragt Danny erstaunt, als ich mit dem Handy am Ohr in der Gegend rumstehe, nachdem das Gespräch schon beendet ist.

»Ähm, ja. Ich mache Probeaufnahmen für ein SAT.1-Format. Eine lustige Umfrage«, stammele ich und gestikuliere selbst Gänsefüßchen um das Wort »lustig« in die Luft.

»Fantastisch!«, strahlt Danny. »Was ist das Thema?«

»Blähungen.«

»Echt?«, kichert Danny in sich rein. »Geiles Thema. Bingo!«

Jetzt habe ich mich entschieden: Ich will heulen. Gags über Blähungen sind die unterste Schublade, die Bückware der Komik, die Dosenravioli des Humors.

*

Trotzdem stehe ich am nächsten Mittag pünktlich am vereinbarten Treffpunkt: dem Eingang zur Neumarkt-Passage, einem Shoppingcenter in der Innenstadt. Der Redakteur, ein Kamera- und ein Tonmann sind bereits da und begrüßen mich hastig.

»Hi. Ich bin der Marko«, sagt der Redakteur. »Und das sind Lothar und Thomas. Ich hoffe, du bist nicht aufgeregt?«

Ich schüttele den Kopf und die Hände der drei. Natürlich bin ich nervös. Mir ist 24 Stunden lang nichts zum Thema Blähungen eingefallen, was ich auch nur ansatzweise in Betracht ziehe. Ich habe denkbar schlecht geschlafen, bin deswegen viel zu früh losgegangen, habe eine halbe Stunde lang sinnlose Runden um den Block gedreht, bis ich schließlich in eine kleine Kaschemme abgebogen bin und ein Kölsch zur Beruhigung getrunken habe.

»Okidoki«, sagt Marko mit einem gehetzten Blick auf die Uhr. »Am besten, wir fangen sofort an. Der nächste Kandidat ist nämlich schon in einer halben Stunde dran.«

Was? Das wird ein Casting? Die plötzliche Erkenntnis, dass ich einer Konkurrenzsituation ausgeliefert bin, verringert mein Maß an Nervosität nicht gerade.

Ich folge ihnen ins Innere der Neumarkt-Passage, wo Marko vorschlägt, erst einmal die Anmoderation zu drehen. Ich postiere mich also gespielt selbstbewusst vor der Kamera und sage die paar Sätze, mit denen ich einigermaßen zufrieden bin.

»Blähungen sind ein ganz natürlicher Vorgang. Trotzdem ist es vielen Leuten peinlich, darüber zu reden. Mir zum Beispiel. Deshalb überlasse ich das jetzt anderen.«

Der Redakteur blickt mich irritiert an und scheint auf etwas zu warten.

»Das war's?«, fragt er verdutzt und irritiert mich damit mindestens genauso.

»Ähm, ja.«

»Okay, okay, das war schon ganz gut. Aber ich fände es nicht schlecht, wenn du mit einem … Gag beginnst.«

»Ach so«, sage ich verblüfft, schließlich bin ich eben dem Irrtum erlegen, dass das gerade ein Gag war.

Er kratzt sich am Kinn. »Haste noch was anderes parat?«, fragt er und wischt sich zum wiederholten Male den Schweiß von der Stirn. »Sonst können wir auch zuerst die Umfrage machen.«

Ich versuche nachzudenken. Wenn ich jetzt die ultimative Pups-Anmoderation aus dem Hut zaubere, bin ich bestimmt sein Held. Mir fällt aber nichts ein. Deshalb einigen wir uns darauf, die Umfrage vorzuziehen. Ich werde also auf ahnungslose Passanten zustürmen und ihnen mäßig witzige Fragen stellen, die ich mir beim Reden ausdenke. Bingo!

Als Erstes versuche ich es mit einer etwa vierzigjährigen Frau, die gerade aus dem Supermarkt kommt.

»Hallo, ich bin von SAT.1. Kann ich Sie kurz was fragen?« Ich schaue so freundlich, wie ich kann. Die Frau ist nicht begeistert, nickt aber zaghaft.

»Es geht um das Thema Blähungen. Wer, glauben Sie, pupst mehr? Eine große Frau oder ein kleiner Junge?«

Sie schaut mich müde an und antwortet mit absoluter Lustlosigkeit: »Ich weiß es nicht, wahrscheinlich ein kleiner Junge?«

»Okay«, sage ich schnell und merke, wie mir plötzlich sehr warm wird. Das heißt, warm wird nur mein Gesicht. Der Rest meines Körpers wird eiskalt. »Dann kommen wir zu Schwierigkeitsstufe zwei: Wer pupst mehr? Eine große

Frau oder ein kleiner Junge, der gerade einen großen Blumenkohl gegessen hat?«

Während ich die zweite Frage stelle, schaue ich kurz zum Redakteur hinüber. Er scheint wenig begeistert und wischt sich mal wieder den Schweiß von der Stirn. Das bringt mein Gesicht vollends zum Glühen. Tomatenprinz ist da. Scheiße, ich hätte dieses Kölsch vielleicht nicht trinken sollen. Jetzt sehe ich auch noch so aus, wie ich mich fühle.

»Was halten Sie hiervon?«, switche ich zur nächsten Frage, ohne ihre Antwort abzuwarten. »Ist Pupsen weniger peinlich, wenn es eine bekannte Melodie ergibt?«

»Hören Sie«, sagt die Frau jetzt und legt die Stirn in Falten. »Was ist denn das für ein Niveau? Echt typisch SAT.1. Denen muss ich dringend mal einen Beschwerdebrief schreiben.«

Ich blicke zu Marko und sehe die blanke Panik in seinen Augen.

»Schon gut«, geht er schnell dazwischen. »Tut uns leid. Da ist es mit unserem Reporter wohl ein bisschen durchgegangen.«

Er zieht mich am Ellbogen von der Passantin weg und nimmt mich zur Seite.

»Hör mal«, zischt er. »Vergiss nicht, dass das ein Infotainment-Format ist. Ein anspruchsvolles Infotainment-Format. Das darf nicht so albern sein. Was hast du denn noch so?«, fragt er. Durch meinen Kopf rattern weitere Fragen, und ich stelle beunruhigt fest, dass sie wahrscheinlich alle exakt das sind, was Marko »albern« nennt. »Wir brauchen irgendwas mit mehr Niveau.«

»Niveau?«, kiekse ich überrascht. »Bei einer Umfrage übers Pupsen?« Der Kameramann lacht kurz auf und blickt dann schnell auf seine Schuhe. Wenigstens einer, der mich versteht.

»Lass mich mal überlegen …«, höre ich mich selbst sagen. »Wie kriege ich Niveau in ein Gespräch über Blähungen? Vielleicht, wenn ich nur Fünftklässler anspreche, quasi auf Augenhöhe? Oder was hältst du davon: Finden Sie, dass Frauen seit der Emanzipation kräftig aufgeholt haben beim Pupsen?«

Keine Reaktion. Ich spüre die Wut in mir aufsteigen.

»Blähungen sind die Dosenravioli des Humors, und völlig egal, was man da noch an Gewürzen reinschmeißt, es wird einfach nichts Geiles draus. Welcher Idiot hat sich das Thema überhaupt ausgedacht?«

Der Kameramann beißt sich auf die Unterlippe, bis sie weiß wird, und giggelt in sich rein. Mir ist natürlich klar, dass es die Redaktion war, sprich Marko, und bevor der sich fangen kann, drücke ich ihm das Mikro in die Hand und winke ab.

»Viel Erfolg mit dem nächsten Kandidaten«, sage ich. »Ich denke, es ist besser, wenn ich jetzt gehe. Tut mir leid.«

Völlig frustriert trete ich den Heimweg an. Da war sie mal wieder, meine Chance, ins Fernsehen zu kommen. Sie blitzte kurz auf und verglühte dann direkt wieder, wie eine verdammte Sternschnuppe.

Es graut mir davor, zurück ins Büro zu gehen. Denn da wird ein flötender Danny sitzen und mir sagen, dass das alles nicht so schlimm ist und meine Chance noch kommen wird. Aber ich hab auch keine Ahnung, wo ich ansonsten hinsoll. Nach Hause jedenfalls nicht.

*

»Hey, Max, ist doch nicht so schlimm«, sagt Danny eine halbe Stunde später und blinzelt mich emphatisch über den Schreibtisch hinweg an. »Deine Chance wird noch kommen!«

»Ach komm, Danny …«, antworte ich und weiß, dass es ein kapitaler Fehler war, ins Büro zu gehen. »Du weißt doch genau wie ich, dass da überhaupt nichts kommt. Ich hatte meine Chance, und jetzt ist sie vorüber!«

»Hey!«, flüstert er. »Don't worry, be happy!«

Und spätestens jetzt könnte ich ihm aufs Maul hauen.

»Lass doch bitte ein Mal, nur ein einziges Mal deine Gute-Laune-Floskeln stecken!«, poltere ich los und bin selbst überrascht, wie laut es plötzlich aus mir herausbricht.

Danny ist sichtlich entsetzt über meinen abrupten Stimmungswandel.

»Du kannst mir doch nicht vorwerfen, dass ich glücklich bin?«, sagt er mit gebrochener Stimme, und ich stehe von meinem Schreibtischstuhl auf. Ich kann nicht mehr sitzen bleiben. Ich habe das Gefühl, dass jede Faser meines Körpers zu kribbeln beginnt.

»Du bist immer glücklich, Danny. *Immer.* Das ist doch nicht normal. Es macht mich verrückt.«

Er blickt mich aus großen Augen an und schnappt nach Luft. Ich kann sehen, wie er etwas denkt und dann doch lieber runterschluckt.

»Du bist nur frustriert«, sagt er betont gelassen.

»Ja, verdammt! Weil ich authentisch bin«, brülle ich.

»Ich bin auch authentisch«, brüllt Danny vor Schreck zurück.

»Nein, du bist tüdeldü.«

»Tüdeldü?« Danny muss kurz über das Wort lachen. Es ist einfach nicht zu fassen.

»Du bist wie Flanders aus den Simpsons«, sage ich zynisch. »Der immer gut gelaunte, krampfhaft harmoniesüchtige Nachbar, der irgendwann zum christlichen Fanatiker mutiert. Und jetzt frage ich dich was: Hast du den Eindruck, irgendjemand in Springfield kann ihn ausstehen?«

Autsch. Das war zu viel. Dannys Gesichtszüge entgleisen. Ich kann sehen, wie seine Unterlippe zu zittern beginnt. Aber anstatt ebenfalls wütend zu werden und den schwelenden Konflikt auszutragen, zieht er sich Kopfhörer über die Ohren und hört laut Musik. Es ist »Holding Out for a Hero« von Bonnie Tyler.

Frustriert blicke ich auf den Bildschirm und betexte eine Szene, in der ein dicker Junge auf dem Eis ausrutscht.

*

Seit meiner Kindheit habe ich eine seltsame Angewohnheit: Kurz vor dem Einschlafen sehe ich den *Abspann.* Wie am Ende eines Films. Das ist weder ein Scherz, noch ist es metaphorisch gemeint. Ich sehe diesen verdammten Abspann wirklich. Langsam und in weißen Lettern läuft er über meine Schlafzimmerdecke und zeigt mir, dass der Tag und damit ein neuer Film zu Ende gegangen sind.

Im Prinzip ein sehr beruhigendes Ritual, aber wenn man sich vorstellt, dass jeder Tag die Fortsetzung eines Films ist, muss dieser Kassenknüller schon 10 220 Fortsetzungen haben.

10 220 Fortsetzungen! Das ist eine ganze Menge, wenn man bedenkt, dass es *Star Wars* in 28 Jahren gerade mal auf fünf Fortsetzungen gebracht hat und *Der Exorzist* schon beim zweiten Teil totaler Schrott war, ganz zu schweigen

von den sieben Teilen *Police Academy*. Aber ich drehe trotzdem unermüdlich weiter. Tag für Tag.

Und wenn ich nach dem Abspann noch nicht eingeschlafen bin, folgt der unangenehme Teil: die Filmkritik. Das cineastische Quartett, in meinem Fall ein Trio, in dem die immer gleichen Köpfe heftig darüber diskutieren, ob sich der heutige Kinobesuch gelohnt hat.

»Mitnichten!«, empört sich der alte Mann mit dem struppigen Bart. »Wir haben das gesehen, was wir immer sehen: eine belanglose Groteske über einen gescheiterten Möchtegern-Komödianten!«

»Recht haben Sie!«, stimmt der schlecht gekleidete Graukopf mit dem Monokel ein. »Es war wie eine laienhafte Bühnenshow mit einem dilettantischen Hauptdarsteller und einem hanebüchenen Drehbuch!«

»Contenance, meine Herren, Contenance!«, geht die dürre Dame mit dem Oberlippenbart dazwischen. »Sie vergessen, dass wir es hier mit einem Antihelden zu tun haben. Haben Sie denn nicht bemerkt, mit welch kühler Eindringlichkeit und analytischer Präzision der heutige Film die emotionale und psychische Deformation der Figur zeigt? Es ist ein völlig neues Genre, das wir hier vor uns haben. Eine Art Entwicklungsroman, in dem sich der Held weigert, sich zu entwickeln. Noch, sage ich, noch!«

Die beiden mies gelaunten Kritiker verlassen wortlos das Studio. Sie wendet den Kopf und blickt mich direkt an. Ich liege wie ein Wurm in meinem Bett und tue so, als würde ich schlafen. Als ich mir sicher bin, dass sie das Studio ebenfalls verlassen hat, ziehe ich das zweite Kissen zwischen meine Arme und rieche eine Spur von Yuma. Ich grabe das Gesicht hinein und fühle mich lächerlich. Lächerlich und verliebt.

KAPITEL 6: KÖNIG GLITZERBART

Ich hebe langsam den Kopf und blicke andächtig in den hell erleuchteten Sternenhimmel. Leise rauschen die Wellen, und eine salzige Brise weht durch mein Haar. Ich fühle mich unendlich frei und hebe die Arme in Richtung des klaren Mondes, ganz in dem Gefühl, ich könne jederzeit abheben und zu ihm hinauffliegen.

Während ich die Augen schließe, um dem Gesang der Nacht ganz und gar zu lauschen, höre ich ruhige Schritte im Sand, die sich behutsam nähern. Dann spüre ich eine kleine, warme Hand, die meine zärtlich umschließt. Ich drehe mich um, öffne die Augen und blicke in ein helles und aufrichtiges Lächeln.

»Was machst du denn hier so allein?«, fragt eine sanfte Stimme. Es ist Yuma. »Weißt du nicht, dass ich dich vermisse?«

Ich nehme ihn behutsam in den Arm und drücke ihn an mein stürmisch pochendes Herz. Tränen der Rührung steigen mir in die Augen.

»Spürst du das?«, flüstere ich und lächle ihn verliebt an. »Unsere Herzen schlagen im gleichen Takt.«

Yuma legt den Kopf zurück und schaut mir tief und voller Hingabe in die Augen. Dabei spüre ich seinen heißen Atem auf meinen Lippen.

»Natürlich spüre ich das, mein Schatz«, antwortet er mit bebender Stimme. »Auch wenn du nicht bei mir bist.«

Ich drücke ihn wieder an mich und streichle durch sein glänzendes schwarzes Haar.

»Ach, mein Liebling«, sage ich leise und küsse ihn auf die Stirn. »Wenn ich könnte, würde ich jetzt mit dir zum Mond fliegen.«

Yuma blickt auf und lächelt mich verschmitzt an.

»Du würdest mit mir zum Mond fliegen? Tatsächlich?«

Er löst sich aus unserer Umarmung, stellt sich neben mich und ergreift meine Hand. Den anderen Arm streckt er weit von sich und bittet mich, das Gleiche zu tun. Ich tue, was er sagt, und merke augenblicklich, wie sich die leichte Meeresbrise zu einem lauten, kräftigen Wind steigert. Der weiße Sand wirbelt auf und umweht mein Gesicht.

»Ich glaube, das gibt einen Sturm«, sage ich und drücke seine Hand. »Ist dir kalt? Soll ich dich wärmen?«

»Einen Sturm? Das glaube ich nicht, mein Herz. Schau doch mal unter dich!«, antwortet Yuma und lächelt mich spitzbübisch an.

Auch wenn es mir schwerfällt, den Blick von seinem bezaubernden Lächeln abzuwenden, blicke ich nach unten und kann es kaum fassen. Der Sandstrand liegt jetzt etwa zwei Meter unter mir.

»Wenn wir an unsere Liebe glauben, können wir alles schaffen«, flüstert er leise in mein Ohr.

Ich fühle, wie der Wind ruhiger wird, und nach wenigen Augenblicken spüre ich wieder den warmen Sand unter meinen nackten Füßen.

»Aber das war noch nicht alles«, sagt Yuma mit strahlenden Augen. »Ich habe noch eine Überraschung für dich.«

»Eine Überraschung?«, frage ich mit bebender Stimme, immer noch berauscht von unserem kurzen Flug. »Was hast du denn mit mir vor?«

»Eine Reise«, flüstert er wieder und streichelt meine Wange. »Eine Reise nach Atlantis.«

Im selben Augenblick sehe ich einen Schwarm Delfine auf uns zukommen.

»Schau!«, sagt Yuma. »Unsere Freunde werden uns an diesen geheimen Ort bringen.«

Dann schnippt er mit den Fingern und lockt zwei der Delfine in unsere Richtung.

»Artus, Merlin!«, ruft er. »Kommt herbei!«

Artus und Merlin bemerken augenblicklich sein Rufen und schwimmen rasch und zielstrebig an den Strand. Yuma nimmt meine Hand, und wir laufen auf sie zu.

»Ich kann das alles gar nicht glauben, mein Schatz«, rufe ich, trunken vor Freude.

»Aber es ist wahr«, antwortet er und setzt sich auf einen der beiden Delfine. »Und jetzt steig auf! Unsere Reise kann gleich beginnen.«

Auch ich setze mich auf einen Delfin und umklammere sanft seinen nassen, geschmeidigen Körper.

»Jetzt müssen wir nur noch auf die Seepferdchen warten«, sagt Yuma.

Ich schaue ihn erstaunt an. Yuma bemerkt mein fragendes Gesicht und fährt fort.

»Nur die Seepferdchen können uns den Weg weisen. Sie sind die Boten. Die Boten nach Atlantis!«

Wenige Sekunden später bemerke ich ein wildes Getümmel unter der Wasseroberfläche. Die Boten sind da!

»Jetzt geht's los!«, ruft Yuma voller Vorfreude. Artus und Merlin beobachten konzentriert die wild umherkreisenden Seepferdchen und gehen in Startposition. Die Reise beginnt.

Langsam gleiten wir durch das sternendurchflutete Meer. Auch wenn der Weg lang ist, fühlt sich alles doch ganz leicht und unbeschwerlich an. Immer wieder müssen Yuma und ich uns verliebt anlächeln.

»Jetzt ist es nicht mehr weit«, ruft er begeistert. »Gleich sind wir da!«

Tatsächlich tauchen die beiden Delfine plötzlich unter. Obwohl wir uns nun unter Wasser befinden, kann ich ganz natürlich weiteratmen. Wir durchschwimmen ein großes Marmortor und stehen plötzlich in einer großen, prunkvollen Halle. Die Wände sind mit Gold und kleinen Smaragden verziert, und silberner Sternenstaub umweht unsere Körper.

»Das ist so wunderschön, Yuma«, flüstere ich und bemerke, dass auch das Reden unter Wasser kein Problem zu sein scheint. »Fast so schön wie du!«

»Wir befinden uns in der Empfangshalle«, sagt Yuma. »Der König von Atlantis will uns begrüßen, bevor wir seine Stadt besuchen. All der glitzernde Sternenstaub, den du siehst, entspringt seinem großen silbernen Bart. Deshalb nennen ihn die Einwohner auch König Glitzerbart. Warte mal, was ist hier los?« Er schaut mich verblüfft an.

»Was meinst du? Gibt es ein Problem?«, frage ich, weil ich nicht verstehe, was gerade passiert.

»Ja«, sagt Yuma. »Das Problem ist, dass du ein beschissener Psycho bist!«

Ich schnappe nach Luft und verschlucke mich fast an dem Schwall Wasser, der in mich dringt. Shit, ich konnte doch gerade noch normal atmen.

»Ich bin ein … was?«, spucke ich unter Mühen. Es sind nur Blasen, die aus meinem Mund blubbern.

»Du bist ein beschissener Psycho!«, schimpft Yuma und schaut mich aus wütenden Augen an. »Singende Delfine? König Glitzerbart? Jetzt ist Schluss mit dem Scheiß. Ich will sofort nach Hause!«

»Menschenskinder … was ist denn los?«, ertönt eine fremde Stimme, und ein großer, alter Mann mit einem gigantischen Bart steht plötzlich vor uns. Unbeholfen weht er etwas Sternenstaub in unsere Richtung.

»Pass auf, König Glitzerbart!«, sagt Yuma wütend und hält drohend einen Finger in die Luft. »Entweder, du zeigst mir jetzt den Ausgang, oder Atlantis geht gleich zum zweiten Mal unter!«

Frustriert schlage ich die Decke zurück und versuche, richtig wach zu werden. Ich hänge irgendwo zwischen Schlaf und Realität fest, in einer dieser Schichten, durch die das Bewusstsein wieder nach oben taucht auf dem Weg in den nächsten Morgen. In einem Nicht-mehr-Nacht-und-noch-nicht-Tag-Traum, der gnadenlos schiefgeht. Manchmal habe ich das Gefühl, mein Leben wird geschrieben von jemandem, der sich nicht sicher ist, ob er mich mag oder nicht.

Eine Dusche später stehe ich wieder in meiner Metzgerei und schiele in die Brötchenablage. Da ich immer noch an den Schweineboss und seine Fleischmafia denken muss, entscheide ich mich für die vegetarische Variante.

»Ein Käsebrötchen, bitte«, sage ich höflich und bemühe mich zu lächeln, obwohl ich mich fürchterlich fühle.

»Ein Käsebrötchen oder ein Brötchen mit Käse?«, fragt die Bedienung spitz, und ich habe keine Ahnung, was sie von mir will.

»Ich hätte gerne das Käsebrötchen«, sage ich erneut und tippe mit dem Finger gegen das Glas der Auslage.

»Also das Käsebrötchen ohne Belag?«

»Nein. Mit Belag. Mit Käse.«

Irritiert schaue ich mich nach der kleinen Schlange um, die sich hinter mir gebildet hat, in der Hoffnung, die Leute würden ebenso fassungslos den Kopf schütteln wie ich. Aber sie schütteln den Kopf über mich.

»Also noch mal, junger Herr«, sagt die Bedienung sehr langsam, als wäre ich schwer von Begriff. »Wenn Sie ein Käsebrötchen mit Belag wollen, möchten Sie dann ein normales Brötchen mit Käse drauf oder ein Käsebrötchen mit Käsebelag?«

Ich atme tief durch und treffe die einzig richtige Entscheidung.

»Ein Mettbrötchen, bitte. Also ein Brötchen mit Mett obendrauf, als Belag.«

Wenn Blicke töten könnten, würde ich jetzt hier auf der Stelle das Zeitliche segnen.

*

Anderthalb Straßen weiter habe ich das Scheißmettbrötchen aufgegessen und stehe vor dem Eingang des Pornokinos.

Bevor ich den Schlüssel für den Bürobriefkasten rauskrame, wische ich mir die fettigen Hände an meiner Jeans sauber und fange den Blick der Passantin auf, die gerade auf mich zuläuft.

Ihr Gesicht verzieht sich zu einer angewiderten Miene, und ihr Blick geht einmal an mir rauf und runter. Ich stehe einfach nur vorm Pornokino und wische mir die Hände ab. Wie kommt sie darauf, dass es automatisch Sperma sein muss? Wenn Blicke töten könnten, wäre ich vermutlich schon wieder tot.

Resigniert drehe ich mich um und öffne den Briefkasten.

Zwischen den üblichen Rechnungen und Werbeprospekten fällt mir ein dünner Luftpost-Umschlag entgegen. Ich weiß sofort, von wem er ist, und trage ihn feierlich nach oben ins Büro.

Da ich es bisher nicht geschafft habe, dieser Welt ein Kind zu schenken, und das auch in den nächsten Jahren eher mau aussieht, habe ich mich für ein Patenkind entschieden. Sie heißt Birke, warum auch immer, wohnt in Äthiopien und bekommt jeden Monat 40 Euro von mir. Vor einigen Wochen habe ich mich endlich hingesetzt und ihr einen Brief geschrieben. Was sich äußerst schwierig gestaltete, da ich nach »Dear Birke« in eine Sinnkrise stürzte, aus der ich mich nur mühsam wieder hochzog, mit der Erkenntnis, dass ich große Themenkomplexe meines Alltags zwangsläufig ausklammern muss. Wie zum Beispiel soll ich dem armen Kind erklären, dass ich mir an jenem Tag einen Plasma-Flatscreen bei Saturn gekauft hatte, mittags mit einem RTL-Producer zum Sushiessen verabredet war und abends heulen musste, weil ich die aktuelle Staffel *Six Feet Under* zu Ende geschaut hatte?

»Dear Birke«, las sich der Brief letztendlich. »Today I was eating fish with a friend. I hope you are fine.«

Das war natürlich totale Grütze. Denn mal abgesehen davon, dass jeder Achtjährige mehr Sätze zustande bekommt, geht es Birke natürlich *nicht* gut. Sonst wäre sie schließlich kein Patenkind, das monatlich auf meine 40 Euro angewiesen ist, um zu überleben.

Dennoch finde ich mein Engagement, ein persönlicheres Verhältnis zu schaffen, irgendwie vorbildlich, und ich freue mich außerordentlich, dass sie mir geantwortet hat. Ich öffne langsam den dünnen Briefumschlag, entfalte feierlich das darin enthaltene Papier und staune nicht schlecht, als mir in großen Lettern etwas entgegenstrahlt.

Es ist: A B C D.

Sonst nichts.

Ich überprüfe noch einmal vorsichtig, ob ich irgendetwas übersehen habe, wende das Papier, halte es gegen das Licht, durchsuche den Umschlag, aber nichts. Es bleibt bei den vier Buchstaben. A B C D.

Gerade als ich mich frage, ob das vielleicht eine ironische Antwort oder eine bitterböse Reaktion auf mein eigenes Grundschulgeschreibsel sein soll, höre ich Dannys Flöten, noch bevor er den Raum betritt. Es ist »I Should Be So Lucky« von Kylie Minogue.

»Morgen«, begrüßt er mich freudig und scheint unsere kleine *Situation* von gestern vergessen zu haben. Oder verdrängt.

Ich schiebe Birkes Brief in meine Hosentasche und lächle ihn an.

»Morgen, Danny. Was macht der Verlobungsplan?«, frage ich in der Hoffnung, dass er sich die Nummer mit der Zauberfee und der Eissplittertorte noch mal genauer überlegt hat.

»Läuft«, sagt er, und eine zarte Röte legt sich über sein Gesicht. »Ich kann es kaum erwarten, Isi zu sehen, wenn sie den Ring im Eis entdeckt.«

Ich sortiere irgendwelche Papiere auf meinem Schreibtisch, um mir meine übliche Reaktion zu verkneifen. Jetzt nichts über abgebrochene Zähne oder das Heimlich-Manöver sagen, Max. Lass es einfach. Lass ihm die Freude an seiner verschrobenen Romantik. Mach es nicht kaputt.

»Und bei dir?«, fragt er angesichts meiner ausbleibenden Reaktion. »Was läuft bei dir eigentlich so? Ich meine privat?«

Wow, er scheint sich doch an unsere Auseinandersetzung zu erinnern und umgeht das berufliche Glatteis. Das Eis, auf das er sich stattdessen begibt, ist allerdings auch ziemlich dünn.

»Nix«, antworte ich ausweichend und greife wahllos einen Zettel vom Schreibtisch, um ihn mir *genauer* anzuschauen. Ich möchte das private Thema lieber schnell beenden, denn was gibt es zu erzählen? Dass ich einen One-Night-Stand mit dem schönsten Mann des Planeten hatte, der sich allerdings nicht mehr meldet?

»Hast du dich schon gemeldet?«, fragt Danny plötzlich, und ich bin kurz irritiert. Hat er meine Gedanken gelesen?

»Ähm, ich hab keine Nummer«, stottere ich. »Wir haben keine Nummern getauscht.«

Danny schaut mich an, als hätte ich den Verstand verloren, und nimmt mir kurzerhand den Zettel aus der Hand.

»Da steht sie doch«, sagt er und hält mir das Papier entgegen. »Bei Fragen meldet euch gerne unter …«

Er tippt mit dem Zeigefinger auf den unteren Blattrand. Es ist der Bewerbungsbogen für das Funny Faces Festival. Davon spricht er also.

»Nein«, gebe ich zu. »Hab mich noch nicht gemeldet. Ich hatte das völlig vergessen, weil ich so viel um die Ohren hatte.«

Danny mustert mich skeptisch und greift nach einem Stift.

»Gut, dann fülle ich das jetzt für dich aus.«

Er setzt sich und kritzelt eifrig aufs Papier. »Wie ist deine Adresse noch mal?«, nuschelt er mit Blick auf den Bogen und sieht auf, als ich nicht antworte.

»Ach, ich nehm einfach die hier vom Büro. Wirkt auch professioneller«, entscheidet er und konzentriert sich wieder aufs Ausfüllen.

»Danny«, sage ich.

»Hm.« Er schreibt weiter.

»Lass das.«

»Was?« Er blickt auf, und ich zeige auf den Zettel.

»Das.«

»Ich wollte dir nur behilflich sein«, erklärt er. »Der Anmeldeschluss ist Ende dieser Woche.«

»Ich weiß, und das ist wirklich nett von dir, aber ich werde mich nicht bewerben.«

Enttäuscht lässt er den Stift sinken.

»Warum nicht, Max? Hast du Angst?« Das war ungewöhnlich direkt.

»Ich hab keine Angst«, sage ich patzig, obwohl er den Nagel fast auf den Kopf getroffen hat. Ich habe nicht wirklich Angst, ich habe *nichts.* Außer einer kümmerlichen Seite mit Gags, die auf einer halb garen Idee beruhen, von der ich nicht einmal weiß, ob sie funktioniert. Das ist mein Stand-up-Programm. Und das sage ich Danny genauso: »Also es ist weniger Angst als die Tatsache, dass ich nichts habe. Nur ein paar kümmerliche Ansätze.«

Er nickt verständnisvoll, selbstverständlich nickt er verständnisvoll, und reibt sich die blasse Stirn.

»Willst du es mir zeigen?«, fragt er vorsichtig. »Vielleicht bist du ja einfach nur zu streng mit dir.«

KAPITEL 7: CLOWNS & KÜKEN

Zwei Tage später drapiere ich Schüsselchen mit Chips in meinem Wohnzimmer und improvisiere eine Bühnensituation, indem ich alles wegräume, was gegenüber meiner Couch steht.

Danny hatte recht. Bisher habe ich zwar nur ein Programm von gerade mal einer Seite, bei dem ich mir allerdings überhaupt nicht sicher bin, ob es auch nur annähernd überzeugend ist. Deshalb habe ich mir seinen Rat zu Herzen genommen und am heutigen Nachmittag ein paar völlig unterschiedliche Freunde als Testpublikum eingeladen: Markus, Danny und Elmar. Damit sind vermutlich alle Amplituden des menschlichen Humors abgedeckt.

An der Anzahl der Lacher werde ich also feststellen können, ob ich ihren Humor treffe und welche Art von Gags bei wem zündet. Wenn nur Markus lacht, sind die Witze zu derbe und müssen abgemildert werden. Wenn nur Danny lacht, ist alles totaler Mist, und ich muss noch mal von vorne anfangen. Ich bin mir nicht sicher, was es bedeutet, wenn nur Elmar lacht, aber irgendetwas wird es bedeuten.

Was ich so spontan allerdings nicht besorgen konnte, ist das Kostüm. Auf der Bühne werde ich nämlich ein riesiges

Kükenkostüm tragen. Während ich den Fernseher ausstöpsele und aus dem Weg trage, versuche ich mich daran zu erinnern, warum. Ich hatte Gründe. Außer dass Küken süß sind und ich mich irgendwie aus der Masse der Stand-Upper abheben muss. Ach ja: Die Figur, die ich auf der Bühne verkörpern werde, ist ein frustrierter Mittzwanziger, der als Werbefigur durch Supermärkte tingelt.

Während ich versuche, den riesigen Flachbildschirm sanft und sicher ins Schlafzimmer zu bugsieren, klingelt es Sturm an der Tür, und ich schrecke wie immer zusammen. Kann nur Markus sein. Oder Kinder, die einen Klingelstreich machen. Oder beides. Ich halte es nicht für ausgeschlossen, dass Markus einen Klingelstreich mit wildfremden Kindern auf der Straße angezettelt hat.

Ich stelle den Fernseher also mitten im Flur ab, damit der ohrenbetäubende Lärm endet, und öffne. Es ist Markus, und wie immer sieht er so aus, als hätte er die letzten Nächte durchgesoffen.

»Hey, Markus!«, sage ich noch etwas benommen.

»Tach«, antwortet er grinsend und schiebt sich an mir vorbei in die Wohnung, geradewegs zum Kühlschrank.

»Hast du Cola?«, fragt er und reißt die Tür auf. »Ich brauche dringend Cola.«

»Denke schon«, antworte ich und schaue ihm zu, wie er die halbe Flasche neben der offenen Kühlschranktür ext.

»Ah, das ist gut«, murmelt er zufrieden, als er fertig ist. »Ich hatte ’ne 24-Stunden-Schicht in der Einrichtung, und da ist Cola neuerdings verboten, weil dann alle wie auf Speed sind und nicht schlafen.«

Ich nicke. Markus ist Heilerziehungspfleger und arbeitet in einer Wohngruppe für behinderte Menschen. Ich vergesse das immer wieder, weil ich die beiden Markusse in meinem Kopf nicht zusammenkriege. Markus privat macht den Eindruck, als bräuchte er selbst eine Rund-um-die-Uhr-Betreuung, und Markus beruflich *ist* die Betreuung. Einmal habe ich ihn zufällig in der Stadt getroffen, als er einen Ausflug mit der Wohngruppe unternahm. Sie saßen zu fünft im Eiscafé, und beinahe hätte ich ihn nicht erkannt. Er sah aus, wie er immer aussieht: zerrissene Jeans, Adidas-Trainingsjacke und verwuschelte blonde Locken, aber er hatte eine gänzlich andere Ausstrahlung, als er gleichzeitig eine offensichtlich spannende Geschichte erzählte und Eisflecken von T-Shirts und Mundwinkeln wischte. Ich beobachtete die Szene geschlagene fünf Minuten und hätte mich am liebsten dazugesetzt und so gebannt zugehört wie seine Schützlinge. Sie hingen buchstäblich an seinen Lippen.

»Was ist das?«, fragt er, als er die Kühlschranktür schließt und den »Brief« von Birke entdeckt, der mit einem Magneten daran befestigt ist. »Das heißt A C A B und nicht A B C D, Dummerchen.«

»Nee«, grinse ich. »Das ist die Antwort von meinem Patenkind aus Äthiopien.«

»Von Aishe?«

»Von Birke!«

»Wusste ich doch, dass es ein Baum war. Was soll das bedeuten?« Mit großen Augen betrachtet er erneut die vier Buchstaben und prustet dann laut los, als ich mit den Schultern zucke und den sackschweren Fernseher wieder hochhebe. Markus bemerkt meine ehrliche Bestürzung und unterdrückt sein blödes Grinsen.

»Das hat bestimmt einen Grund«, sagt er beinahe tröstlich. »Vielleicht wollte sie dir stolz zeigen, dass sie gerade das Alphabet gelernt hat.«

Ich zucke mit den Achseln.

»Es könnte natürlich auch ein Code sein. So was wie SOS auf Afrikanisch. Vielleicht braucht sie mehr Geld?«

»Quatsch.«

»Warum macht dich das so traurig?«, fragt Markus überrascht.

»Ich weiß nicht. Ich wollte gerne irgendetwas von ihr wissen. Was sie so macht oder wie es ihr geht.«

Ich bin selbst überrascht, wie sehr mich dieser Brief beschäftigt, und als ich mich frage, was ich auf dieses arme Kind projiziere, klingelt es erneut an der Tür. Ich drücke Markus den Fernseher in die Arme und zeige Richtung Schlafzimmer. Dann öffne ich die Tür, und Danny strahlt mir entgegen. Hinter ihm steht Elmar.

»Tach, ihr beiden!«, sage ich übertrieben freundlich. »Markus ist auch schon da!«

»Markus?« In Dannys Augen blitzt die blanke Panik auf. Er schaut ungefähr so überrascht wie Janet Leigh in *Psycho,* kurz bevor sie unter der Dusche abgestochen wird.

»Warum hast du *den* denn eingeladen?«, stottert er, als er seine Sprache wiedergefunden hat.

»Komm schon, Danny«, versuche ich ihn zu beruhigen und lege die Hand auf seine Schulter. »Tu mir bitte den Gefallen. Du weißt, ich brauche ein Publikum aus möglichst unterschiedlichen Leuten!«

»Ja«, murmelt er angestrengt. »Aber hättest du mir das nicht vorher sagen können?«

»Wärst du dann gekommen?«

Wir beide wissen, wie die Antwort lautet, und gehen durch die Küche ins Wohnzimmer. Wenn man den All-in-one-Raum überhaupt in unterschiedliche Räume aufteilen will. Natürlich habe ich auch Markus nicht erzählt, dass Danny kommt. Mein Freundeskreis ist nun mal begrenzt –

vor allem, wenn es darum geht, sich meine Witze anzuhören.

»Kann ich mal kurz unter vier Augen mit dir sprechen, Max?« Elmar hält mich an der Schulter fest und wendet sich mir zu. »Es geht um Nina«, flüstert er. »Du hast ja bestimmt gehört, was passiert ist, und … na ja, ich wollte mich entschuldigen und hab eine E-Mail verfasst. Und ich dachte, du kannst ja gut mit Worten umgehen …«

»Elmar, können wir da bitte später drüber reden?«, unterbreche ich den Text, den er sich sicher mühsam zurechtgelegt hat auf dem Weg hierher. »Ich lese die Mail nachher. Aber jetzt muss ich mich ein bisschen konzentrieren, verdammt.«

Elmar nickt enttäuscht, und eine Welle des schlechten Gewissens durchflutet mich. Elmar blickt immer enttäuscht. Weil ihm nie jemand zuhört. Wie auch, wenn er einfach nicht akzeptiert, dass Nina nichts von ihm will.

»Nee, oder?«, schallt Markus' Stimme Unheil verkündend durch den Raum. Er ist offensichtlich aus dem Schlafzimmer zurückgekommen und mitten im Gehen eingefroren, als er Danny erblickt hat. Seine Augen blitzen wie die von Norman Bates in *Psycho,* kurz bevor er Janet Leigh unter der Dusche absticht.

»Reg dich ab«, antwortet Danny ungewohnt cool. Ich höre die Anstrengung in seiner Stimme. »Ich kann dich auch nicht ausstehen, also einigen wir uns doch einfach darauf und tun unserem Freund hier den Gefallen.«

Er tritt dicht neben mich und legt den Arm um meine Schultern. Markus beobachtet die Geste mit einem Ausdruck des Missfallens, grummelt aber ein »Einverstanden« vor sich hin. Ich atme aus, bin aber alles andere als gelassen. Meine ganze Bühnenkonzentration ist dahin. Vor zwanzig Minuten hatte ich noch Bock und war positiv aufgeregt, jetzt fühle ich mich völlig fahrig, weil mir jeder seinen Mist auf den Teller geklatscht hat.

»Bitte«, zische ich und weise auf das Sofa, auf das sich Danny und Elmar zaghaft setzen. Markus holt sich demonstrativ den Schreibtischstuhl und rollt ihn etwas abseits, neben die Couch. Ich stelle mich vor die drei und schließe die Augen in dem hilflosen Versuch, mich ein bisschen zu sammeln, atme tief ein und aus und mache mir klar, dass ich das hier doch eigentlich *liebe*. Ich liebe die Show, und zwar, seit ich denken kann. Vielleicht sogar schon, bevor meine Erinnerung einsetzt. Die Geburt an sich ist bereits ein lang erwarteter erster Auftritt ins Geschehen, und den meisten reicht diese frühkindliche Bühnenerfahrung ja aus, aber mir nicht. Ich brauchte mehr. Also folgte von da an Show auf Show:

Krippenspiele im Kindergarten, bei denen ich nacheinander alle vorhandenen Rollen verkörperte und mich vom Jesuskind über Ochs und Esel zu den größeren Sprechrollen hochspielte; Kindergeburtstage mit selbst inszenierten Zirkusvorstellungen und Zaubershows, in denen ich dann alle Rollen gleichzeitig spielte; vom Pastor verfasste Büttenreden, die ich an Karneval performte; die Gründung der ersten Theatergruppe an der Grundschule bis hin zu den dreistündigen Bertolt-Brecht-Epen am Gymnasium, die wirklich niemand verdient hatte. Alles war Show. Bis heute. Und alles wird in einer Show münden – und zwar in der größten und spektakulärsten Show aller Zeiten: meiner Beerdigung. Meine Familie, meine Verwandten, meine Arbeitskollegen, meine Freunde, meine Feinde – alle werden meinetwegen da sein. Und ausgerechnet ich bin nicht dabei. Was für eine Scheiße.

Es kann doch nicht sein, dass kein Mensch seine größte Show miterleben kann. All die Zuschauer, all die Reden, all die Emotionen.

»Ähm«, dringt Markus' Stimme zu mir durch. »Hat es schon angefangen? Gehört das dazu?«

»Pst, vielleicht ist das so ein experimentelles Ding«, flüstert Danny. Die drei blicken mich erwartungsvoll an, als ich die Augen öffne und mich räuspere.

»Okay, ihr müsst euch mich in einem riesigen gelben Kükenkostüm vorstellen«, erkläre ich und ziehe mir dann pantomimisch den Kopf vom Gesicht.

»Was haben Sie denn?«, frage ich gespielt überrascht. »Haben Sie noch nie ein Küken mit Menschenkopf gesehen?«

Stille.

»Okay«, sage ich resigniert. »Das sollte eigentlich der erste Gag sein.«

»ROFL«, kommentiert Danny.

»Kapier ich nicht«, sagt Markus.

»Ist doch ganz einfach!«, schaltet sich Elmar ein. »Er hat eigentlich ein Kükenkostüm an, und gerade hat er seinen Kopf abgenommen.«

»Das hab ich schon kapiert«, nölt Markus. »Aber Pantomime find ich total dämlich.«

»Mensch, Markus!«, sage ich genervt. »Normalerweise hab ich ja ein Kostüm an, dann ist es doch keine Pantomime.«

»Ich finde, wir sollten nicht unterbrechen. Das lenkt nur ab«, mischt sich Danny ein und kassiert einen eiskalten Blick von Markus.

»Ich fange noch mal an«, sage ich, positioniere mich erneut und ziehe pantomimisch den Kükenkopf ab.

»Was meinen Sie, wie man in diesem Scheißteil schwitzt? Wie ein Schwein … wie ein Schwein in einem Kükenkostüm!«

Das war Gag Nummer zwei, und erneut erfüllt Stille den Raum.

»Mein Job ist echt total frustrierend«, mache ich mutlos weiter. »Ich arbeite nämlich im Supermarkt und verkaufe Eierlikör. Aber ich beschwere mich besser nicht. Das letzte Küken, das sich beschwert hat, musste als Schwein in der Wurstabteilung arbeiten.«

Ich mache eine kleine Reaktionspause und schaue in fragende Gesichter.

»Also ich weiß nicht«, sagt Markus, der sich irgendwie angesprochen fühlt. »Für mich sind das einfach zu viele Tiere. Küken, Schweine, Schweine im Kükenkostüm.«

»Wieso? Das sind doch bloß zwei«, widerspricht ihm Elmar, der um meine Gunst zu buhlen scheint. »Zwei Tiere finde ich okay. Aber es sollten halt nicht drei werden.«

»Stimmt«, pflichtet ihm Danny bei. »Drei wären definitiv zu viel. Werden es denn noch drei?«

Völlig perplex blicke ich in die Runde. Ich hatte mit vielem gerechnet – aber nicht damit, dass mein Publikum nach drei Gags über die Anzahl der erwähnten Tiere diskutiert.

»Sorry«, sagt Danny, der offensichtlich sieht, dass ich sämtliche Lust verloren habe. »Wir wollten dich ja erst mal weitermachen lassen.«

»Schon okay«, entgegne ich resigniert. »Ich hab eh den Eindruck, dass es überhaupt nicht funktioniert.«

»Ach, Quatsch«, versucht er mich aufzumuntern. »Wenn du erst mal das Kostüm anhast, ist es sicher viel lustiger. Uns fehlt nur die Fantasie.«

»Hey, hey, hey«, zischt Markus ihm scharf zu, und Elmar meldet sich zu Wort.

»Stimmt. Einen Clown ohne Kostüm findet ja auch keiner witzig.«

Dieser Satz gibt mir endgültig den Rest. Ich spüre einen Kloß im Hals, und wenn da ein Kükenkopf vor mir liegen würde, könnte ich ihn wenigstens wegkicken, aber stattdessen fühle ich, wie die Tränen gefährlich schnell in mir aufsteigen. Was zur Hölle hab ich mir dabei gedacht? Ich bringe es einfach nicht mehr. Ich bin ein trauriger Clown. Ohne Kostüm.

»Könnt ihr bitte gehen?«, flüstere ich und blicke erneut in entgeisterte Gesichter.

»Gehört das dazu?«, fragt Markus vorsichtig, und ich schüttele den Kopf, bevor ich sehr unmissverständlich und ein bisschen zu dramatisch »Sofort« sage.

Als ich endlich allein bin und den verdammten Fernseher wieder ins Wohnzimmer schleppe, muss ich an Birke denken. Ich stelle ihn ab, nehme ein Blatt Papier, schreibe E F G H darauf, falte es und stecke es in einen Umschlag. Dann lege ich mich auf die Couch und schalte den Fernseher ein.

KAPITEL 8: FALLING IN LOVE

Es ist nach Mitternacht, und ich bin seit einigen Stunden in einer festen Beziehung mit meiner Couch. Nur das TV-Programm ist unser Zeuge. Ich fühle mich wie langsam verkrustender Käse, mit dem die Polster überbacken wurden, habe mehrere Spielshows und einen sehr deprimierenden Film über zwei krebskranke Schwestern gesehen, die sich in einem einsamen Landhaus das Leben zur Hölle machen, bis sie sich schließlich gegenseitig abstechen. Nicht gerade das klassische Feelgood-Movie, aber es ist lange nicht so deprimierend wie der Film, der jetzt beginnt: eine heitere Liebeskomödie mit Hugh Grant.

Ich schwanke genervt zum Kühlschrank und stelle mit Erschrecken fest, dass die Wodkaflaschen von Tag zu Tag schneller leer werden. Anfangs war es ein Gläschen am Abend, dann wurden es drei bis vier, und irgendwann begann ich direkt aus der Flasche zu trinken und die Menge per Augenmaß zu errechnen. So langsam dürfte ich bei einer viertel bis halben Flasche täglich angekommen sein. Das ist zu viel. Ich weiß. Außerdem wird mein Gesicht durch den Alkohol von Tag zu Tag röter, und die damit verbundenen Hitzewallungen werden immer unangenehmer. Aber ich höre ja auch mit Sicherheit bald auf. Wenn ich eine Alternative gefunden habe, etwas, das meine traurige Seele auf andere Art betäuben, streicheln oder gar erfreuen kann.

Ich nehme die Flasche und setze mich wieder vor den Fernseher. Dann blicke ich in das treuherzige Gesicht von Hugh Grant und beschließe, einen sehr großen Schluck zu nehmen. Danach kommt mir sein Grinsen um einiges erträglicher vor.

Plötzlich schrecke ich auf. Ich muss eingenickt sein und versuche schnell zu registrieren, welches Geräusch mich gerade geweckt hat. Die verdammte Türklingel. Es ist die oben, sie klingt anders, aber ähnlich verstörend.

Lange kann ich nicht geschlafen haben, denn Hugh Grant blockiert noch immer den Bildschirm.

Eigentlich wäre es klug, so schnell wie möglich wieder einzuschlafen. Dafür ist das Klingeln aber a) viel zu laut, b) viel zu stürmisch und c) bin ich viel zu neugierig, wer die dreiste Person hinter der Haustür ist. Kann eigentlich nur Markus sein.

Also klaube ich mich mühsam von der Couch und wanke wodka- und schlaftrunken zum Türspion. Zu meiner Überraschung sehe ich nichts. Überhaupt nichts. Vor mir erstreckt sich nur das leere, dunkle Treppenhaus. Es klingelt jedoch weiter, was wiederum bedeutet, dass die Person noch da ist und sich neben der Tür oder unter dem Spion verstecken muss.

Im Geiste gehe ich alle Horrorfilme aus meiner DVD-Sammlung durch und überlege, ob ich dort schon einmal eine ähnliche Szene gesehen habe. Habe ich aber tatsächlich nicht. Kein Killer ist so blöde, in einem Mietshaus

Sturm zu klingeln, bevor er sein Opfer absticht. Also habe ich Hoffnung und öffne langsam die Türe.

Das Klingeln verstummt augenblicklich, und vor mir erstreckt sich der dunkle Hausflur. Dann streift mich ein kalter Luftzug, und eine kleine Person springt auf mich zu. Ich spüre, wie verschiedene winzige Gegenstände gegen mein Gesicht prallen. Instinktiv gehe ich in die Knie und halte mir die Hände schützend vors Gesicht. Im nächsten Moment höre ich ein kieksendes Lachen und ein lautes Rufen. Es klingt wie *Allah*. Moment mal … was soll das? Ist das ein Terroranschlag oder ein geschmackloser Scherz?

Ich schaue vorsichtig nach oben und erblicke ein lachendes Gesicht. Yuma.

»Alaaf! Alaaf!«, ruft er laut und lallend. »Kamelle! Kamelle!« Dabei wirft er wie ein Irrer mit Karamellbonbons um sich. Ich halte mich benommen am Türrahmen fest und ziehe mich langsam nach oben, mit der anderen Hand auf dem Herzen, das wie irre pocht. Ob vor Angst oder freudiger Überraschung, kann ich nicht unterscheiden.

»Tut mir leid, Schatz!«, lallt Yuma und wirft die Arme um mich. »Ich wollte dich nicht erschrecken!«

Ich nehme sein Gesicht in meine Hände und blicke in seine großen dunklen Augen. Eigentlich wäre ich gerne sauer, aber keine Chance.

»Du hast mir gefehlt«, lallt er weiter und gibt mir einen Kuss auf die Wange. Und jetzt bemerke ich, dass er voll ist. Voll wie der komplette Rosenmontagszug.

»Komm erst mal rein«, sage ich und nehme seine Hand. Damit ich mich ungefähr auf seinem Alaaf-Pegel bewegen kann, hole ich eine neue Flasche Wodka aus dem Kühlschrank und schenke mir ein großes Glas ein.

»Ich war saufen«, versucht Yuma zu erklären und schwankt ein bisschen. »Ganzzz in deiner Nähe. Und dann hab ich dich vermisst.« Eine kleine Welle des Schocks läuft an meinem Rückgrat hinab, und meine Mundwinkel zucken unwillkürlich nach oben. Besoffene Liebeserklärungen zählen nicht, das weiß ich, aber ich habe die ganze verdammte Woche auf ihn gewartet.

»Hallo?« Yumas kleine Hände fuchteln in meinem Blickfeld herum. »Krieg ich auch ein Glas?«, fragt er und starrt auf meinen Wodka.

»Ich denke, du hattest genug«, sage ich wahrheitsgemäß.

»Ach komm.« Er wankt verführerisch auf mich zu. Selbst wenn er wankt, wirkt er elegant. »Sei keine Spaßbremse.« Er steht so dicht vor mir, dass nur noch eine Handbreit Platz zwischen uns ist, und blickt mich auf eine Art an, für die das dämliche Wort *kokett* erfunden wurde. »Lass uns ein bisschen Spaß haben.« Er legt die Hände an meine Hüften und streckt sich auf den Zehenspitzen nach oben. »Willst du mit mir tanzen?«, säuselt er in mein Ohr. »Lass uns zu Bee Gees tanzen. Saturday Night Fever, Baby!«

Dann beißt er in mein Ohrläppchen, und ich weiß, dass das eine wirklich beschissene Idee ist. Ich sollte ihn auf der Stelle rausschmeißen und nicht zum CD-Regal gehen, nicht in die unglaublich schönen Augen sehen, aber der Wodka kocht meine tagelange Sehnsucht zu einem toxischen Gebräu auf und versetzt mich an einen Ort, der so kitschig ist, dass ich sogar die schmalzige Urlaubslyrik der Flippers nachvollziehen kann (»Lotusblume hab ich dich genannt / Als die rote Sonne in Japan versank«).

»Ich habe sogar den Film«, säusele ich und rieche an seinem weichen Haar.

»Genial«, ruft Yuma und wirft die Arme in die Luft. »Dann tanzen wir die Szenen parallel nach.«

Meinetwegen. Ich tue alles für dich. Ich lege also die DVD in den Player und klicke mich durchs Kapitelmenü zur besten Tanzszene, während Yuma einen langen Schluck Wodka aus der Flasche nimmt. Dann drehe ich die Boxen bis zum Anschlag auf. Was soll's … Ich bin schließlich an einem anderen Ort, an dem genervte Nachbarn nicht existieren.

Nach einigen wirklich schwachsinnigen Dialogen geht es endlich los. Ich übernehme die Rolle von John Travolta aka Tony Manero, gehe in die Grundposition und umschließe sanft die Hände meiner Tanzpartnerin Stephanie. Mit einem Auge auf dem Plasmabildschirm wirbeln wir durchs Zimmer. Yuma singt den eunuchenhaften Refrain mit und trifft nicht einen einzigen Ton. Eine Drehung … noch eine Drehung … dann geht es auf den Boden, und die beiden Originale legen eine breakdanceartige Performance hin. Yuma und ich zögern für einen Augenblick, dann lassen wir uns ebenfalls fallen und imitieren die Einlage kongenial. Vermutlich sehen wir von außen wie sturzbetrunkene Käfer aus und liegen nur rum, aber in mir und um mich herum dreht sich alles – wie in einem Strudel aus Technicolor-Farben und Euphorie.

Irgendwann zieht Yuma mich lachend auf die Füße, und wir halten uns prustend aneinander fest. Auf dem Bildschirm schauen sich Tony und Stephanie tief in die Augen, neigen ihre Gesichter zueinander und küssen sich leidenschaftlich.

Und im Wohnzimmer in Köln-Ehrenfeld ziehe ich Yuma dicht an mich und schließe die Lücke zwischen uns, bis unsere Lippen sich berühren. Ich könnte schwören, dass mich der Kontakt in Flammen aufgehen lässt. Während wir Tony und Stephanie in einer überfüllten Disco in Brooklyn stehen lassen, tanzen Yuma und ich in Slow Motion Richtung Schlafzimmer.

*

Am Morgen danach ist alles anders. Yuma ist weg, als ich mit dem Kissen im Arm aufwache und auf die verwaiste Betthälfte starre. Ich schließe die Augen und versuche wieder einzuschlafen, denn wenn ich das nächste Mal aufwache, kommt er vielleicht gerade von der Toilette zurück und legt sich wieder zu mir, nachdem er meine schlafende Gestalt mit den Augen aufgesogen und ein gerührtes Lächeln gelächelt hat, das ihm ein bisschen peinlich war, weswegen er mich aus Rache wach kitzelt und mich ohne Rücksicht auf unsere morgendlichen Wodkafahnen küsst.

Oder er kommt mit einem Kaffee in der Hand ins Schlafzimmer geschlichen und setzt sich neben mich, trinkt kleine Schlucke aus der Tasse und streichelt mit der anderen Hand über mein Haar.

Aber ich schlafe nicht mehr ein. Ich bin auf grausame Art wach, und seine Abwesenheit schmerzt noch mehr als seine distanzierte Anwesenheit beim letzten Mal. Scheiße, ich hab mich wirklich verliebt.

Es gibt im Deutschen keine guten Beschreibungen für den Moment des Sichverliebens. Außer eben ver-lieben, was ein bisschen nach Irrtum oder Fehler klingt.

To fall in love ist viel präziser. Schneller, als du gucken kannst, stolperst du oder beugst dich zu weit nach vorne und fällst. Wie von einer Klippe oder in ein sich plötzlich öffnendes Loch im Boden.

Aber am präzisesten finde ich *to catch feelings.*

Du fängst dir Gefühle ein. Wie einen Schnupfen oder irgendeine Infektion. Exakt so fühle ich mich gerade. Angesteckt mit einer seltsamen Krankheit, deren Symptome Gedankenkreisen, innere Erregung und rasender Puls in Verbindung mit einem diffusen Druck in Kehle und Brust sind. Gibt man die Symptome bei Google ein, kommt die Diagnose Herzrhythmusstörungen heraus. Klar. Und das einzig existente Gegenmittel ist der Kuss des anderen.

Ich schleppe mich aus dem Bett und gehe unter der Dusche heulen, während sich das Wasser mit meinen Tränen mischt, wie in einem Musikvideo von den Backstreet Boys.

Im Anschluss durchsuche ich die Wohnung nach einem Zettel mit seiner Nummer und einem kurzen Gruß, aber er existiert nur in meiner Hoffnung. Also gehe ich rüber in die Metzgerei, um mir ein Brötchen gegen den Kater zu holen.

Als die Kundin vor mir ein Käsebrötchen bestellt und ohne Diskussion ein Brötchen mit Käse bekommt, weiß ich endgültig, dass mein Leben ein einziger Witz ist.

Noch bevor ich an der Reihe bin, verlasse ich die Metzgerei und mache mich auf den Weg ins Büro.

Es ist Samstagvormittag, und Danny ist, wie ich vermutet habe, nicht da. Gut so. Ich fülle den Bewerbungsbogen für das Funny Faces Festival fertig aus. Schlimmer kann es ohnehin nicht mehr werden, und ich habe nichts zu verlieren. Wo die Liebe hinfällt, da bleibe ich eben auch liegen. Warum also nicht gleich vor Publikum?

KAPITEL 9: ORGELREIGEN

Nachdem ich die Bewerbung in den nächstbesten Briefkasten geworfen habe, mache ich mich auf den Weg zu meinen Eltern. Wie jeden zweiten Samstag, außer ich bin zu verkatert, dann gehe ich erst am Sonntag. Ein Teller hausgemachtes Gulasch am Esstisch meiner Eltern ist vielleicht das bisschen Speck um die Seele, das ich jetzt brauche.

Sie wohnen nur fünf Minuten von mir entfernt, und das macht auf symbolische Weise deutlich, wie schleppend mein Abnabelungsprozess bisher verlaufen ist.

Schon im Hausflur höre ich die Musik meines Vaters. Es ist die Platte *Orgelreigen bei Erwin Ebert,* neben den beiden Knüllern *Rickes beliebte Bremer Freimarkt Orgel* und *Tanzorgel-Klänge aus dem Essener Schaustellermuseum* sein absolutes Lieblingsalbum. Kirmesorgel-Musik ist die einzige Musik, die mein Vater hört – vornehmlich samstagnachmittags. Ich schätze, er kennt jede verdammte Kirmesorgel auf diesem Planeten und hat mindestens eine Platte davon. Ein Hobby, das meine Mutter regelmäßig in den Wahnsinn treibt – vornehmlich samstagnachmittags. Kirmesorgel-Musik hat nämlich ein entscheidendes Problem: die Bässe fehlen. Nach ein paar Minuten schrillem Gepfeife fühlt es sich an, als würde einem der Schädel explodieren. Ich habe einen Schlüssel und lasse mich selbst in die Wohnung.

»Junge? Bist du es?«, durchbricht eine Stimme das irre Gedudel.

»Ja, Ma, ich bin's!«, rufe ich, während ich mir die Chucks ausziehe und in die Küche laufe. Es duftet köstlich nach Gulasch und Grießpudding.

»Mensch, Robert. Mach doch mal die Musik leiser«, zischt meine Mutter meinen Vater an.

»Noch leiser?«, antwortet er irritiert. »Aber ich hab doch extra schon die Bässe rausgenommen.«

Meine Güte … er hat das Problem wirklich überhaupt nicht erkannt.

Ich setze mich auf die gemütliche Eckbank, unter der noch immer die Bücher meiner Schulzeit lagern, und schaue auf den Esstisch. Vor meinem Vater steht eine kleine blaue Glasflasche mit einer lateinischen Aufschrift. Anscheinend ein Neuzugang in seiner Sammlung. Sein Hobby ist so kurios wie sein Musikgeschmack. Er sammelt antike blaue Fläschchen. Dabei kommt es nicht auf Originalität oder Form der Flasche, sondern bloß auf das Blau an. Es muss einen bestimmten Blauton haben, damit einem Fläschchen die Ehre zuteilwird, in der Vitrine meines Vaters zu thronen.

»Dein Vater war heute Morgen wieder auf dem Trödelmarkt«, sagt meine Mutter in einem Tonfall aus Belustigung und Mitleid. »Und er ist ziemlich stolz auf seine neue Errungenschaft. Also sag irgendwas Nettes, damit wir endlich essen können.«

Ich blicke auf die blaue Flasche und stelle fest, dass sie genauso aussieht wie alle blauen Flaschen, die mein Vater hat.

»Und? Was sagste dazu?« Er blickt mich freudig an.

»Och, Papa«, antworte ich ratlos. »Das ist halt eine blaue Flasche. Was soll ich dazu sagen?«

»Das ist nicht irgendeine blaue Flasche. Das ist genau *die* blaue Flasche, die ich noch gesucht habe.«

Er hält sein Prachtstück gegen das Licht der Esstischlampe und lässt die Farbe auf seinen Teller reflektieren. Zufriedenheit legt sich über sein rundliches Gesicht.

Während Erwin Eberts Kirmesorgel »Ich trink den Wein nicht gern allein« anstimmt, stellt meine Mutter einen großen Topf dampfendes Gulasch auf den Tisch und steckt eine Schöpfkelle hinein. Danach reicht sie uns eine Flasche Apfelsaft.

»Ach, die Gläser!«, sagt sie erschrocken und wirbelt durch die Küche. »Ich hab die Gläser vergessen!«

»Du brauchst bloß zwei«, sage ich. »Papa kann ja aus seinem magischen Fläschchen trinken.«

»Eigentlich keine schlechte Idee!« Er schüttet sich tatsächlich Saft hinein und trinkt in langen Schlucken.

»Igitt! Wer weiß, was da vorher drin war!«, schimpft meine Mutter und stellt drei Gläser auf den Tisch. Dann wendet sie sich an mich. »Wie geht's dir eigentlich?« Ihre Gedankensprünge sind heute wieder rasant. Sie schöpft etwas Gulasch auf meinen Teller und schaut mich mit besorgten Augen an.

»Och, gut«, schummele ich.

»Ja? Ehrlich?«, hakt sie nach. »Und was macht die Liebe?«

Ich schaufele einen großen Löffel Gulasch in meinen Mund und erkaufe mir damit etwas Bedenkzeit.

»Die Liebe?«, nuschele ich kauend und resümiere innerlich meine Situation. Die Liebe macht mich fertig. Ich hab mich unglücklich in einen Typen verknallt, den ich besoffen auf einer Party kennengelernt und anschließend ordentlich durchgevögelt habe, und das, obwohl ich an dem Abend tierisch auf Pep war. Nachdem er sich eine Woche nicht gemeldet hat, hat er dann um Mitternacht bei mir Sturm geklingelt. Das war einer dieser Abende, an dem ich mich übel mit Wodka abgeschossen habe, nachdem ich wieder einmal völlig versagt hatte. War aber kein Problem, weil er genauso voll war wie ich. Ich schätze, es wird gar nichts daraus werden, weil ich im Prinzip keine Ahnung habe, was Liebe ist und wie sie geht. Die Frage ist nicht, *was* macht die Liebe, sondern *wie* macht man sie.

Das ist ungefähr das, was ich gerne sagen möchte. Schließlich sind das da vor mir meine Eltern, und sie sollten mir mindestens so nahe sein wie meine Freunde. Realität ist aber, dass sie überhaupt nichts von mir wissen. Nicht einmal, dass ich auch auf Typen stehe.

»Junge?«, fragt meine Mutter und schaut mich noch besorgter an. »Was ist denn jetzt mit der Liebe? Ist da was?«

Wieder denke ich nach. Wird dieser Samstagnachmittag ein Samstagnachmittag wie jeder Samstagnachmittag – oder fange ich endlich mal an, aufrichtig zu antworten?

»Nun, es ist so«, beginne ich zögerlich, »ich bin schon verliebt, aber ich fürchte, das wird nichts.«

Die Augen meiner Mutter strahlen.

»Ach nee? Echt?«, jauchzt sie regelrecht. »Hast du das gehört, Robert? Unser Junge ist verliebt!«

Mein Vater schlürft an seinem blauen Fläschchen und schaut kurz auf.

»Ja, ich bin ja nicht taub«, antwortet er mürrisch.

»Ein Wunder bei der Musik«, entgegnet meine Mutter. »Freust du dich denn nicht für ihn?«

»Moment, Moment«, schreite ich ein. »Irgendwie habt ihr da was falsch verstanden. Ich bin zwar verliebt, aber ich glaube, das wird nichts.«

»Ach, papperlapapp. Sei nicht immer so negativ. Dranbleiben. Immer dranbleiben! Dein Vater ist auch drangeblieben, und sieh an, was passiert ist: Wir sind fast dreißig Jahre verheiratet.«

Ich blicke in die Richtung meines Vaters. Irgendwie habe ich den Eindruck, er nutzt die blaue Flasche gerade, um sich zu verstecken. Auch ich bin von dem Argument meiner Mutter nur mäßig begeistert. Wenn *dranbleiben* bedeutet, dass ich dreißig Jahre lang Orgelplatten hören muss und blaue Flasche sammle, steig ich doch lieber sofort aus.

»Wie heißt sie denn?«, fragt mein Vater bemüht interessiert.

»Yuma«, antworte ich. »Er heißt Yuma.«

Ups. Und da ist es raus. Ich habe tatsächlich *er* gesagt. Mehr aus Versehen. Er. Ein winziges Wort, zwei Buchstaben. Ein persönliches Fürwort. Ein Personalpronomen. Eine Katastrophe.

»Du meinst sie?«, wiederholt meine Mutter in der Hoffnung, es falsch verstanden zu haben.

»Nein, Mutter. Er. Er heißt Yuma. Es ist ein Typ.« Ich senke den Blick und stochere in meinem Gulasch rum, als hätte sich dort etwas versteckt.

»Yuma? Was soll denn das für ein Name sein?«, fragt mein Vater, bei dem der eigentliche Kern der Sache noch nicht angekommen ist. Mir entfährt ein kleines verzweifeltes Lachen.

»Es ist so«, fahre ich fort und schaue vom Teller auf, den Blick möglichst offen und unbesorgt. »Ich mag nicht nur Frauen, sondern auch Männer.«

»Du bist homosexuell?«, fragt meine Mutter mit angehaltenem Atem, und ihre Augen sind noch größer als mein Teller. Es sieht fast gefährlich aus.

»Nein, Mama«, sage ich. »Ich bin bisexuell.«

»Aber du … aber du hast doch gesagt, dass du in einen Kerl verliebt bist.« Sie klingt ehrlich verwirrt.

»Ja. Jetzt«, sage ich etwas lauter im Bemühen um eine feste Stimme. »*Jetzt* bin ich in einen Kerl verliebt.«

Pause. Langsam blickt auch mein Vater auf. Während er wie in Zeitlupe sein Fläschchen zur Seite stellt, gibt Erwin Ebert den nächsten Orgelreigen zum Besten.

»Kapier ich nicht.« Er schüttelt den Kopf. »Bist du jetzt schwul oder nicht?«

Meine Mutter lässt den Kopf in die Hände sinken und beginnt von einem Augenblick auf den anderen zu schluchzen.

»Ach, Robert«, jammert sie. »Was tun wir denn jetzt? Was haben wir bloß falsch gemacht?«

Ich blicke hin und her zwischen meinem Vater und ihr und kann es nicht fassen.

»Was ist denn mit euch los?«, frage ich fassungslos.

Meine Mutter hebt ihr tränennasses Gesicht und schaut mich an. Mit zitternder Unterlippe sagt sie: »Was los ist? So reagiert eine Mutter nun mal, wenn sie erfährt, dass ihr Sohn schwul ist.«

»Ich bin aber nicht schwul!«, sage ich hart. »Ich bin bisexuell, Herrgott!«

»Der Herrgott hat in diesem Satz nichts zu suchen«, wimmert sie, und damit hat sie recht. »Bisexuell. Das ist doch so ähnlich wie schwul«, schnieft sie. »Halb schwul …«

Ich schnaufe und lasse die Gabel krachend auf den Teller fallen.

»Es reicht, Mama … Jetzt hör bitte auf zu weinen.«

»Rede nicht so mit deiner Mutter«, sagt mein Vater ungewohnt barsch. »Klar ist das ein Schock für sie. Und für mich auch. Ich kapiere das nicht.«

»Was genau kapierst du nicht?«, frage ich versöhnlicher.

»Na, diesen modischen Kram mit dem … bisexuell sein.« Er spricht das Wort nur ungern aus. Es ist ihm unangenehm.

»Ich meine, wenn du die Wahl zwischen Mann und Frau hast, warum entscheidest du dich dann nicht für die Frau?«

»Warum? Weil ich mir das nicht so einfach aussuchen kann. Es kommt, wie es kommt.« Ich merke selbst, wie hilflos meine Erklärung gerade klingt, aber egal. »Und jetzt gerade bin ich in einen Typen verliebt.«

»Du hast doch gerade selbst gesagt, dass daraus nichts wird.«

Ich atme tief durch und zwinge mich, ihn ausreden zu lassen.

»Dann verlieb dich doch lieber wieder in eine Frau. Das hat doch früher auch geklappt. Wenn nicht für dich, dann tu's wenigstens für deine Mutter!«

Jetzt bin ich derjenige, der die Hände vors Gesicht legt. »Lass es mich mal anders formulieren«, fährt mein Vater fast beschwichtigend fort. »Nehmen wir an, ich stehe auf Frauen und auf Pinguine. Für wen würde ich mich, als normal denkender Mann, wohl entscheiden?«

»Was?« Vielleicht habe ich gerade eine Art Schlaganfall erlitten. Was hat er gesagt?

»Klar«, philosophiert er munter weiter. »Das ist jetzt mal ganz anders gedacht. Ein bisschen verschroben. Aber du weißt doch, was ich meine.«

Ich schüttele langsam den Kopf. »Ehrlich gesagt nicht. Du kannst doch Männer nicht mit Pinguinen vergleichen.«

»Es ist bloß ein Beispiel, Max. Jetzt sag einfach mal: Für wen würdest du dich entscheiden? Frauen oder Pinguine?«

Okay, vielleicht muss ich einfach mitmachen und sein seltsames Beispiel, worauf auch immer es hinauslaufen mag, von innen zerstören.

»Na, für die Frauen, Papa, denn in Europa gibt es überhaupt keine frei lebenden Pinguine! Und ich steh nicht auf Fernbeziehungen.«

»Siehste!« Er klopft auf den Tisch, lehnt sich zufrieden vor und widmet sich dem Gulasch. Ich schaue ihm mit offenem Mund dabei zu.

»Robert.« Meine Mutter scheint den ersten Schock überwunden zu haben und schaltet sich wieder in das Gespräch ein. »Das mit den Pinguinen bringt uns nicht weiter. Ich glaube, da muss man anders vorgehen!«

»Bitte tut mir einen Gefallen«, zische ich und bin kurz vorm Explodieren. »Und kommt jetzt nicht mit einer Therapie. Es gibt keine, weil man verdammt noch mal keine braucht.« Ich bin kurz davor, meinen Kopf in das Gulasch fallen zu lassen, um nicht auszuflippen.

Es klingelt an der Tür.

»Gott sei Dank«, flüstere ich und blicke gen Zimmerdecke.

»Das muss deine Schwester sein«, sagt meine Mutter, während sie sich gespielt tapfer die Tränen von den Wangen wischt und zur Tür geht. »Der kannst du ja auch gleich die Neuigkeit erzählen!«

Es sind keine Neuigkeiten. Ich hab es eigentlich schon immer geahnt, und seit ich siebzehn bin, weiß ich es. Seit Sascha genau genommen.

Gefolgt von meiner Mutter, betritt Sonja mit ihrem zweijährigen Sohn Paul die Küche. Sie blickt irritiert in die zerstörte Runde und hebt die Hand zu einem kurzen Gruß. Das letzte Mal habe ich so eine Szene gesehen, als der gealterte Soldat James Ryan am Grab seines Captains salutierte.

»Was ist denn hier los?«, fragt sie. »Ist jemand gestorben?«

»Na ja«, sagt meine Mutter und hickst. Prima, jetzt hat sie auch noch einen dramatischen Post-Wein-Schluckauf. »Wahrscheinlich ein Spielkamerad für dein Söhnchen!«

Mein Patenkind schaut mir tief in die Augen und beginnt herzzerreißend zu schreien.

»Siehste!«, sagt meine Mutter. »Als würde er es ahnen!«

Im Geiste begehe ich den Muttermord und stecke ihren Kopf tief in die Gulaschschüssel, bevor ich ihn mit dem heißen Grießpudding übergieße.

»Es ist so«, sagt mein Vater erklärend. »Dein Bruder hat uns soeben eröffnet, er sei … na ja … bisexuell.«

»Oh mein Gott!«, flüstert meine Schwester tonlos, und Paul heult auf. Gott hat in dieser Situation überhaupt nichts zu suchen, da hatte meine Mutter recht. Ich stehe wortlos auf, murmele etwas über einen wichtigen Termin und verlasse die Küche, die Wohnung, den Hausflur, das Haus, vielleicht auch den Planeten, mal sehen.

KAPITEL 10: MONDATTRAPPE

Auf dem Weg, den Planeten zu verlassen, komme ich nur bis zu Markus. Ich habe die gute halbe Stunde Fußweg damit verbracht, imaginäre Diskussionen mit meinen Eltern zu führen, in denen ich ihr Weltbild komplett zerlegt und mit der nötigen Portion Empathie neu zusammengesetzt habe.

Es war mir egal, dass zufällige Passanten Anteil an meiner leidenschaftlichen Argumentation nehmen mussten. Sie haben ohnehin schnell die Straßenseite gewechselt. Aber jetzt bin ich vor dem Haus gelandet, in dem Markus' WG ist, und ich muss definitiv mit ihm reden. Auch wenn er nicht immer die klügsten Lebensweisheiten parat hat und ihm Gespräche über Gefühle unangenehm sind, ist er nun mal mein bester Freund, und irgendwem sollte ich mich anvertrauen.

Vielleicht wäre Tanja, meine Ex-Freundin, die bessere Wahl, aber sie ist nur noch sporadisch in Köln, und ich müsste sie anrufen.

Ich klingele mich rein und schlurfe ins Dachgeschoss, wo mich Zainab, Markus' Mitbewohnerin und ehemalige Arbeitskollegin, empfängt. Sie steht in der offenen Tür und zieht an der selbst gedrehten Zigarette in ihrer Hand.

»Er schläft noch«, sagt sie lächelnd, als ich die letzten Stufen nehme und sie mich erkennt. »Hatte Nachtschicht bis acht in der Wohngruppe.«

»Oh, okay«, antworte ich und kann die Enttäuschung in meiner Stimme selbst hören. Zainab mustert mich aufmerksam und zieht dann eine Augenbraue hoch. »Du siehst scheiße aus, Max.«

»Danke, du nicht«, entgegne ich und wende mich wieder den Stufen zu.

»Geh einfach rein zu ihm«, sagt sie plötzlich, zieht mich an der Jacke hinter sich her und schließt die Wohnungstür hinter uns. »Markus freut sich bestimmt, dass du da bist. Er hat sich Sorgen um dich gemacht gestern.«

»Okay«, sage ich verwundert. »Ihr redet über mich? Also Markus redet über mich?«

Sie grinst mich merkwürdig an, rollt die Augen, als wäre ich so etwas wie ein niedlicher Trottel, und verschwindet dann in der Küche. Ich laufe durch den langen Flur in Richtung seines Zimmers. Ich bin wirklich verwundert. Klar, ich hab nach dem verkackten Stand-up alle rausgeworfen, aber dass Markus sich *Sorgen* macht, ist mir neu. Er macht sich nie Sorgen und schon gar nicht um mich. Zumindest nicht in meinem Beisein. Ich kann mir nicht mal vorstellen, wie er so ein Gespräch beginnen würde. Aber vielleicht macht er das mit Zainab ja ständig. Ich fühle einen kurzen Stich in der Brust.

Mit der Hand auf der Klinke atme ich tief durch. Was zur Hölle ist mit mir los? Bin ich jetzt auch noch eifersüchtig? Komm mal klar, Max.

Ich drücke sie runter und öffne die Tür. Das Zimmer liegt im Halbdunkel, Markus unter der Decke auf dem Bett, und aus der Anlage tönt eine Stimme: »Oma Shumway pflegte immer zu sagen: Schau niemals zurück, du ersparst dir den Blick ins Chaos.« Ist das Alf?

»Haha, ich lach mich tot.«

Ja, es ist Alf, der Außerirdische.

Markus schläft tief und fest wie ein Baby, und ich bringe es nicht über mich, ihn zu wecken. Nachdem ich ein paar Augenblicke planlos in der Tür rumstehe, schließe ich sie und tappe rüber zum Bett, ziehe die Schuhe aus, lasse meine Jacke auf den Boden fallen und lege mich auf die leere Bettseite. Alf grölt zum wiederholten Mal mit seiner Kettenraucherstimme »Null Problemo. Null Problemo«, und ich wundere mich, wie das ein Held unserer Kindheit werden konnte: ein zynischer, hässlicher Kerl mit struppigem braunem Fell und riesiger Nase, der sich verhält wie der unangenehme Onkel auf der Familienfeier.

Aber manchmal braucht man ein Stück Kindheit zum Einschlafen. Das bessere Beruhigungsmittel ist nur noch *Benjamin Blümchen träumt*. Die Kassette höre ich manchmal.

Um festzustellen, was Benjamin träumt, klettert der Erzähler nämlich in sein Ohr und findet das sogenannte Traumkino, in dem er den Inhalt des Traums wie einen Film verfolgen kann. Und der geht so: Benjamin und Otto befinden sich im Elefantenland, einem Ort mit einem riesigen Zirkus namens Elefantodrom (Eintritt frei; Elefantenkinder zahlen die Hälfte). Hierfür werden Menschen eingefangen und dressiert, um sie dann vor einer johlenden Elefantenmeute vorzuführen. Schon bizarr genug, aber es wird noch krasser.

Für das Menschenkind Otto wird es also gefährlich, und deshalb versteckt er sich ebenfalls in Benjamins Ohr. Als er dort auf den Erzähler trifft, vermischen sich sämtliche Ebenen, und Otto fragt: »Wer sind Sie? Ihre Stimme kommt mir so bekannt vor.«

Für eine *Benjamin Blümchen*-Folge ist das äußerst ungewöhnlich, ein überraschend psychedelischer Trip, ein bizarrer halluzinatorischer Mindfuck, um genau zu sein.

Die *Alf*-Folgen dagegen sind *alle* bizarr. Kein Wunder, dass Markus sie liebt, mehr noch als *Knight Rider* und *A-Team*.

Er besaß in seiner Kindheit sämtliche Episoden, die er allerdings nicht retten konnte, als seine Mutter das Kinderzimmer in ihr Nähatelier umwandelte und die Schuhkartons voller Kassetten einfach wegwarf. Markus war außer sich, als er letzte Weihnachten vom elterlichen Besuch zurückkam. Aber glücklicherweise gibt es da draußen irgendwelche Nerds, die die Kassetten besitzen, weil sie vermutlich noch im Kinderzimmer *wohnen*, und sie in tagelanger Arbeit digitalisiert haben.

Ich habe ihm alle auf Napster illegal downgeloadet, und Markus' Seelenfrieden war schnell wiederhergestellt. Obwohl ich mir gerade nicht sicher bin, wie gut es für seine Seele ist, die ganze Nacht was weiß ich wie viele Folgen *Alf* zu hören, die sich tief in sein Unterbewusstsein meißeln. Im Grunde erklärt das sein gesamtes Verhalten. Noch während ich das denke, merke ich, wie mir die Augen zufallen. Ich bin müde, so gottverdammt müde. »Null Problemo«, sagt Alf.

*

»An allem ist nur dieser blöde Yoga schuld. Seit der aufgetaucht ist, kommt alles durcheinander«, flucht Markus im Biergarten des Underground, in dem wir ein paar Stunden

Schlaf später gelandet sind. Heute ist Virus, eine Punk-, Garage-, Retro-Party, und wir stehen mit zwei Beck's unter einer Vollmondattrappe, die unter dem echten Vollmond hängt.

»Hältst du das ernsthaft für witzig?«, sage ich entnervt. Nachdem wir am frühen Abend aufgewacht sind, habe ich ihm von meinem völlig missglückten Outing berichtet, und Markus schwankt seitdem zwischen Mitleid und Wut hin und her.

»Okay«, grummelt er jetzt beleidigt. »Dann eben Puma …«

»Yuma«, zische ich.

»Dann eben Yuma. Aber trotzdem: Wenn du dich nicht seinetwegen verquatscht hättest bei deinen Eltern, wäre dein Outing vielleicht anders verlaufen. Ich hätte mitkommen können oder so.« Er kann es einfach nicht lassen, auf Yuma rumzuhacken.

»Markus, du weißt selbst, dass das Schwachsinn ist. Dann hätte ich es nur weiter hinausgezögert. Und ich … na ja. Ich bin gerade verliebt, Mann, da passiert so was.«

Markus registriert, was ich eben gesagt habe, und schnappt nach Luft.

»Scheiße, wirklich verknallt?« Er sucht nach weiteren Worten und kramt gleichzeitig in seiner Hosentasche, bis er gefunden hat, was er sucht. Worte sind es nicht, aber ein Tütchen Speed.

»Komm«, sagt er. »Lass uns erst mal was ziehen. Dann sehen wir die Sache ein bisschen positiver.«

Ich schüttele den Kopf, ich will mich nicht mehr zudröhnen. Im selben Moment klopft mir jemand von hinten auf die Schulter.

»Na, wusste ich doch, dass ich Schwefel gerochen habe!«,

krakeelt eine aufdringliche Stimme, und ich drehe mich blitzartig um. Es ist Botze.

»Hey, ein Vögelchen hat mir gezwitschert, du schreibst ein eigenes Stand-up-Progamm? Glückwunsch! Mach ich auch gerade.«

Dann nimmt er mich in den Arm und drückt mich eine Spur zu lange und zu fest. Ich hasse den Kerl. Er ist ein Comedy-Autorenkollege und heißt eigentlich Boris. Weil ihm der Name aber zu langweilig war, gab er sich selbst einen Spitznamen und drängte ihn jedem auf.

»Hey, Boris!«, sage ich deshalb knapp.

»Schön, dich mal wiederzusehen«, entgegnet er und streckt Markus seine Hand entgegen. »Und wer bist du? Ich bin der Botze. Ein Kollege. Nenn mich Botze. Einfach nur Botze.«

»Riskanter Name«, antwortet Markus. »Nur vier Anfangsbuchstaben weiter lauert der Untergang.«

Botze atmet scharf ein und lacht dann ein ausgiebiges falsches Lachen.

Damit ist TOP 1 in einem typischen Botze-Gespräch abgehakt: sein Spitzname. Es wird also Zeit für TOP 2: Botze wird die Gags erzählen, die er heute Morgen für irgendeinen Late-Night-Talker geschrieben hat, und so tun, als würde er sie sich spontan ausdenken.

»Habt ihr das auch schon gehört, Leute?«, bricht es aus ihm heraus, als er sein Portemonnaie aus der Hosentasche zieht. Da er völlig unmotiviert sein Geld zählt, muss dieses Verhalten etwas damit zu tun haben. Und tatsächlich! Eins der Themen, die heute per Mail rausgingen, lautete »Euroscheine zerbröseln«. Angeblich wurden einige Tausend Scheine mit einer Chemikalie behandelt, die zu ihrer Zersetzung führen. Da Botze nicht weiß, dass ich für dieselben

Late-Night-Shows schreibe, fährt er also fort mit seinem miesen Bauerntheater.

»Was sollen wir gehört haben?«, fragt Markus.

»Na, das mit den Euroscheinen! Total krass! Angeblich wurden Tausende davon mit Sulfatsalz gepudert, und jetzt lösen die sich auf.«

Dann schaut er uns tief in die Augen, um seine Pointe möglichst effektvoll zu platzieren.

»Ich meine … bisher lösten sich Geldscheine ja bloß auf, wenn man sie seiner Freundin in die Hand drückte, oder?«

Sein Blick zuckt zwischen mir und Markus hin und her, und der … lacht. Ich bin genervt.

»Ja, ist doch so!«, fährt Botze fort, beschwingt von seinem Erfolg. »Dabei gab's eigentlich immer schon Geldscheine, denen man beim Verfall zusehen konnte – nämlich türkische Lira!«

Markus lacht schon wieder. Ich fasse es nicht. Normalerweise durchschaut er genauso schnell wie ich, wer ein Schaumschläger ist.

»Aber mir ist das ja alles egal«, macht Botze weiter und will tatsächlich noch einen dritten Gag unterbringen. »Hauptsache, die Scheine halten so lange, bis ich zu Ende gekokst hab.«

Das muss sein Lieblingsgag sein, sein Meisterstück, denn er prustet laut los, und mir platzt der Kragen.

»Was soll der Quatsch?«, frage ich ungehalten. »Du kokst doch nicht mal.«

»Hey, hey, hey … was ist denn mit dir los?«, stammelt Botze überrascht. »Das war doch bloß ein Gag, den ich mir gerade ausgedacht habe.«

»Nein. Das war ein Gag, den du heute für Schmidt geschrieben hast.«

Stille.

»Na und?«, antwortet er kleinlaut. »Ist es verboten, ein paar Witze zu erzählen, die man vorher geschrieben hat, oder was? Meine Güte … du bist aber heute empfindlich.«

Botze dreht sich um und verschwindet Richtung Bierstand auf der Suche nach frischem Publikum, und ich hoffe, dass er nie mehr wiederkommt. Missmutig blicke ich in die leuchtende Vollmondattrappe, bis das Bild vor meinen Augen flimmert.

Markus legt den Arm um meine Schulter. »Was regst du dich denn so auf?«

Das muss er gerade fragen. »Der Typ ist ein Vollidiot. Und du findest ihn auch noch komisch.«

»Bist du bescheuert?«

»Du lachst über seine Scheißwitze wie so ein hirnverbrannter Fan.«

Markus blinzelt mich irritiert an. »Ja, aber doch nur, weil ich nicht den gleichen Fehler wie bei deinem Bürokollegen machen wollte. Herrgott … Ich dachte, der ist vielleicht wichtig für deine Karriere, und da hab ich halt mitgespielt.«

Ich nehme Markus spontan in den Arm. Eine pathetische Geste, aber ich bin emotional völlig durch den Wind und brauche das jetzt.

»Danke«, sage ich und drücke ihn an mich. »Aber bitte sei ab jetzt wieder du. Dann gefällst du mir echt besser.«

Auch er drückt mich fest und streicht mir beruhigend durch die Haare.

»Geldscheine zerbröseln?«, flüstert er in mein Ohr. »Kann dem Pisser doch egal sein. Der hat eh nur Münzen im Portemonnaie!«

Ich weiß wieder genau, warum ich Markus so gernhabe.

Plötzlich löst er sich aus der Umarmung, streicht ungelenk seine Jacke glatt und räuspert sich umständlich.

»Ich geh jetzt eine ziehen. Kommste mit?«

Eigentlich habe ich mir vorgenommen, jetzt endgültig die Hände von dem Mist zu lassen. Ich muss das Markus dringend sagen, damit er mir in labilen Gefühlslagen nichts anzudrehen versucht ... weil ich es nehmen werde.

Zusammen verschwinden wir also in der Toilettenkabine. Markus zückt sein Portemonnaie, macht einen mäßigen Witz über zerbröselnde Euroscheine und kramt sein Speed-Tütchen hervor. Dann trocknet er die zerdellte Klopapier-Ablage ab und schüttet eine stattliche Menge darauf.

»Danach geht's dir wieder besser, und du vergisst den blöden ... Yuma«, sagt er lächelnd. Noch lächelt er. Vielleicht kriege ich durch die beschissenen Amphetamine aber auch einen Laberflash, in dem jeder einzelne Satz mit diesem Namen beginnt.

Markus zückt seine Geldkarte und formt aus der stattlichen Menge eine noch stattlichere Line. Während entfernt »Two-Timing Touch and Broken Bones« von The Hives beginnt, reicht er mir wie ein Kellner den abgeschnittenen McDonald's-Strohhalm. Die Freude über den bald einsetzenden Kick steht ihm ins Gesicht geschrieben.

Ich beuge mich über die Ablage und ziehe die viel zu große Line in meine Nase. Dann blicke ich auf und schaue in sein entsetztes Gesicht.

»Alter, bist du bescheuert?« Er reißt mir den Strohhalm aus den Fingern. »Du kannst doch nicht *beide* Lines nehmen, das ist viel zu viel!«

Ich fühle meine Gesichtszüge entgleiten. »Beide Lines?«

Shit! Das krumme Teil auf der Ablage bestand offenbar

aus zwei Portionen. Ich werde augenblicklich panisch, als ich sehe, dass Markus sich die Haare rauft.

»Scheiße … Ich hab doch zwei gemacht. Eine für dich und eine für mich. Hast du das denn nicht geblickt?«

Er kennt meine Neigung zu Hypochondrie und bemerkt die Angst, die mich erfasst.

»Hey, hey, ganz ruhig.« Er nimmt mein Gesicht in die Hände und schaut mir in die Augen. »Kein Grund zur Sorge. Da passiert schon nichts.« Sein Ton verrät ihn, er klingt übertrieben aufmunternd.

»Umso schneller vergisst du den Typen. Und ich …«, er schüttet eine neue Line aus dem Tütchen, »… bau mir jetzt eine ähnliche Portion, okay?«

Als könnte mich das beruhigen. Wer soll dann auf mich aufpassen, wenn doch was ist? Bevor ich ihn daran hindern kann, bemerke ich, dass seine Menge nicht annähernd so groß ist wie die, die ich intus habe.

Markus packt sein Zubehör in die Jackentasche und zieht mich hinter sich her in den Biergarten, während mein Gehirn sämtliche Nebenwirkungen von Pep ausspuckt, die ich jemals gelesen habe: erhöhter Blutdruck, erweiterte Pupillen, Unruhe, Erektionsstörungen, Appetitlosigkeit, Angstzustände und … Scheiße … Herzrasen.

Beunruhigt fasse ich an meine Brust und merke, wie heftig mein Herz pocht.

»Markus«, sage ich wimmernd. »Ich hab Herzrasen.«

»Das ist normal«, höre ich ihn sagen, aber seine Nervosität ist spürbar, selbst in meinem Zustand kann ich sie sehen. »Erhöhte Herzfrequenz hat man danach eigentlich immer.«

Er legt die Hand an meine Brust. Sein Blick verfinstert sich zusehends dabei.

»Okay«, formuliert er langsam. »Das ist schon ein bisschen heftiger. Komm, wir setzen uns mal irgendwohin. Dann wird's wieder besser.«

Wir schauen uns um. Alle Bänke sind belegt.

»Scheiße, Markus«, presse ich hervor. »Ich muss mich setzen.«

Er greift meine Hand und zieht mich zur Vollmond-attrappe. Dann lassen wir uns auf das Stück Rollrasen darunter fallen. Ich lege mich hin, als ich merke, wie mein Herzschlag an Geschwindigkeit zunimmt. Es flattert wie ein verdammter Kolibri unter meiner Handfläche, und meine Panik steigt, während ich in das helle Licht des künstlichen Mondes schaue.

Markus nimmt die Hand von meiner Brust und drückt sie. »Bleib jetzt ruhig, okay? Ich weiß, was dagegen hilft.«

Ich spüre Hoffnung in mir aufsteigen. Sie kämpft sich durch die Panik nach oben. »Wirklich? Was denn?«

Markus schaut mir tief in die Augen, und ich blicke in die weiten schwarzen Pep-Pupillen.

»Bananensaft.«

Augenblicklich rauscht meine Hoffnung in den Keller und macht Platz für einen neuen Gast: die Todesangst.

»Bananensaft?«, wimmere ich ängstlich.

»Genau«, sagt er mit zu fester Stimme. »Hab ich irgendwo mal gelesen … oder gehört. Da ist Kalzium oder Kalium oder irgendwas für den Blutdruck drin.«

Ich glaube ihm kein Wort und lege die Hand erneut an meine Brust. Mein beschissenes Herz schlägt noch schneller.

»Hilf mir, Markus«, winsele ich und spüre, wie mir Tränen in die Augen steigen.

»Bleib hier liegen!«, sagt er. »Ich kümmer mich drum.« Er steht auf und blickt sich orientierungslos um. »Ich besorg dir Bananensaft!«

Ich komme mir vor wie in einem drittklassigen Italowestern. Während ich also daliege wie ein angeschossener Cowboy, reitet Markus los, um das Wundermittel Bananensaft aufzutreiben. Es wird überhaupt nichts nützen, aber seine Rettungsaktion beruhigt mich ein bisschen.

Ich nehme die Hand vom Herzen und konzentriere mich auf die langsam vorbeiziehenden Menschen, die mich auf dem Weg in den Club keines Blickes würdigen. Aus meiner Froschperspektive wirkt es irgendwie feierlich, als würden sie schreiten, wie eine Prozession. Oder eine Beerdigung. Rechtzeitig zu meinem Abgang.

Markus ist zurück und beugt sich über mich. Er ist völlig außer Puste.

»Jetzt keine Panik!«, hechelt er panisch. »Die haben hier keinen Bananensaft. Ich flitz schnell zum nächsten Kiosk. Bleib einfach liegen!«

Dann verschwindet er, bevor ich seine Hand greifen und ihn bitten kann zu bleiben. Wenigstens bei mir zu wachen, wenn mein letztes Stündchen anbricht.

Stattdessen steht Botze plötzlich über mir, der einzige Gast, den ich mir nicht auf meiner verfrühten Beerdigung wünsche.

»Alles klar mit dir?«, fragt er und legt die Stirn in Falten.

»Nee«, antworte ich. »Ich hab schlimmes Herzrasen!«

Botze setzt sich neben mich.

»Verstehe … ich hab euch auf die Toilette gehen sehen. Drogen, was?«

Ich knirsche mit den Zähnen. Botze ist wirklich der Letzte, mit dem ich über meine Drogenprobleme reden möchte. Und vor allem nicht jetzt.

»Markus besorgt gerade was, damit es wieder weggeht.«

»Betablocker?«

Ich bin irritiert. Das Wort klingt viel vertrauenerweckender als Bananensaft.

»Bananensaft«, antworte ich schwach.

In Botzes Augen lese ich in folgender Reihenfolge: Überraschung, Amüsement, totale Irritation und … Scheiße …

Sorge.

»Was zur Hölle soll das denn bringen? Das ist totaler Quatsch. Seit meiner Arbeit als Zivi weiß ich, dass da nur Betablocker helfen. Und die kann man nicht einfach besorgen. Dafür musst du ins Krankenhaus!«

Ich wimmere. »Und was mach ich jetzt?«

»Entweder du fährst ins Krankenhaus, oder du bleibst hier liegen und wartest, bis es vorbei ist!«

Ich hab keine Ahnung, was er mit *vorbei* meint. Das Herzrasen oder mein Leben? Ich weiß nur, dass ich nicht ins Krankenhaus will. Allein das Wort schaltet meinen Herzschlag in den Turboboost.

»Vielleicht hast du aber auch nur 'ne Panikattacke.« Botze beugt sich über mich und blickt mir in die Augen.

»Pass auf. Du atmest jetzt genau, wie ich es sage, okay?«

Ich nicke durch die Tränen, die mir in die Augen schießen.

»Okay, Max. Durch die Nase einatmen und bis vier zählen. Atem anhalten und bis sieben zählen. Durch den Mund ausatmen und bis acht zählen. Vier, sieben, acht. Verstanden? Vier, sieben, acht.«

Botze lehnt sich über mich und legt eine Hand auf meine Brust. Die Wärme seiner Hand sickert durch mein T-Shirt. Mit den Fingern der anderen zählt er die Sekunden vor meinen Augen ab. Ich blicke abwechselnd darauf und in sein Gesicht, während ich versuche zu atmen.

»Und noch mal«, sagt Botze enthusiastisch, und die

Vollmondattrappe hinter seinem Kopf wirft einen Strahlenkranz um ihn. Es wirkt wie ein Heiligenschein. Vielleicht ist es einer, oder hinter ihm scheint das Licht am Ende des Tunnels, von dem immer alle reden. Ich versuche, an Botzes Kopf vorbeizuschauen, um nach dem Tunneleingang Ausschau zu halten, aber das Strahlen blendet mich zu sehr. Er schiebt meinen Kopf zurück auf den Boden. »Atmen, Max. Du schaffst das.«

»Ich bin bi«, stoße ich völlig zusammenhanglos hervor. Keine Ahnung, wie ich jetzt darauf komme. Vielleicht will ich den Herrgott vorwarnen, damit es nachher keine Diskussionen an der Himmelspforte gibt. Botzes Stirn legt sich in Falten.

»Alles klar. Ist notiert«, schnauft er durch sein überraschtes Lachen und zwinkert mir zu. »Aber erst mal muss sich dein Herz beruhigen, in Ordnung? Vielleicht fahren wir zur Sicherheit doch ins Krankenhaus.« Ich habe panische Angst vor dem Krankenhaus, aber ebenso davor, mich zu widersetzen. Sollte man jemandem mit einem Heiligenschein besser Folge leisten?

KAPITEL 11: HERZMUSKELKATER

Herzlich willkommen, Herr Steinbach«, trällert eine Stimme durch mein benebeltes Bewusstsein. Nicht aufwachen, protestiert es. Ich will für immer hierbleiben und schlafen. Wenn ich mich jetzt anstrenge und tiefer tauche, finde ich mit etwas Konzentration den Eingang zu Glitzerbarts Höhle wieder. Vielleicht darf ich dableiben, ein Praktikum absolvieren oder so.

Ich hole tief Luft und versuche, mich schwer zu machen, um zu tauchen, aber ich hab vergessen, wie das geht. Dann spüre ich den Druck um meinen Oberarm. Eine Hand legt sich darum, drückt zu, und ich reiße die Augen auf.

»Da sind wir ja«, trällert die Stimme in einer Frequenz, die mich gänzlich aus dem Schlaf reißt und zu einer Frau mittleren Alters gehört, die über mir steht. Keine Ahnung, wer das ist, aber es ist definitiv nicht König Glitzerbart.

»Wird auch Zeit«, dröhnt eine zweite Stimme irgendwo links neben mir. »Der hat die ganze Nacht geschnarcht wie ein Walross.«

»Das waren sicher die Beruhigungsmittel«, flötet die Frau über mir und rüttelt weiter an meinem Unterarm. »Ich bin Schwester Sabine, und Sie haben in zwanzig Minuten einen Termin zum Herzultraschall. Vorher wollen wir bestimmt noch mal pullern, wat?«

Und dann setzt meine Erinnerung ein. Speed … Botze … die Bilder tauchen vor mir auf wie Polaroids, auf denen die gestrige Nacht langsam erscheint … Bananensaft … Krankenwagen … nix. Mit dem letzten Polaroid scheint etwas nicht zu stimmen. Es bleibt verschwommen.

»Schaffen Sie es zur Toilette, oder soll ich die Flasche holen?«, fragt Schwester Sabine mit hochgezogener Augenbraue. Die Flasche? Ich habe nicht die leiseste Ahnung, was sie gerade von mir wissen will, also schüttele ich den Kopf.

»Gut. Dann gibt's wenigstens keine Sauerei. Ich komme in zehn Minuten wieder.« Sie macht auf dem Absatz kehrt und verlässt das Krankenzimmer, in dem ich offensichtlich bin. Langsam drehe ich den Kopf in Richtung des Bettes neben mir. Der weiß gelockte Kopf einer älteren Dame kommt darin zum Vorschein. Dafür klang ihre Stimme eben aber verdammt tief. Und ich glaube nicht, dass es im Krankenhaus gemischte Zimmer gibt. Na, egal. Er oder sie nickt mir kurz zu und blickt dann Richtung Fenster.

»Meine Güte. Ist ja ganz schön nass da draußen, was?«

Vor dem Fenster erscheint das Bild eines verregneten Morgens. Fahles Grau hinter Tropfen, die zuckend über die Scheibe rinnen.

»Ja«, antworte ich. Ich würde gerne etwas mehr sagen, aber was? Ich meine, klar ist es da draußen nass. Es regnet ja.

»Das ist doch kein Sommer«, sagt er oder sie nach einiger Zeit und verfällt beinahe in ein leichtes Wimmern. »Finden Sie nicht auch?«

»Nun ja.« Ich merke mal wieder, dass ich die Kunst des Small Talks einfach nicht beherrsche, und anscheinend ist auch mein Gegenüber nicht zufrieden mit meiner Antwort.

»Verstehe«, kommt es aus dem Bett nebenan. »Sie wollen wohl lieber Ihre Ruhe haben.«

Das meinte ich gar nicht. Ich weiß nur nicht, was ich auf solche Fragen antworten soll. Bevor ich einen geeigneten Satz formulieren kann, nimmt er oder sie *Das Goldene Blatt* vom Nachttisch und geht mit beleidigt gespitztem Mund der Frage nach, warum Königin Beatrix das Glück ihrer Söhne verhindern will.

*

Seit geschlagenen fünfzehn Minuten liege ich in einem anderen Krankenhaustrakt auf einer Liege, mit freiem Oberkörper und zahlreichen Saugnäpfen, die an Brust und Rippen kleben wie kleine Guppys. Die Schwester, die sie angebracht hat, ist mit dem Hinweis verschwunden, dass die Frau Doktor gleich kommen würde. Meine Frage danach, was das alles soll, hat sie im Gehen lachend abgewinkt.

Und jetzt kriecht langsam und unaufhaltsam wieder die Panik an mir hoch. Ich sage an mir, nicht in mir, weil sie sich auf mich schiebt wie in einem Vampirfilm, in dem jemand wie ein Raubtier verheißungsvoll über dich kriecht. Was ist los? Es war doch alles wieder besser, als ich heute Morgen aufgewacht bin. Bisschen zu viel Pep gestern. Stimmt doch irgendwas nicht? Mit meinem Herzen? Ich merke, wie es wieder Fahrt aufnimmt, als sich die Panik jetzt über meinen Brustkorb beugt und über die Lippen leckt. Gleich wird sie die Zähne in mich schlagen, und dann … fliegt die Tür auf, und eine Frau ganz in Weiß rauscht mit einer Geschwindigkeit ins Zimmer, die lose Blätter zum Aufwirbeln bringen könnte.

»Guten Morgen, Herr Steinbach. Wie geht's uns heute?«

Das ist dieselbe Sache wie mit der Wetterfrage. Nie weiß ich, was ich auf dieses *uns* antworten soll. Da ich unmöglich wissen kann, wie es ihr geht, zielt die Frage wahrscheinlich auf mich und meine multiplen Persönlichkeiten ab? Ich hätte Lust, ein Mal, nur einziges Mal, wirklich darauf zu antworten und zu sehen, was passiert:

Also, dem Max, der ich versuche zu sein, geht es gut, dem Max, der ich eigentlich unter der Fassade bin, geht es – ich hab ehrlich gesagt keine Ahnung, wie es dem geht, und mein inneres Kind liegt mit einem Schreikrampf auf dem Boden dazwischen.

Aber ich habe gerade diese Saugnäpfe an der Brust und bin zu panisch für so viele Sätze.

»Warum bin ich hier?«, ist die Antwort, die am schnellsten geklärt werden muss.

Die Stirn der Frau Doktor legt sich in Falten. »Sie erinnern sich nicht?«

»Doch, klar. An das Pep und das Gefühl eines Herzinfarkts und dass ich eingeliefert wurde. Aber was mache ich jetzt hier? Ich fühl mich eigentlich wieder gut, nur ein bisschen matschig im Kopf.«

Sie setzt sich auf den Hocker neben der Liege und schaltet das große Gerät ein, das daneben angebracht ist.

»Ihr Kreislauf war mit der Menge Amphetamin in Ihrem Blut ganz schön ausgelastet und hat eine mittelschwere Panikattacke ausgelöst. Wir checken nur noch Ihr Herz einmal durch, bevor wir Sie entlassen. Jetzt, wo Sie sich wieder beruhigt haben. Drehen Sie sich bitte auf die Seite, mir zugewandt.«

Ich tue wie geheißen, aber beruhigt bin ich nicht im Mindesten.

»Ist das so eine Routinesache?«, frage ich atemlos.

»In Ihrem Alter, nach einer normalen Drogenepisode, eher nicht, wenn Sie mich fragen, aber Ihr Freund, der Sie gestern begleitet hat, hat mir ein Ohr abgekaut deswegen. Er wollte unbedingt, dass wir ein Echolot machen«, sagt sie auf eine Weise, die deutlich macht, dass sie das für völlig übertrieben hält. »Ich wette, er war Zivi im Krankenhaus. Die sind danach alle so, wegen dem bisschen medizinischen Grundwissen, das sie aufgeschnappt haben.«

Ich versuche mich daran zu erinnern, welcher Freund genau mich begleitet hat. Markus? Botze? Beide?

»Hatte er einen grünen Army-Parka an?«

»Nein, aber er hat einen Haufen richtig mieser Gags gemacht.«

Botze, sie muss Botze meinen. Oh Mann, Botze hat alles mitbekommen. Ausgerechnet er. Er wird mir das für immer unter die Nase reiben. Wenn es nicht schon längst die halbe Comedy-Szene Kölns weiß. Ich schiebe den Gedanken ganz tief in mein Unterbewusstsein und stelle die Frage, die mich mindestens genauso beschäftigt. Was zum Teufel ist ein Echolot? Es klingt wie eine Deutschpop-Band, die musikalisch ganz nah am Schlager entlangschrammt, dafür aber zu sperrige Texte hat.

»Was ist das? Echolot?«

»Ein Herzultraschall. Das EKG gestern zeigte keine Zeichen eines Infarkts, aber wir schauen mal, wie das Herz generell aussieht.«

»Gebrochen«, sage ich matt, während sie ein kühles Gel links an meine Rippen schmiert und grinst.

»Das Herz ist ein Muskel. Brechen kann es nun wirklich nicht. Völlig unkorrekte Metapher. Drehen Sie sich bitte mal auf die Seite in meine Richtung.«

Ich tue wie geheißen und starre auf den Bildschirm des

Geräts. Frau Doktor, die ihren Namen nicht genannt hat, hält ein Plastikding, das wie ein Warenscanner aussieht, an meine Rippen und blickt konzentriert auf den Bildschirm.

Ich überlege die Augen fest zu schließen, weil ich plötzlich nicht sicher bin, ob ich sehen möchte, was da erscheint. Was, wenn irgendwas richtig im Arsch ist an meinem Herzen? Wenn sie etwas völlig Dramatisches feststellt, was ich lieber nicht wissen möchte?

Sie kaut konzentriert auf ihrer Lippe herum, und ich folge ihrem Blick auf den Screen.

Da ist es. Mein Herz. Ich kann nichts erkennen außer gräulich weißen Schlieren auf schwarzem Grund, die rhythmisch zucken. Aber offensichtlich ist das mein Herz.

»Sieht gut aus«, murmelt sie und blickt weiter konzentriert geradeaus. Gut sieht anders aus, finde ich. Was ich sehe, ist ein unförmiges Ding, das Leere umschließt und pumpt. Wieder und wieder.

Und das ist alles, was uns am Leben hält? Ein blutiger Muskel? Das Bild vor meinen Augen fühlt sich fremd an. Ich weiß selbstverständlich, wie ein anatomisch korrektes Herz aussieht, doch diese Innenansicht gleicht einem zuckenden schwarzen Loch im Orbit.

Aber das ist *mein* zuckendes schwarzes Loch, *mein* blutiger Muskel auf dem Bildschirm, und plötzlich spüre ich eine Welle des Mitleids für das hässliche Ding. Ich würde es am liebsten streicheln und liebevolle Dinge zu ihm sagen. Etwas wie: Pump weiter, kleines Ding! Du machst das gut, lass dir nicht einreden, dass du bloß ein unförmiger blutiger Muskel bist. Bitte vergiss es sofort. Du bist wunderschön. Ich werde mich um dich kümmern, versprochen, ab jetzt werde ich dich beschützen …

»Noch etwas, was Sie loswerden wollen, bevor ich das Gerät ausschalte?«

Frau Doktor Irgendwas schaut mich amüsiert an. Offensichtlich habe ich das nicht nur gedacht, sondern vor mich hin gemurmelt. Ich bin noch halb im Delirium von den Beruhigungsmitteln, wie es scheint, und schüttele peinlich berührt den Kopf. Aber bevor sie den Scanner wegnimmt, flüstere ich ein stummes »Adieu, war schön, dich gesehen zu haben«.

»Gut«, sagt sie ungerührt und nimmt eine Akte vom Tisch hinter ihr. »Wir haben alles gecheckt. Blut und Herz sind vollkommen in Ordnung.« Dann schaut sie mich prüfend an. »Ich werde Ihnen jetzt nicht den Drogenmonolog halten, Herr Steinbach. Ich denke, Sie wissen selbst, dass das weder eine gute Idee noch eine Lösung für irgendwas ist, richtig?«

Ich nicke pflichtbewusst. »Es war reines Versehen, dass ich die doppelte Menge genommen habe, wirklich.«

»Das sagen sie alle. Haben Sie noch Fragen?«

»Wenn alles in Ordnung ist, warum wird mein Gesicht dann immer so rot?«

»Ach ja«, sagt sie. »Hatte ich fast vergessen. Sie haben gestern immer wieder was von einem Tomatenprinzen erzählt, als die Beruhigungsmittel schon anfingen zu wirken. Bis ich verstanden habe, was Sie wollen, hat es eine Weile gedauert.«

Oh Mann, auch daran kann ich mich nicht erinnern. Was habe ich wohl noch alles erzählt.

Sie nimmt ein Blatt aus der Mappe und blickt darauf.

»Sie haben eine Histaminintoleranz.«

»Aha«, antworte ich und tue so, als hätte ich irgendwas verstanden.

»Also streng genommen haben Sie die nicht wirklich, aber Sie sind auf der *Schwelle* zur Histaminintoleranz.«

»Aha.«

»Wissen Sie … das ist so«, sagt sie, weil sie die totale Leere in meinen Augen zu bemerken scheint. »Dabei handelt es sich um die Unverträglichkeit von mit der Nahrung aufgenommenem Histamin, deren Ursache ein Mangel des Histamin abbauenden Enzyms Diaminoxidase ist.«

»Können Sie mir das mal so erklären, dass ich das als Chemieabwähler verstehe?«

»Es gibt bestimmte Lebensmittel, die Histamine enthalten, und die können Sie nicht vertragen. Dazu gehören zum Beispiel Rotwein und Bier.«

Traurigkeit legt sich auf mich. Rotwein kann ich verkraften, aber Bier?

»Aha … und was sonst noch so?«, frage ich, und sie schießt los.

»Käse, Wurst, Speck, viele Fischsorten, Meeresfrüchte, Tomaten …« Sie hört gar nicht mehr auf, Worte auszuspucken, die sie sich vermutlich irgendwann mal im Medizinstudium ins Hirn getrichtert und aus unerfindlichen Gründen niemals vergessen hat. »… Spinat, Champignons, Zitrusfrüchte, Hefe, Schokolade, Knabbergebäck, Tofu, Soja, Nüsse, Kaffee …«

»Moment mal, Doktor«, unterbreche ich sie entsetzt. »Kann es sein, dass Sie gerade *alle* Lebensmittel aufzählen? Ich meine … Was zur Hölle bleibt denn dann übrig?«

»Na ja«, antwortet sie und wirkt irritiert, als würde sie nach der anderen Liste in ihrem Gedächtnis suchen, die nicht so einfach zu finden ist. »Frisches Fleisch zum Beispiel. Oder Tee. Und Milchprodukte irgendwie auch … obwohl es da widersprüchliche Theorien gibt.«

Ich kann selbst hören, wie laut ich gerade schlucke. Eben dachte ich noch, alles sei prima, weil mein Herz in Ordnung ist, aber jetzt? Wie soll ich uns beide denn ernähren? Frau Doktor Irgendwas scheint die Panik in meinen Augen zu bemerken.

»Das ist ja auch alles nicht so tragisch«, sagt sie beruhigend. »Schließlich ist es bloß eine Intoleranz und keine Allergie.«

»Und was heißt das?«

»Das heißt, dass es keine echte Allergie ist. Es ist bloß eine Pseudoallergie.«

»Und wo ist da der Unterschied?«

»Na ja, der Körper reagiert so, als *wäre* es eine Allergie, obwohl es keine ist.«

»Das heißt, ich habe dieselben Symptome wie bei einer Allergie?«

»Korrekt!«

»Aber ist es dann nicht irgendwie ... total egal, wenn ich eh dieselben Symptome habe?«

»Es ist lediglich eine Histaminintoleranz. Und Sie sind ja nur auf der *Schwelle* dazu!«

»Okay«, sage ich langsam. »Dann fasse ich das noch mal zusammen. Ich habe eine Pseudoallergie, aber auch die nicht so richtig?«

Sie überlegt für ein paar quälende Sekunden. »Im Prinzip, ja. Versuchen Sie einfach mal, die besonders histaminreichen Lebensmittel wegzulassen. Und dann überprüfen Sie, ob Sie immer noch rot werden, okay?«

»Okay«, antworte ich resigniert. Hätte ich nicht diese Histaminscheiße am Arsch, würde ich mich jetzt tierisch gern volllaufen lassen.

KAPITEL 12: MÄUSEKÖNIG

In meinem Kühlschrank sind nur Dinge, die Frau Doktor Irgendwas heute Morgen aufgezählt hat. Bei Käse und Wurst bin ich mir zumindest sicher. Alles danach habe ich längst vergessen, aber bestimmt waren die Remouladensoße und die Tiefkühlpizza auch darunter. Wenn ich die Salami und den Käse runterkratze, müsste es vielleicht okay sein. Auf keinen Fall will ich jetzt rausgehen und mich der Welt stellen.

Schade, dass ich die beiden Scheiben Graubrot mit Margarine im Krankenhaus heute Morgen verschmäht habe.

Also hole ich die Pizza aus der Plastikfolie, klaube erst die Wurstscheiben herunter und fummele dann die streichholzkleinen Käsefäden ab, einen nach dem anderen. Es ist ein fast meditativer Akt, der mir das Gefühl gibt, die Kontrolle über mein Leben wiederzuerlangen. Mit jedem Käsefitzel, den ich abpopele, merke ich, wie ich irgendeiner tief in mir schlummernden Erkenntnis näher komme. Einem Kern, der mir etwas sagen wird, wenn ich mich erst ganz zu ihm durchgepult haben werde. Mein kleiner blutiger Muskel pulsiert ganz ruhig vor sich hin, und dann durchbricht ein schrilles Klingeln die Stille in mir.

Ich überlege, das Telefon auf dem Couchtisch zu ignorieren und mich weiter ungerührt in Richtung Erleuchtung vorzupulen, aber es gelingt mir einfach nicht. Frustriert stapfe ich zum Couchtisch und greife das Handy.

»Alter, endlich!«, stöhnt Markus am anderen Ende. »Warum gehst du nicht ans Telefon?«

»Ich war im Krankenhaus bis vorhin«, antworte ich leise.

»Was?«

»Ich war im Krankenhaus bis vorhin.«

»Das hab ich schon verstanden. Ich war nur überrascht. Warum warst du im Krankenhaus? Ich dachte, du wärst nach Hause verschwunden, während ich wie irre nach Bananensaft gesucht habe. Als ich ihn endlich im dritten Kiosk gefunden habe, bist du auf einmal weg gewesen.«

»Mir ging's nicht gut. Ich hatte Herzrasen und 'ne Panikattacke. Denkst du ernsthaft, Bananensaft hätte mir dabei geholfen?«

Es wird still am anderen Ende der Leitung.

»Markus?«

»Ja.«

»Dachtest du das ernsthaft?«

»Ja, Mann. Ich kann nicht gut denken, wenn ich panisch bin.«

Ich hätte *dich* gebraucht, keinen verdammten Bananensaft, denke ich, bringe es aber nicht über die Lippen. Es klingt irgendwie zu wahr. Und ich merke, wie mein kleiner blutiger Muskel heftiger zuckt.

»Geht's dir gut, Max?«, fragt er vorsichtig.

»Ja, ich hab Beruhigungsmittel bekommen, und Botze hat dafür gesorgt, dass sie mein Herz richtig durchgecheckt haben. Ich hab mein Herz gesehen. Es war ...«

»Botze?« Er klingt fast empört.

»Ja, Botze. Er hat sich um mich gekümmert und mich ins Krankenhaus gebracht.«

Markus schnauft ins Telefon, bleibt aber still. Ich glaube, ein geflüstertes *Scheiße* in der Leitung zu hören.

»Er ist gar nicht so verkehrt. Ich weiß echt nicht, wie ich sonst …«

»Es tut mir leid.«

»Was?«

»Es tut mir leid, Max.«

»Das hatte ich schon verstanden.«

»Dass ich nicht da war, aber ich habe versucht, dir zu helfen und diesen verdammten Ban…«

»Wenn du noch einmal Bananensaft sagst, leg ich auf.«

»Okay. Aber ich hab wirklich versucht, dir zu helfen.«

»Ich weiß«, sage ich, denn es stimmt. Auf seine seltsame Art wollte er mir helfen. Aber mit Pep im System sieht das Hilfsangebot manchmal eigentümlich aus.

»Was meinst du mit *Ich hab mein Herz gesehen?* War das so eine Eso-Erfahrung?«

»Nein, auf dem Monitor. Die haben einen Herzultraschall gemacht. Und es war … ja … total hässlich, aber gleichzeitig wunderschön, so verletzlich und unscheinbar. Ja, irgendwie war es eine Eso-Erfahrung.«

»Was haben die dir im Krankenhaus gegeben? Das will ich auch.«

»Markus.«

»Ja.«

»Das Ganze war überhaupt nicht komisch.«

»Sorry. Ich kann vorbeikommen, wenn du willst. Was machst du gerade?«

»Käse von der Pizza pulen, und das muss ich allein machen.«

»Okay … du bist seltsam. Sicher, dass die dir nicht irgendwas Komisches gegeben haben?«

»Ja. Ich leg jetzt auf, Markus. Bis später.«

»Warte …«

Ich stecke das Telefon in die Hosentasche und widme mich wieder der Pizza, die inzwischen halb aufgetaut ist. Ich könnte heulen, weil sich die Käsestücke nicht mehr vom Teig lösen lassen und zermatschen. Ich war so nah an *etwas* dran, ich weiß es, und jetzt gleitet es mir buchstäblich aus den Fingern und verschmiert. Fühlt sich so verrückt werden an?

Das Telefon klingelt in meiner Tasche, und ich gehe wütend ran.

»Markus, wenn du mir jetzt wieder …«

»Mäusekönig?«, sagt eine unglaublich weiche Stimme am anderen Ende.

»Tanja?«

»Ja. Was ist los?«

»Ich dachte gerade, ich werde verrückt.«

»Ach Quatsch, Max.« Ihr Lachen klingt hell und freundlich. »Außerdem warst du schon immer verrückt. Was soll da noch kommen?«

Mit einem Mal fühle ich mich leichter.

»Hör mal, Mäusekönig. In ein paar Tagen ist wieder Kirmes, und ich dachte, wir gehen da zusammen hin, wie in den guten alten Zeiten. Was hältst du davon?«

»Also, von deinen Kosenamen halte ich weiterhin gar nichts.« Ich merke, dass ich anfange zu grinsen. Ein ungewohntes Gefühl. »Aber gerne, ja. Ich kann mir grad nichts Besseres vorstellen, als mit dir da hinzugehen.«

»Okay, dann seh ich dich nächste Woche. Ich meld mich noch mal. Lass es dir gut gehen, Cremetörtchen!«

Es gibt vermutlich keinen dämlichen Kosenamen, den mir Tanja in den vier Jahren unserer Beziehung nicht gegeben hat. Anfangs haben sie mich richtiggehend verunsichert. Ich war getroffen, zweifelte an meiner Ausstrahlung, war in meiner Männlichkeit beleidigt, aber nichts davon konnte sie davon abbringen, die ganze Klaviatur der Verniedlichungsformen an mir auszuprobieren. Irgendwann fand ich dann heraus, dass ihr mein eigentlicher Name, Max, einfach nur zu profan war, so wie ihr der Alltag und eigentlich die gesamte Realität immer zu profan waren. Tanja verkörpert Spaß und Leichtigkeit, und genau damit wirft sie auch um sich. Für meinen Hang zur Schwermut – die ich mit siebzehn vor mir hergetragen habe wie ein cooles, existenzialistisches Accessoire und nicht die Last, die sie tatsächlich ist – war Tanja wie ein Laubbläser. Sie pustete sie einfach über den Haufen wie Herbstblätter auf dem Rasen. Als wir uns mit siebzehn kennenlernten, warf sie mir auf einer Silvesterparty einen derart großen Batzen Konfetti ins Gesicht, dass ich die Hälfte fast verschluckte, und so blieb es zwischen uns auch.

Tanja war direkt und fröhlich, entschieden und aus der Tiefe heraus selbstsicher. Alles, was ich nicht war. Und wir hatten eine wirklich gute Zeit, bis ich … bis sie mich ihrer Familie vorstellte und ich ihren großen Bruder kennenlernte. Was heißt kennenlernen!

Ich habe Sascha keine zwanzig Sätze sagen hören. In den zahlreichen Momenten, in denen wir uns kurz begegneten, strich er meistens sein halblanges dunkles Haar zurück und nagte mit den Zähnen an seiner Unterlippe. Reden war nicht so sein Ding, aber diese beiden Gesten genügten, um mich zusehends um den Verstand zu bringen. Sascha hatte ein Motorrad, trug eine abgewetzte Lederjacke und erfüllte auch darüber hinaus jedes Klischee des sexy Outlaws, der genau die Spur Gebrochenheit ausstrahlt, die man glaubt, heilen zu können. Wenn man ihn nur lieben dürfte.

Heute könnte ich darüber lachen, aber damals musste ich fast zwanghaft an Sascha denken und verzehrte mich derart nach ihm, dass mir meine Bisexualität endgültig bewusst wurde und meine wirklich schöne Beziehung mit Tanja darüber in die Brüche ging. Nicht dass jemals etwas geschehen wäre zwischen Sascha und mir, aber er begann meine Fantasie zu besetzen wie Greenpeace-Aktivisten einen Öltanker. Ich hätte so gerne mit Tanja geredet und die für mich damals erschreckende Erkenntnis meiner sexuellen Identität mit ihr geteilt. Schließlich war sie meine engste Vertraute. Aber ich konnte nicht, weil es um ihren Bruder ging und ich irgendwie fürchtete, es könnte sie traumatisieren. Welches Mädchen will schon hören, dass man ausgerechnet den Bruder anziehender findet? In meiner Vorstellung war das *keins*. Selbstverständlich hätte ich lügen und einen anderen Typen erfinden können, oder mehrere, aber ich hielt es selbst nicht mehr aus, bei ihr zu Hause zu sein und jede Sekunde zu hoffen, dass das Motorrad mit dem knatternden Auspuff in die Einfahrt fuhr.

Also griff ich in meiner Verwirrung zur größeren Lüge und erklärte Tanja, dass ich mich zu jung für eine Beziehung fühlen und es deswegen beenden würde. Dass es nicht an ihr läge, sondern an mir und sie etwas Besseres verdient hätte. Was man so sagt, wenn man die wahren Gründe nicht über die Lippen bekommt. Und ich tat genau das, was man so tut, wenn man die Konsequenzen der aus dem Hut gezauberten Trennungsgründe nicht aushalten will: Ich sprach es ihr auf den Anrufbeantworter.

Nach ein paar schwierigen Tagen, in denen Tanja versuchte, mit mir zu reden, und ich es verweigerte, brach sie den Kontakt ab und redete drei volle Jahre nicht mit mir.

Ich schämte mich in Grund und Boden und träumte nachts, dass sie ihren großen Bruder vorbeischicken würde, um mich zu verprügeln, was jedes Mal in heißem Enemies-to-Lovers-Sex endete, wofür ich mich anschließend noch mehr schämte.

Im vierten Jahr nach der Trennung trafen wir uns zufällig auf der Kirmes, auf die wir früher schon zusammen gegangen waren, und betranken uns derart, dass Tanja mir verzieh und wir Freunde wurden. Ich erinnerte mich am nächsten Tag dunkel daran, dass ich ihr von meiner Bisexualität erzählt hatte, und betete innerlich, dass mein berauschtes Ich Sascha außen vor gelassen hatte, aber Tanja hatte einen ebenso gründlichen Filmriss wie ich und wusste am Ende auch nur noch, dass sie mich wieder mochte.

Ich halte das Telefon noch immer in der Hand und strahle es an wie ein Vollidiot. Dieser Anruf war wie eine große Hand voll Konfetti in meinem Gesicht. Mir war nicht klar, wie sehr ich Tanja vermisst habe.

*

Nach dem freudlosesten Essen, das ich jemals hatte – Pizzaboden mit kläglichen Resten von Käse –, bin ich derart erschöpft, dass ich beschließe, den Tag für heute zu beenden. Nach einer so großen Menge Pep müsste ich eigentlich wie das Duracell-Häschen manisch durch die Gegend rattern, aber mein Körper ist derart ausgelaugt, dass ich es gerade so ins Bett schaffe und in eine Art Dämmerschlaf falle, bevor der Abspann beginnt.

Wie immer laufen die Credits des heutigen Tages vor meinen Augen entlang, untermalt von melancholischer Schlussmusik – Botze als Botze, die Bettnachbarin als er oder sie selbst, Dr. Wasweißichwiesieheißt, mein Herz als Special Appearance, Markus, Markus, Tanja, Sascha als James Dean, Sascha, stopp, Yuma, Sascha, was macht der eigentlich heute?

Mein dämmriges Bewusstsein weiß, dass es jetzt unbedingt einschlafen muss, bevor der Abspann vorbei ist, denn dann kommt …

»Empörend!« Der alte Mann mit dem struppigen Bart schüttelt den Kopf und schnappt nach Luft wie ein Fisch auf dem Land.

»Was soll jetzt dieser plötzliche Genrewechsel ins Melodram? Ich verabscheue diese postmodernen Machwerke.«

»Sie sagen es!«, ereifert sich der nachlässig gekleidete Graukopf mit dem Monokel. Hat er eigentlich jemals eine eigene Meinung, oder schließt er sich immer nur dem anderen alten Knacker an?

Die dürre Dame stößt ein spitzes Lachen aus und fächelt sich Luft zu. »Machen Sie sich nicht lächerlich, meine Herren. Nicht lächerlicher als ohnehin schon, meine ich.«

Sie beugt sich aus ihrem Sessel und taxiert die beiden mit ihrem Blick. »Innerhalb des dramaturgischen Bogens musste unser Antiheld zwangsläufig in die Knie gehen und eine Art physischen Zusammenbruch erleben, um sich der Zerbrechlichkeit des Lebens bewusst zu werden. Also, die Erkenntnis, dass so ein verhältnismäßig kleiner Muskel alles ist, was uns vor dem Tod bewahrt, fand ich … nun ja … possierlich. Andere Organe sind um vieles größer. Das hat die Natur zwar nicht so gut eingerichtet, aber es zahlt auf das dramatische Potenzial des Daseins ein. Haben Sie ein bisschen Mut zum Kitsch, meine Herren. Ihr Gemächt wird Ihnen schon nicht verschrumpeln davon.«

KAPITEL 13: PHARAOS TODESTEMPEL

Ein paar Tage später habe ich Folgendes herausgefunden: Dass es mir unmöglich ist, auf Wurst und Käse zu verzichten, das Bier wegzulassen mir dagegen viel leichter fällt.

Dass Wodka mich nur zum Tomatenprinzen macht, wenn Red Bull drin ist, denn klare Spirituosen an sich sind äußerst histaminarm.

Dass ich es schaffen kann, nicht an Yuma zu denken, wenn ich mir stattdessen eine lächelnde Tanja vorstelle.

Dass ich mich dann allerdings sehr auf sie konzentrieren muss, weil nur einen Millimeter weiter Sascha in den Tiefen meines Bewusstseins lauert und auch an die Reihe kommen will.

Dass ich offenbar sehr liebesbedürftig bin, was ich versuche, mit dem disziplinierten Schreiben tagesaktueller Gags zu kompensieren.

Und dass ich Schiss habe, den Antwortbrief vom Funny Faces Festival zu öffnen, der vor mir auf dem Schreibtisch im Büro liegt.

»Jetzt mach schon auf!«, sagt Danny zum wiederholten Mal. »Es könnte dein Durchbruch sein!«

»Es ist bestimmt eine Absage. Oder noch schlimmer: eine Zusage!«

»Herrgott, Max. Dann kannst du auch einfach aufhören, an deinem Programm zu schreiben, wenn du dir nicht mal sicher bist, ob du es zeigen willst.«

»Okay, okay. Du hast recht. Aber bevor ich das Ding aufmache, Danny, möchte ich, dass du eins weißt. Ich bin dir wirklich dankbar dafür, dass du mir in den Arsch getreten hast mit der Bewerbung.«

Danny ist sichtlich irritiert. Sein Blick wandert unsicher zwischen mir und dem Wandkalender hin und her. Er ist misstrauisch. Ein einfaches Dankeschön aus meinem Mund ist einfach zu viel für ihn.

»Jetzt mach schon auf!«, drängt er und versucht sich das genierte Grinsen zu verkneifen, das sich auf seine Lippen legt. »Worauf wartest du noch?«

»Ich denke, ich befrage erst mal mein Tageshoroskop.«

»Dein Horoskop? Glaubst du an so was?«

»Nein … Aber wenn es eine Absage ist, kann ich sie auf die Sterne schieben.«

»Mensch, Max. Scheiß auf die Sterne!«

»Das dürfte schwierig sein – nach den Gesetzen der Schwerkraft.«

Mit zittrigen Händen greife ich den Umschlag und reiße ihn langsam auf. Vorsichtig hole ich das Blatt Papier hervor, als könnte ich mich daran schneiden. Ist ja auch so. Was immer da steht, kann mitten durch mein lädiertes Ego schneiden.

»Max? Lies schon vor.«

Ich atme tief durch und falte das Papier auseinander. »Sehr geehrter … blablabla … Danke für Ihre Bewerbung … blablabla … Wir möchten Ihnen mitteilen, dass uns Ihr eingereichtes Material gut gefallen hat. Deshalb bitten wir Sie, am 11. September zu unserem Casting ins Gloria-Theater zu kommen.«

Eine Welle der Erleichterung schwappt durch mich und lässt mich Danny blödsinnig angrinsen.

»Bravo, Kollege«, sagt er und grinst zurück. »Geht doch! Steht da sonst noch was?«

»Ja, warte.« Ich senke den Blick und lese weiter. »Da Ihr eingereichtes Material jedoch sehr kurz ausgefallen ist, würden wir uns über eine längere Darbietung freuen … Oh Gott!«

Die Welle des Glücks verebbt augenblicklich in mir.

»Na und?«, fragt Danny. »Wo ist das Problem?«

»Noch mehr schreiben? Ich hab mich schon mit dieser Seite so abgemüht.«

»*Eine* Seite? Du hast denen bloß *eine* Seite geschickt?«

»Ähm … ja.«

»Und mehr hast du nicht?«

»Ähm … nein.«

»Nur das, was du uns in deinem Wohnzimmer gezeigt hast?«

Autsch. Daran erinnere ich mich äußerst ungern.

»Im Prinzip.«

»Ist nicht mehr so viel Zeit bis zum 11. September.«

»Hm.«

Danny stützt das Kinn in die Hände. »Ich könnte dir helfen. Also, wenn du willst.«

Ich schlucke. Keine Ahnung, ob das eine gute Idee ist. Dannys Humor erschließt sich mir immer noch nicht. Er operiert in puncto Gags am gegenüberliegenden Ende des Sonnensystems, vielleicht sogar in einer entfernten Galaxie. Andererseits war er der Einzige, der irgendetwas Konstruktives beizutragen hatte während des Dilemmas in meinem Wohnzimmer. Und streng genommen bleibt mir auch keine Alternative. Ich werde Hilfe brauchen, zumindest, um einen Anfang zu finden. Also nicke ich.

»Gut, Max. Wie wäre es dann gleich heute Abend bei dir zu Hause. Wir machen es uns pupselig gemütlich und denken uns ein paar Gags aus?« Er strahlt, und ich zweifle schon jetzt an meiner Entscheidung.

Am selben Abend verlängern wir also mein Stand-up. Danny hat ein paar Ideen mitgebracht, von denen ich nicht genau weiß, ob sie gut sind, aber ich habe mir geschworen, offen und konstruktiv zu sein. Es sind ja nur Ideen.

Zum Beispiel singe ich jetzt am Anfang einen Werbesong über Eierlikör. Außerdem ist das Ganze viel mehr *physical*. Ich arbeite also mehr mit dem Körper und dem Kostüm, mache mehr Grimassen und setze auf Slapstick-Elemente. Danny ist der Überzeugung, dass das mein Programm aufwertet. Ich hasse Slapstick.

Wenn er gegangen ist, werde ich die Hälfte der Neuerungen wieder verwerfen, aber Fakt ist, dass es funktioniert. Die Arbeit mit Danny hilft mir über den toten Punkt hinaus, an dem ich wochenlang festhing. Es kommt mir nicht mehr unvorstellbar vor, ein Programm zusammenzukriegen. Und ich habe tatsächlich wieder Lust.

»Was ist eigentlich mit deinen Verlobungsplänen?«, frage ich, als wir Feierabend machen und Danny schon fast aus der Tür ist.

»Morgen Abend ist es so weit. Drück mir die Daumen, Max«, antwortet er mit einem angespannten Lächeln.

»Das werde ich.« Und ich glaube, das hat er auch nötig.

Fast bin ich traurig, dass ich Dannys Antrag morgen

nicht heimlich durch die Scheiben seines Lieblingsitalieners beobachten kann, aber morgen ist Freitag, und ich werde Tanja endlich wiedersehen. Danny streckt mir beide Daumen auf eine übertrieben *physical* Art entgegen, und ich schließe augenrollend die Tür.

*

Als ich am nächsten Mittag die Tür öffne, trifft mich fast der Schlag.

Tanja steht vor mir und ist … schön wie nie zuvor. Was auch immer ihr im letzten Jahr widerfahren ist, es hat ihr offensichtlich sehr gutgetan. Oder ich habe sie letztes Jahr anders angesehen.

»Auf geht's, Mäusekönig!«, sagt sie. »Ich hab Lust auf Kirmes!«

Statt einer Antwort drücke ich sie fest an mich und merke, wie ich innerlich zerfließe, als Tanja es erwidert. Ich will sie gar nicht mehr loslassen, so geborgen fühle ich mich in dieser Umarmung.

»Wow«, flüstert sie. »Was ist los?«

»Nichts«, nuschele ich in ihr weiches langes Haar. »Ich freu mich nur, dich zu sehen.«

Das ist bloß die Hälfte der Wahrheit. Mir war nicht bewusst, wie lange ich schon Nähe und Wärme vermisse, die Berührung eines vertrauten Menschen.

Als wir durch die Tore der Kirmes treten, hat sich das Gefühl der Leichtigkeit in jeder Faser meines Körpers ausgebreitet. Mir tun die Mundwinkel weh vom Grinsen, und ich muss über alles lachen, was Tanja sagt.

»Wer bist du, und was haben sie mit Max Steinbach gemacht?«, fragt sie und knufft mich in die Seite. »Na, egal. Ich beschwere mich nicht. Dir scheint's ja ziemlich gut zu gehen, so wie du die ganze Zeit strahlst.«

»Du hast recht«, antworte ich, und meine Mundwinkel zucken in schwindelerregende Höhen. »Gerade geht's mir tatsächlich gut. Sehr gut sogar. Und damit es mir noch besser geht, kaufen wir uns jetzt mal was mit viel Zucker, okay?«

Wir folgen dem süßen Duft von gebrannten Mandeln und entscheiden uns für zwei kandierte Äpfel und eine Tüte türkischen Honig. Während ich bezahle, blicke ich selig auf die Lebkuchenherzen mit Aufschriften wie *Chaosprinzessin* und *Babyfrosch liebt Hasenzahn* und denke ernsthaft darüber nach, eins mitzunehmen. Tanja bemerkt meine prüfenden Blicke und zieht mich irritiert weiter.

»Komm, du Neu-Romantiker. Wir gehen zu den Bänken dahinten.«

An unseren Liebesäpfeln knabbernd, setzen wir uns auf eine abgelegene Bank zwischen Superspirale und Geisterbahn und lauschen dem hysterischen Kreischen angetrunkener Teenies. Ich fühle mich wie auf Ecstasy. Nichts kann das Gefühl der Euphorie in mir trüben, nicht mal »Axel F«, das aus den Boxen wummert – gesungen vom Crazy Frog aus der Jamba!-Werbung.

»Hör mal!«, lacht Tanja und knufft mich wieder in die Seite. »Unser Lied.«

Ich grinse und nehme sie vorsichtig in den Arm. Sie lässt es zu, und ich wünschte, meine Mutter könnte mich jetzt sehen. Leider dauert die Umarmung nicht allzu lange, denn plötzlich werde ich erneut gegen die Schulter geknufft, diesmal allerdings schmerzhaft.

Als ich mich von Tanja löse, erkenne ich Markus und

Zainab, seine Mitbewohnerin. Beide mustern Tanja, Zainab mit hochgezogenen Brauen und Markus irgendwie argwöhnisch.

»Hey!«, sage ich überrascht. »Darf ich euch Tanja vorstellen, meine Ex-Freundin?«

Markus beugt sich langsam vor und streckt ihr die Hand bemüht freundlich entgegen.

»Hallo, Tanja«, sagt er verkniffen. »Freut mich. Ich wusste gar nichts von dir.«

Zwar habe ich Markus erst kennengelernt, als die Sache mit Tanja vorbei war, aber ich habe ihm natürlich von ihr erzählt.

»Das ist nicht wahr«, sage ich daher wahrheitsgemäß.

»Sorry, muss mir entfallen sein«, gibt er sarkastisch zurück. Warum ist er so feindselig?

»Ihr scheint euch noch gut zu verstehen?« Zainab schüttelt Tanjas Hand mit einem angestrengten Lächeln.

»Ähm, ja«, nickt die.

»Ich glaub, wir müssen dann mal weiter.« Markus zieht Zainab unsanft von uns weg und nuschelt irgendwas von »Telefonieren« in meine Richtung. Dann sind sie weg.

»Was war das denn für ein Auftritt?«, murmele ich irritiert und blicke in Tanjas gleichermaßen irritiertes Gesicht. »Markus ist mein bester Freund. Keine Ahnung, was mit ihm los war.«

»Wenn du mich fragst, wirkte es so, als wäre er scharf auf dich.«

Vor Schreck spucke ich das Stück türkischen Honig aus, in das ich gedankenverloren gebissen habe.

»Quatsch. Niemals. Er ist so heterosexuell wie ein …« Mir fällt kein passender Vergleich ein. »Manchmal ist er fast homophob.«

Tanja beißt lächelnd in ihren Liebesapfel und schweigt. Ich suche Markus' Gestalt in der Entfernung, finde ihn aber nicht. Dafür bleibt mein Blick an meiner Lieblingsattraktion hängen. Pharaos Todestempel.

»Ich weiß, was wir jetzt machen. Folge mir!«

»Och nee«, stöhnt Tanja, die meinem Blick offensichtlich gefolgt ist. »Nicht schon wieder.«

»Das ist doch Tradition.«

»Tradition? Wir machen den Scheiß jedes Jahr und ärgern uns immer wieder darüber, was für ein Mist das eigentlich ist.«

»Genau. Das nennt man Tradition.«

»Das nennt man Erkenntnisresistenz, Max.«

Wie jedes Jahr koche ich Tanja schließlich weich, und wir schreiten durch den wackeligen Eingang der blau-gelb angestrahlten Blechpyramide. Im Hintergrund läuft die zittrige, abgehackte Stimme des gruseligen Pharaos, der uns darauf hinweist, dass wir die Ersten sind, die diesen Todestempel betreten. Erstaunlich, wenn man bedenkt, dass wir auf einer Kirmes sind.

Dann folgen die üblichen Effekte: zuckende Flashlights, die ein Horror für Epilepsieerkrankte sein müssen, übermäßig viel Bodennebel, von dem man Hustenanfälle bekommt, rasselnde Ketten an der Wand und halb defekte Pappmaché-Monster, die vor unseren Augen Gliedmaßen verlieren. Eigentlich ein Spitzeneffekt, aber der Funkenschlag der Stromkabel aus den Bruchstellen ist definitiv ein Sicherheitsrisiko. Der Pharao hat mal wieder alles getan, damit sich Tanja hinterher genauso fühlt wie jedes Jahr.

»Was für ein Beschiss«, schimpft sie, als wir den Todestempel verlassen. »Und dafür haben wir jetzt vier Euro bezahlt. Das war echt das letzte Mal!«

Das werden wir noch sehen, denke ich, biete ihr aber als Entschädigung eine Runde Riesenrad an, was sie augenblicklich wieder milde stimmt. Und so sitzen wir wenige Minuten später in einer der schwankenden bunten Gondeln und blicken über das nächtliche Köln. Zarter Nebel liegt über der Stadt und hüllt den Dom in ein gespenstisch grünes Licht. Atmosphärisch perfekt. Daran sollte sich der Pharao in seinem Blechtempel mal ein Beispiel nehmen.

Ich rutsche dicht an Tanja heran und kann mich gerade noch daran hindern, ihre Hand zu nehmen. Was ich nicht verhindern kann, ist das Gefühl der Verbundenheit, das ich mit ihr habe, das Gefühl der überwältigenden Sehnsucht nach Geborgenheit. Mein Blick fällt auf das ältere Ehepaar, das uns in der Gondel gegenübersitzt, und ich weiß, was ich will. Ich weiß, dass es der richtige Moment ist. Das Riesenrad bewegt sich weiter nach oben, und ich warte, bis wir den höchsten Punkt erreicht haben.

Dann wende ich mich Tanja zu und schaue sie an. Sie scheint irritiert.

»Was ist los, Max? Wird das ein Starr-Contest?«

»Tanja«, setze ich an und atme tief ein. »Als ich behauptet habe, dass es mir momentan sehr gut geht, war das gelogen. Also … nicht wirklich gelogen. Es geht mir schon gut, aber das liegt daran, dass du gerade bei mir bist. Eigentlich läuft alles total beschissen. Meine Show wurde doch nach drei Folgen eingestellt – und ich weiß immer noch nicht, warum. Der Produzent geht nie ans Telefon, und ich hab das Gefühl, dass alles schiefläuft in meinem Leben.«

»Oh«, sagt Tanja und nimmt meine Hand. »Das tut mir wirklich leid.«

»Aber seit du an meiner Seite bist, fühle ich mich plötzlich sicher und geborgen.«

Tanja lockert ihre Hand und sieht mich so verwundert an, als hätte ich ihr gerade eröffnet, dass ich schwanger bin.

»Tanja«, stottere ich und halte ihre Finger fest. »Können wir es noch mal miteinander versuchen? Ich wünsche es mir. Wir haben doch nichts zu verlieren.«

Tanja zieht die Hand aus meiner.

»Was?«, fragt sie fassungslos. »Du willst noch mal eine Beziehung mit mir? Weil wir nichts zu verlieren haben?«

Shit, ich hätte das etwas bedachter angehen sollen. Das kam irgendwie falsch rüber.

»Nein. Ich meine nur, wir haben uns doch immer so gut verstanden. Wir waren richtig gut füreinander.«

»Was?« Ihre Stimme wird plötzlich schrill. »Du hast per Mailbox mit mir Schluss gemacht, weil du lieber *Single* sein wolltest. Per Mailbox, Max.« Die letzten Worte schreit sie fast.

»Ich weiß, das war nicht okay.« Ich muss jetzt dringend die richtigen Worte finden. Streng dich an, Max. »Aber ich hatte meine Gründe damals.«

»Es gibt keine guten Gründe dafür, per Mailbox Schluss zu machen.«

Gerade wird mir klar, dass es noch viel Unausgesprochenes zwischen uns geben muss. Das ältere Pärchen gegenüber blickt konsterniert.

»Was ist denn eine Mehlbox?«, höre ich die Frau ihren Mann fragen.

»Mailbox!«, antwortet Tanja wütend und wendet sich an

die Frau. »Das ist ein Anrufbeantworter. Der Typ hier hat per Anrufbeantworter mit mir Schluss gemacht!«

»Ach komm schon, Tanja«, versuche ich die Situation zu entspannen. »Es tut mir leid. Wirklich!«

Dann bleibt unsere Gondel plötzlich mit einem heftigen Ruck in der Luft stehen, und das Licht erlischt. Wir wackeln quietschend in der kalten Abendluft.

»Bleiben Sie bitte ruhig! Wir haben einen kurzzeitigen Stromausfall!«, ertönt eine Stimme aus dem Lautsprecher. »Wir versuchen, das Problem so schnell wie möglich in den Griff zu bekommen.«

Das kann nicht sein. Ich stecke in der schlimmsten Fahrt meines Lebens, und wir haben einen Stromausfall. Tanja starrt auf ihrer Seite demonstrativ aus der Gondel, wie meine Mutter aus dem Autofenster, wenn sie Streit mit meinem Vater hatte. Ein peinliches Schweigen breitet sich aus, bis die ältere Dame aus heiterem Himmel die Stimme erhebt.

»Per Anrufbeantworter Schluss machen, das ist aber auch ein Ding.«

Danke, das weiß ich selbst.

»Herta!«, schreitet ihr Mann ein. »Halt dich da raus!«

»Kein Problem«, sagt Tanja säuerlich. »Herta hat recht. Es ist das Letzte.«

Beschämt rücke ich ein Stück von ihr weg. Natürlich haben Tanja und Herta recht, aber müssen wir das hier austragen? Strom! Wir brauchen dringend Strom!

»Lass uns da doch noch mal in Ruhe drüber reden«, sage ich leise. »Bisher war der Abend doch so schön!«

»Schön? Weil du mich den ganzen Abend anstrahlst, als wärst du high? Hast du einmal an mich gedacht?«

»Ich war ehrlich euphorisch. Wenn ich high bin, sehe ich ganz anders aus.«

»Ach du lieber Himmel«, schaltet sich die ältere Dame ein. »Wenn der auch noch Drogen nimmt, würde ich den eh auf keinen Fall zurücknehmen.«

»Hab ich auch nicht vor, seien Sie beruhigt.«

»Ich dachte, du hast mir das verziehen«, sage ich durch den Kloß in meinem Hals.

»Als Freundin, Max«, zischt sie. »Als Freundin habe ich dir verziehen. Aber ich werde dir mit Sicherheit keine zweite Chance auf eine Beziehung geben. Ich war so enttäuscht damals. Du kannst von Glück sagen, dass ich meinen Bruder nicht zu dir geschickt habe, um dich zu verprügeln.«

Das wäre mein Stichwort, ihr wenigstens die Wahrheit zu erzählen. Die Chance, ihr meine damalige Überforderung vielleicht verständlich zu machen. Aber ich möchte wirklich nicht wissen, was Herta dazu zu sagen hat.

Also gebe ich mich geschlagen und beuge mich aus meiner Seite der Gondel, um auf die Kirmes unter mir zu schauen. Aus der Höhe kann ich Markus' blonde Locken erkennen. Zainab steht neben ihm und redet intensiv auf ihn ein. Er legt den Kopf entnervt in den Nacken und schaut in den Himmel. Als sich unsere Blicke treffen, strafft sich sein Körper für Sekunden, bevor er den Kopf senkt und auf seine Füße schaut.

Die Lichter um mich blitzen auf, und das Riesenrad setzt sich mit einem abrupten Ruck in Bewegung, was unsere Gondel in ein heftiges Schwanken versetzt.

Das ist gut, weil der Strom wieder da ist. Das ist schlecht, weil mir der ältere Herr ausgiebig vor die Schuhe kotzt. Als unsere Gondel nach einer gefühlten Ewigkeit auf der Plattform ankommt, höre ich das Benachrichtigungssignal meines Handys.

»Max, komm bitte ins Amore Venezia«, und weiter in alarmierenden Großbuchstaben: »ICH BRAUCHE DICH!«

Ich würde mich nicht als den hilfsbereitesten oder selbstlosesten Menschen unter der Sonne bezeichnen, aber ich zögere keine Sekunde, mich auf diese Mission zu begeben. Ich brauche einen Ausweg, und zwar sofort.

KAPITEL 14: AMORE VENEZIA

Wenige Minuten später stehe ich vor dem viel zu hell erleuchteten Restaurant.

Amore Venezia, steht dort in pinker Schreibschrift auf hellblauem Grund und direkt darunter *Pizzeria, Café & Cocktails* – was bereits andeutet, dass der Besitzer das Konzept nicht wirklich zu Ende gedacht hat. Es fehlt eigentlich nur noch das ominöse *& mehr*. Ich habe mich schon so oft darüber geärgert, dass ich eines Tages in einen dieser Läden gehen und mich erkundigen werde, was dieses *& mehr* im Angebot eigentlich beinhaltet.

Der erste Eindruck bestätigt sich, als ich den Laden betrete. Anscheinend war das Amore Venezia in den Achtzigern mal ein typisches Eiscafé, dem man jetzt krampfhaft versucht hat, einen eleganten Anstrich zu verleihen. Um das Motiv Venedig auch ja nicht in Vergessenheit geraten zu lassen, hängen überall farbkopierte Bilder vom Markusplatz an der Wand und herzförmige Lichterketten in künstlichen Pflanzen. Der Laden ist wirklich grässlich, aber irgendwie beruhigt es mich, dass Danny bei Restaurants den gleichen miesen Geschmack hat wie bei der Musikauswahl.

Ich blicke langsam durch den schlecht besuchten Laden,

und da erblicke ich ihn. Ganz hinten in der Ecke sitzt Danny alleine an einem rosa Ecktisch mit plüschigen Sitzbänken. Das muss der Ti-Amo-Tisch sein. Er winkt mir traurig und kraftlos zu. Ich ziehe im Gehen meine Jacke aus und setze mich neben ihn. »Hey, wo ist denn Isi?«

»Gegangen«, seufzt er. »Die Verlobung ist nicht optimal gelaufen.«

»Ach, komm schon«, entgegne ich und schaue prüfend in seine traurigen Augen. »So schlimm kann's doch nicht gewesen sein!«

»Sie hat einen anderen!«

»Oh.«

Ich überlege angestrengt, was ich in dieser Situation Aufmunterndes sagen kann.

»Du brauchst nicht zu überlegen, was du Aufmunterndes sagen kannst«, beendet Danny die Stille. »Wir wissen beide, dass das eine totale Katastrophe ist!«

Ich sinke auf die Sitzbank und nehme zum ersten Mal die Hintergrundmusik wahr. »Da Ya Think I'm Sexy?« von Rod Stewart.

»Kein Wunder, dass es nicht geklappt hat. Die Musik hier ist ja auch der totale Abturner!« Vielleicht hilft ein Scherz ja.

»Das ist meine CD«, entgegnet Danny kleinlaut. »Die hab ich extra für heute Abend gebrannt.«

Verflucht. Ich brauche mir gar nicht erst zu überlegen, wie ich den Kommentar retten kann. Hier ist nichts zu retten. Gerade habe ich ihm den Dolchstoß verpasst.

»Lass uns essen!«, sagt Danny nach einer Weile des Schweigens.

»Essen?«

»Na, das Candle-Light-Dinner. Glaubst du, das hab ich alles umsonst bezahlt?«

Wow. Ist das jetzt Optimismus oder absolute Kapitulation? Ich hätte in seiner Situation keine Sekunde länger in dem Laden verbracht. An sich ist die Idee allerdings nicht übel. Ich wünschte, ich hätte keinen kandierten Apfel und türkischen Honig im Magen.

»Nur damit ich das verstehe. Ihr hattet noch nicht mal gegessen? Ich dachte, die Verlobung käme erst zum Dessert.«

Danny nickt matt. »Der eine Kellner hat sich verquatscht.«

»Okay«, höre ich mich etwas zu begeistert sagen. »Dann auf zum Candle-Light-Dinner! Aber den Teil mit der Verlobung lassen wir weg, oder?«

»Alles wieder in Ordnung?«, fragt eine weibliche Stimme mitfühlend. Ich drehe mich um und erblicke eine Zauberfee mit silberner Perücke und Glitzerdress. Sie fuchtelt aufgeregt mit einem kleinen Zauberstab. Süß. Sie sollte unbedingt mal in einem meiner Atlantisträume vorbeischauen.

»Na ja, es geht«, antwortet Danny und zeigt auf mich. »Zum Glück ist gerade mein bester Freund da. Wir machen weiter wie geplant.«

Bitte? Langsam rasten die Worte in meinem Kopf ein. Hat er gerade gesagt, ich sei sein bester Freund? *Ich?*

Ich habe keine Ahnung, ob ich vor Scham in der Plüschbank versinken möchte oder gerührt bin. Am liebsten würde ich ihn jetzt in den Arm nehmen und sehr fest an mich drücken, aber der Haufen aus Herzchenkissen zwischen uns hindert mich daran.

»Okay, ich denke, wir ändern die Menüfolge etwas und fangen mal mit dem Cocktail an«, sagt die Zauberfee freundlich. »Zweimal Danny Spezial kommt sofort.«

»Was ist ein Danny Spezial?«, frage ich vorsichtig, weil

ich mich vor der Antwort fürchte. Wissen will ich es allerdings doch.

»Wodka mit Martini«, entgegnet die Zauberfee lächelnd und geht zur Bar.

»Wodka mit Martini?«, wende ich mich zögerlich an Danny. »Ist das nicht ein Wodka Martini?«

Er schüttelt den Kopf. »Im Danny Spezial ist noch ein Schuss Limettensaft drin. Aber den lasse ich meistens weg, weil es sonst zu sauer wird.«

»Kann ich mir vorstellen. Sonst wäre der Erfinder des Wodka Martini sicher schon darauf gekommen.«

Er zuckt mit den Schultern, und ich verstehe wieder einmal das gesamte System *Danny* nicht. Wie ein Profilneurotiker, der allem seinen eigenen Stempel aufdrücken muss, kommt er mir wirklich nicht vor. Und wenn er einer wäre, würde er *seinen* halb gestohlenen, halb kreierten Drink selbst dann runterkippen, wenn er zu sauer wäre. Koste es, was es wolle. So ist Danny nicht. Die andere Möglichkeit, die bleibt, schnürt mir die Kehle zu. Will er so verzweifelt cool wirken? Einen eigenen Drink haben? Irgendwas, was ihn weniger unsichtbar und langweilig wirken lässt? Dabei trinkt er doch …

»Ich dachte, du trinkst gar keinen Alkohol?«

»Nur zu festlichen Anlässen«, flüstert er schwach, und als ich genau hinschaue, erblicke ich plötzlich etwas, das ich noch nie an Danny gesehen habe und auch niemals vermutet hätte: Tränen! Danny weint.

»Danny«, sage ich überrascht. »Du musst doch nicht weinen.«

»Natürlich muss ich weinen«, schluchzt er. »Gerade ist alles zusammengebrochen, was ich mir mit Isi aufgebaut hatte. Alles!«

»Ach Quatsch.« Ich versuche, aufmunternd zu wirken. Aber wozu eigentlich? Es ist eine beschissene Situation.

»Wer ist denn dieser Neue?«

»Ihr Ex-Freund!«

Autsch. Das ist bitter. Mit dem Motivationsprogramm werde ich mich wirklich ins Zeug legen müssen. Es ist eine Sache, sich Knall auf Fall in einen fremden Menschen zu verlieben. Das kommt vor. Wie ein Unfall. Davor ist niemand gefeit. Aber zum Ex zurückzukehren, ist in der Regel eine sehr bewusste Entscheidung. Ich weiß, wovon ich spreche.

»Seit wann sind die beiden denn wieder zusammen?«

»Na ja«, antwortet Danny widerwillig. »Streng genommen waren sie nie getrennt!«

»Was?«

»Na, sie hatten wohl die ganze Zeit was miteinander. Auch als wir zusammen waren.«

»Sie ist mit euch beiden ins Bett gegangen?«

»Nein. Nur mit ihm.«

»Was?«

»Na, wir hatten doch noch keinen Sex.«

»Was?« Ich wünschte, ich würde mal was anderes rausbringen als dauernd dieses *Was.*

»Nein. Sie war noch nicht bereit dazu. Sie hing noch zu sehr an ihrem Ex.«

Ich sacke in mich zusammen. Hier wird überhaupt kein Motivationsprogramm greifen. Wie sehr muss man jemanden lieben, um nicht mit ihm oder ihr zu schlafen, weil da noch Gefühle für jemand anderen sind? Ich versuche, eine Abkürzung zu nehmen.

»Weißt du was, Danny? Du kannst froh sein, dass du sie los bist.«

»Ich weiß«, murmelt er. »Aber da ist noch die Sache mit dem Geld.«

»Welches Geld?«

»Ich hab ihr zweitausend Euro geliehen.«

»Wofür?«

»Na, für das Auto, das sie ihrem Ex-Freund abgekauft hat. Nach der angeblichen Trennung.«

Dankenswerterweise brauche ich mir erneut nicht zu überlegen, was ich Hilfreiches entgegnen könnte, denn die Zauberfee taucht mit den Drinks und der Vorspeise auf: weiße Trüffelsuppe, in der herzförmige Eiernudeln schwimmen. Ich kippe meinen Danny Spezial in zwei Zügen herunter, während er unschlüssig die Herzchennudeln auf dem Löffel beäugt. Wieder kullern Tränen über seine Wangen. Wenn er so weitermacht, wird er die Suppe versalzen.

»Warum hab ich nur so ein Pech. Es hätte alles so schön sein können. Isi und ich. Ich dachte, das passt.«

»Jetzt hör mal, Danny. Du bist ehrlich zu mir, deshalb werde ich jetzt auch ehrlich zu dir sein. Zwischen euch hat überhaupt nichts gepasst. Ich fasse mal zusammen: Sie hat dich nicht rangelassen, aber währenddessen mit ihrem Ex-Freund gevögelt, dem sie mit *deinem* Geld ein Auto abgekauft hat.« Dannys Löffel fällt scheppernd auf den Teller. »Das Einzige, was zwischen euch gepasst hat, ist Folgendes: Du warst das perfekte Opfer, weil du einer der verständnisvollsten, arglosesten und positivsten Menschen bist, die ich kenne. Was heißt *einer der,* du bist der *einzige* Mensch dieser Art, den ich kenne. Und von euch müsste es sehr viel mehr geben, gibt es aber nicht, weil ihr von vorne bis hinten ausgenutzt werdet in eurer grenzenlosen …« Ich kann das Wort, das meinen Mund verlassen will, gerade noch stoppen: Es ist Dummheit. Weil ich ihn nicht verletzen will. Und weil es nicht stimmt. Es ist keine Dummheit, Menschen zu vertrauen. »... in eurer grenzenlosen Illusion vom Guten im Menschen. Aber Danny, du hättest mit mir darüber reden können. Wenn du immer mal ein bisschen von euch erzählt hättest, wäre ich vielleicht darauf gekommen, dass etwas faul an Isis Verhalten ist. Für irgendwas wäre mein Zynismus dann vielleicht mal gut gewesen. Warum hast du das nicht gemacht?«

Danny ist perplex. Ich auch. Sein rechtes Augenlid zuckt, und mir wird schmerzlich bewusst, was er gleich sagen wird. Sehr schmerzlich. Ich habe es verdient.

»Es ist nicht leicht, dir etwas Persönliches zu erzählen, Max, weil du ... weil du ... dich sofort über mich lustig machst, und na ja, ich hab das Gefühl, dass es dir manchmal Freude bereitet, mich fertigzumachen.«

Wie recht er hat und wie armselig ich bin. Ich nicke stumm und hoffe inständig, er lässt es als Entschuldigung durchgehen.

»Scheiß drauf! Lass uns saufen!«, sagt er dann völlig überraschend und bestellt zwei weitere Cocktails.

Während immer mehr Danny Spezials ohne Limettensaft auf unseren Tisch wandern, essen wir uns durch das ziemlich monothematische Menü: Hühnchenbrust in Herzform an Kartoffeln in derselben und die selbstverständlich herzförmige Eistorte mit Herzschirmchen und Haselnüssen, die, wenn man genau hinschaut, auch an Herzen erinnern. Spätestens nach diesem Essen wäre jede Frau an einer Herzattacke krepiert.

»Kannst du die wenigstens zurückgeben?«, frage ich, als ich die beiden Ringe von der Spitze der Torte klaube und sauber lutsche. Danny muss so darüber lachen, dass ich den zweiten Ring beinahe verschlucke. Der Preis wäre hoch gewesen, aber immerhin sind es jetzt Lachtränen, die er weint. Damit das noch eine Weile länger so bleibt, erzähle ich ihm von Tanja und meinem hilflosen Geständnis auf dem Riesenrad, von Hertas entschiedener Intervention und dem Rest meines ebenso verkorksten Liebeslebens.

»Ich weiß, was wir jetzt tun sollten.« Danny winkt die Zauberfee heran und bittet sie, ein bestimmtes Lied von seiner CD zu spielen. Ich befürchte Schlimmes, und es tritt auch ein. Ich werde das Lied nicht nennen, das wir beide anschließend laut mitsingen. What happens in Amore Venezia, stays in Amore Venezia.

KAPITEL 15: IMAGINÄRER EIERLIKÖR

Es ist der 11. September, und ich bin auf dem Weg zum Casting des Funny Faces. Die Straßenbahn windet sich durch die Stadt in Richtung Gloria-Theater, und mein Leben kommt mir exakt so vor wie dieser Zug. Als säße ich die ganze Zeit in einer Bimmelbahn, die immer weiterfährt. Seit einer geraumen Weile will ich gerne aussteigen, aber offensichtlich habe ich den richtigen Punkt verpasst. Je weiter der Zug fährt, desto hässlicher werden die Haltestellen. Bitte, lass das hier meinen Ausstieg sein, denke ich, als ich die Straßenbahn verlasse und die schwere Glastür des Gloria aufdrücke. Ich lasse den Blick durch das hübsche Café im Foyer wandern. Auf den Stühlen sitzen Männer meines Alters und unterbrechen ihr engagiertes Gebrabbel, als die Tür krachend hinter mir zufällt. Zwei Dutzend Augenpaare richten sich gleichzeitig auf mich, verengen sich zu Schlitzen und wandern prüfend an mir herab. Das sind wohl die Kontrahenten, die meine Chancen, sie beim Casting für das Funny Faces Festival auszustechen, in einem kurzen, intuitiven Check-up einschätzen.

Ich bin nicht so gut in solchen Situationen, weiß nie, wohin ich mit meinen Händen soll, und spule eine Reihe sinnloser Gesten ab: mehrfach durch die Haare streichen, mit dem Finger unter der Nase reiben oder direkt das Handy aus der Tasche holen, obwohl ich gerade erst durch die Tür getreten bin. Das Handy ist nicht da. Shit. Muss ich zu Hause liegen gelassen haben. Also wechsele ich die große Plastiktüte mit meinem Kostüm von einer Hand zur anderen. Vielleicht hätte ich doch jemanden bitten sollen, mich zu begleiten. In meiner derzeitigen Empfindlichkeit hätte mir ein Wingman vermutlich geholfen, aber ich habe Markus seit diesem seltsamen Treffen auf der Kirmes nicht mehr gesehen, und auf eine Art macht mich seine Anwesenheit seit Neuestem nervös. Keine Ahnung, warum. Immer war alles einfach zwischen uns, aber sein Verhalten kommt mir in letzter Zeit irgendwie … *verrenkt* vor. Ich finde kein besseres Wort, während ich in der Gegend rumstehe und mir zum dritten Mal durch die Haare streiche.

Danny wäre sicher mitgekommen, aber das hier ist ein Casting, und ich ziehe es vor, auf sein emphatisches Schulterklopfen und das obligatorische Nächstes-Mal-wird-es-besser-Gequatsche zu verzichten, sollte ich abgelehnt werden. Wenn ich hier in aller Heimlichkeit durchfalle, kann ich nachher im Büro noch irgendeinen Grund zusammenflunkern, warum *ich* entschieden habe, dass dieses Funny Faces Festival nichts für mich ist. Und nicht die Jury.

Bevor ich überlegen kann, wie ich die fünfzehn Meter von der Eingangstür zu einem freien Cafétisch ohne weitere Verlegenheitsgesten überwinde, spüre ich einen abrupten Schubs im Rücken. Jemand muss durch die Tür gekommen und direkt in mich reingelaufen sein. Bevor ich stolpern kann, halten mich zwei kräftige Hände an den Schultern.

»Na, wusste ich doch, dass ich Schwefel gerochen habe«, sagt eine mir wohlbekannte Stimme. Es ist Botze. Ausgerechnet er. Das *still und heimlich* vor dem Abgelehntwerden kann ich also streichen.

»Hi, Max«, sagt er und tritt um mich herum, ohne seine Hand von meiner linken Schulter zu nehmen. »Wie geht's dir? Alles wieder in Ordnung nach dem …«

Glücklicherweise lässt er den Rest seiner Frage in der Foyerluft hängen, bevor die Worte Panikattacke oder Krankenhaus darin auftauchen. Ich schenke ihm ein dankbar verkniffenes Lächeln, bevor er mich aus dem Eingangsbereich Richtung Sitzgelegenheiten zieht.

»Also … danke, Botze. Ich wollte mich noch bei dir bedanken für deine … Hilfe.« Ich stottere mehr, als ich rede, während ich mich auf einen der Stühle an dem runden Tischchen setze.

»Kein Ding. Ich war ja Zivi im Krankenhaus und kenn mich ein bisschen aus«, antwortet er nicht ohne Stolz. »Bin der Ärztin ordentlich auf den Sack gegangen, dass sie dich gründlich durchchecken.«

Frau Doktor Irgendwas' Worte aus dem Krankenhaus fallen mir ein, und ich verbeiße mir ein Grinsen. Exakt darüber hatte sie die Augen gerollt: ehemalige Zivis aus dem medizinischen Bereich, die das aufgeschnappte Wissen unaufgefordert anbringen und 'ne komplette Untersuchung einfordern.

»Danke. Sie haben auch so ein Herz-Ultraschall-Dings gemacht. Es ist alles in Ordnung. Ich war … Ich hatte ein bisschen zu viel Pep und hab dann Panik bekommen.«

»Das war nicht zu übersehen«, sagt er, und mein Gesicht wird auch ohne Histamin zu einem flammenden Feuerball. »Aber schön, dass es dir wieder gut geht.«

Ein unangenehmes Schweigen breitet sich zwischen uns aus, bis ich mich räuspere und die Worte formuliere, die mir seit seinem plötzlichen Erscheinen auf dem Herzen liegen.

»Botze?«

»Ja?«

»Ich … Also, ich wäre dir sehr verbunden, wenn das unter uns bleiben könnte.«

Er lehnt sich etwas über den Tisch in meine Richtung. »Was von beidem?«

»Beidem?«

»Das Krankenhaus oder dass du bi bist?«, fragt er mit einem verschwörerischen Augenzwinkern.

Oh, das habe ich ihm offensichtlich erzählt. Ich erinnere mich bruchstückhaft daran, dass er einen Heiligenschein um sich hatte und ich sicherheitshalber reinen Tisch machen wollte, bevor ich an Gottes Rezeption lande. Mann, war ich drauf.

»Am liebsten beides«, flüstere ich, und er nickt bedächtig.

»Okay, Max. Wie wäre es, wenn du mich zum Essen einlädst und dir so mein Schweigen erkaufst?«

Botze raunt die Worte auf eine seltsame Art und toppt sie mit einem winzigen Augenzwinkern. Was soll das? Erpresst er mich, oder flirtet er gerade mit mir? Ich kann den Unterschied nicht heraushören. Und was davon wäre mir lieber?

»Steinbach? Max Steinbach?« Mein Name wird durch das Foyer gerufen, bevor ich mich für eine Sicht der Dinge entscheiden kann, und ich schieße vom Stuhl hoch.

Jetzt wird es ernst. Das hier könnte der Anfang von etwas ganz Neuem sein. Eine Mischung aus Angst und Vorfreude schäumt in mir hoch. Ungefähr so müssen sich die Beatles gefühlt haben, bevor sie das erste Mal im Star-Club auftraten. Oder Martin Luther King, bevor er am Lincoln Memorial »I have a dream« predigte. Oder die sieben Astronauten der Challenger, bevor sie 1986 hoffnungsvoll ins All starteten.

»Hier!« Ich entdecke eine Frau mit Clipboard, die sich suchend umschaut.

»Sie sind gleich dran. Bitte folgen Sie mir.«

»Ähm, sorry, Botze, ich muss dann mal. Wir reden später«, stammele ich und stürme auf die Frau zu, als mir auffällt, dass ich mein Kostüm noch nicht anhabe.

»Sekunde«, rufe ich ihr zu, flitze zurück zum Tisch und zerre das Kükenfell aus der Plastiktüte neben meinem Stuhl. Hastig steige ich in das falsche Bein, während Botze lacht und die Frau meinen Namen ungeduldig ruft.

Das sieht nicht so ruhmreich aus wie bei meinen Kollegen – aber die Beatles, Martin Luther King und die sieben Astronauten mussten bei ihrem Auftritt ja auch kein Kükenkostüm tragen.

»Sofort«, rufe ich nervös zurück und habe längst alle Blicke auf mich gezogen.

»Warte, ich helfe dir.« Botze steht neben mir und stützt mich bei dem Versuch, meinen Schuh aus dem falschen Bein zu befreien. Ich will gerade wirklich keine Hilfe, schon gar nicht seine, aber seien wir ehrlich: keine Chance.

Als ich endlich in beiden Hühnerbeinen stecke und das Kostüm hochziehe, höre ich ein lautes Reißen. Ich könnte heulen.

»Kommen Sie?«, ruft die Frau mit dem Klemmbrett, und ich bin kurz davor, mich auf den Boden zu werfen und mit den Fäusten zu trommeln.

»Geh einfach so rein«, spricht mir Botze gut zu. »Den Rest kannst du doch drinnen anziehen!«

Ich befolge seinen Rat und tippele von Kichern begleitet auf die Frau zu, die ungeduldig in der offenen Tür zur Hinterbühne steht. Mit einer Hand raffe ich das Fell um meine Hüften, in der anderen halte ich den Kükenkopf. Aus dem Kichern um mich herum wird vereinzeltes Prusten. Der Physical-Comedy-Teil meines Programms hat also bereits begonnen. Gegen meinen Willen und leider vor der Bühne. Ich bin heilfroh, als ich durch die Tür und aus dem Blickfeld meiner Mitbewerber heraustrete.

Vor mir liegt die schummrige Bühnengasse, die noch schummriger wird, als ich den Kükenkopf aufsetze, um mich mit beiden Händen in den oberen Teil des Kostüms zu kämpfen. Der Reißverschluss verhakt sich auf halbem Weg, und ich habe keine Ahnung, was dieses reißende Geräusch von eben konkret für mein Kostüm bedeutet. Ehrlich gesagt will ich es auch lieber nicht wissen. Ich komme mir ohnehin ramponiert genug vor.

Vorsichtig taste ich mich an der schwarzen Wand entlang.

In einem Lichtkegel, fünf Meter vor mir und direkt an der Bühnenkante, steht ein Mikrofon. Das ist mein Ziel. Fünf Meter, auf denen ich mich beruhigt, konzentriert und auf Bühnenniveau gepumpt haben muss. Alles gleichzeitig.

Stur nach vorn blickend, tappe ich auf das Mikro zu und überlege unterwegs, ob ich einfach daran vorbeilaufe und in der gegenüberliegenden Bühnengasse wieder verschwinde. Ich bin das Gegenteil von gut drauf, und dann kann ich es eigentlich auch gleich lassen.

»Na endlich!«, ertönt eine tiefe Stimme aus dem dunklen Zuschauerraum. »Das Küken!«

Ich bleibe aus einem Impuls heraus stehen und blinzele in die Sitzreihen vor mir. Drei Männer blicken erwartungsvoll zurück.

»Genau«, sage ich und bemühe mich um ein Lächeln. »Das Küken.«

Abgehen kann ich jetzt nicht mehr. Also kann ich es genauso gut hinter mich bringen. Ich drehe mich langsam zum Mikro.

Was jetzt folgt, ist der neue Beginn, den ich mir mit Danny ausgedacht habe und der meine Rolle als Eierlikör-Maskottchen sofort etablieren soll. Mir schwant etwas. Ich habe das deutliche Gefühl, etwas vergessen zu haben.

»Keine Feier ohne Eier!«, rufe ich und reiße die Arme in die Luft. Dann drehe ich mich schwungvoll um, und …

… fuck. Es ist die Flasche Eierlikör, die ich als Requisit benötige und die aktuell noch in der Plastiktüte im Foyer steckt. Egal. Zu spät. Wenn ich hier durch bin, werd ich sie auf ex trinken. Ich schließe die Augen und singe mit zittriger Stimme: »Eierlikör von Schoppermann – das Beste, was Eiern passieren kaaaaaaaaann.«

Auf den letzten missglückten Ton folgt Stille. Absolute Stille. Nicht mal Atmen oder Hüsteln sind zu hören. Ich sollte jetzt keinesfalls in die drei Gesichter schauen.

Also weiter im Programm: Hastig ziehe ich den Kükenkopf ab und trinke einen Schluck aus der imaginären Flasche, was vermutlich nach genau der ungeübten Pantomime aussieht, die es ist. Dann strecke ich den Daumen nach vorne und sage: »Ich schwör … auf Eierlikör!«

Ich fühle mich, als würde ich im falschen Körper stecken. Klar … ist ja auch so. Ich bin ein Küken. Mir wird schmerzlich bewusst, dass dieser Teil der Show nichts mit mir und meinem Humor zu tun hat. Und wenn mich mein Eindruck nicht täuscht, sehen das ein bis drei andere Männer auch so. Ich springe zu dem Teil über meinen Vorgänger. Mit dem fühle ich mich sicherer.

»Mein Vorgänger ist übrigens in diesem Kostüm gestorben. Er hat zwei Tage im Supermarkt gesessen, ohne dass irgendwer was bemerkt hat. Alle dachten, er macht Überstunden!« Ich lasse eine kurze Pause für Lacher, die nicht kommen. Shit. »Bis es anfing zu riechen. Wie verfaulter Eierlikör! Als man dann entdeckte, dass was nicht stimmt, wurde sofort ein Krankenwagen gerufen. Aber der brachte ihn irrtümlicherweise erst mal in die Tierklinik!«

Ich lasse wieder eine Pause, in der mir klar wird, wofür der Begriff Totenstille erfunden wurde, und quäle mich durch die letzten Minuten meines Programms. Zumindest den Teil meines Programms, von dem ich mich trennen werde, sobald ich diesen Scheinwerferkegel verlassen habe. Ich muss da dringend noch mal ran.

Als ich endlich fertig bin, verbeuge ich mich brav und blicke vorsichtig in die drei Gesichter.

»Vielen Dank«, sagt einer der Männer. »Gehen Sie doch bitte zurück ins Foyer. Gegen 18 Uhr werden wir verkünden, wer ins Festivalprogramm kommt und wer nicht!«

»Danke sehr!«, sage ich kleinlaut, hebe den Kükenkopf auf und gehe in die schummrige Bühnengasse, wo ich erneut mit Botze zusammenpralle, der für seinen Auftritt bereitzustehen scheint. Wie lange ist er schon hier? Hat er mein gesamtes Programm von der Seite aus gesehen? Warum ist ausgerechnet Botze immer zugegen, wenn die dunkleren Kapitel meiner Geschichte aufgeschlagen werden? Wahrscheinlich war er auch in der Nebengondel im Riesenrad.

Wider Erwarten kann ich im Halbdunkel ein Lächeln auf seinem Gesicht ausmachen, das weder höhnisch noch mitleidig wirkt.

»Hey, Max«, sagt er, als ich mich an ihm vorbeischieben will. »Ich meinte das vorhin ernst. Wenn du Lust hast, mal was essen zu gehen oder ein Bier zu trinken, würd ich mich freuen.«

»Kann kein Bier mehr trinken, Allergie«, murmele ich perplex.

»Okay, aber essen kannst du schon, oder?«

»Nur noch ganz wenige Sachen. Ansonsten werde ich rot«, antworte ich, ohne zu wissen, warum.

»Meinetwegen kannst du gerne rot werden«, sagt Botze auf eine Art, die … *kokett* wirkt, und stapft mit großen Schritten auf die Bühne. Ich stehe irritiert in der Gasse herum und werde tatsächlich rot.

Als ich zurück ins Foyer trete, höre ich meinen Namen und werde im nächsten Moment fast umgerissen. Markus zieht mich in eine stürmische Umarmung und hält mich dann eine Armlänge entfernt von sich.

»Na, Tweety, wie war's? Warum hast du nicht Bescheid gesagt, dass heut das Castdings ist?«

Weil ich still und heimlich abgelehnt werden wollte, ohne großes Aufheben drum herum? Kann ich jetzt jedenfalls vergessen.

»Weil ich … Ach, vergiss es.«

Markus strahlt mich an wie eine Tausend-Watt-Birne auf Koks, und wenn ich ehrlich bin, ist das genau das Bild, das ich gerade brauche. Ich wusste es nur bis eben nicht.

»Was machst du hier?«

»Ich hab zehnmal versucht, dich anzurufen, aber du bist

nicht rangegangen, und dann bin ich zu euch ins Büro, und dieser andere Vogel …«

»Danny.«

»Ja … Er hat gesagt, dass du für dieses Festival vorsprichst. Also bin ich hier, als moralische Unterstützung.« Er breitet die Arme aus, um mir zu demonstrieren, wie weit seine moralische Unterstützung reicht. Ich muss unwillkürlich grinsen.

»Danke, Markus, aber ich schätze, ich hab's verkackt. Ich hab nicht mal Lust, auf die Verkündung zu warten.«

Markus drückt mich auf einen nahen Stuhl und schaut mir tief in die Augen.

»Klar warten wir, mein Vögelchen. Du malst nur wieder schwarz. Das ist alles. Ich hol uns jetzt erst mal zwei Kölsch.«

»Okay«, gebe ich nach. »Aber kein Bier. Ich hab Lust auf was anderes.«

Eine dreiviertel Flasche Eierlikör später betritt einer der drei Männer das Foyer und kündigt an, die Namen derjenigen Comedians vorzulesen, die es ins Festival geschafft haben.

Mit Erstaunen stelle ich fest, dass ich dem Ergebnis gerade absolut ruhig entgegenblicke, beinahe gleichgültig. Sollte ich genannt werden, bin ich meinem Ziel zwar näher gerückt, aber sollte mein Name nicht fallen, ist es auch nicht so tragisch.

Markus scheint es anders zu gehen. Sein rechtes Bein hat sich verselbstständigt und zuckt in einem nervösen Rhythmus. Ich schaue zu Botze, der seit geraumer Zeit in einer Ecke herumsteht und unseren Tisch verstohlen mustert.

Der Juror holt ein Blatt Papier hervor, entrollt es feierlich wie eine römische Pergamentrolle und beginnt zu lesen. Ein Name, zwei Namen, drei Namen, vier Namen. Stopp, Name vier ist der von Botze. Er ballt die Faust in der Luft und lässt sie dann dramatisch sinken, als hätte er gerade das Finale von *Deutschland sucht den Superstar* gewonnen. Ich nicke ihm zu, und er streckt mir den Daumen aufmunternd entgegen.

»Seid ihr jetzt etwa Freunde?«, fragt Markus neben mir, und bevor ich antworten kann, ruft er plötzlich: »Alter! Das bist du!« Dann umarmt er mich heftig. Offenbar ist mein Name gefallen. Ich fühle mich schlaff. Gott sei Dank ist er hier, sonst würde ich wahrscheinlich einfach sitzen bleiben und die Haltestelle verpassen, auf die ich so lange gewartet habe.

KAPITEL 16: ENDSTATION OBERBAYERN

Da ist ja wieder das verrückte Küken!«

Es fühlt sich stark nach Déjà-vu an, als ich ein paar Tage später erneut das Foyer des Gloria-Theaters betrete und von einem der drei Juroren begrüßt werde – mit einem sehr feuchten Händedruck, für den er sich ganze drei Sätze Zeit lässt.

»Schön, dass du so spontan Zeit für mich hattest. Ich bin der Wolfgang. Setz dich doch!«

Ich wische meine Finger diskret an der Jacke ab und lasse mich auf denselben Stuhl fallen, auf dem ich zum Casting saß. Zum ersten Mal habe ich Gelegenheit, mir den Mann anzuschauen, den ich bisher nur aus dem Halbdunkel kenne. Er ist relativ klein, etwa fünfzig Jahre alt und trägt eine braune Stoffmütze, die seinen schwindenden Haaransatz notdürftig kaschiert. Sein Gesicht ist seltsam grau, und die großen traurigen Augen erinnern mich an Bambis Blick, kurz nachdem seine Mutter erschossen wurde.

»Was darf's denn sein?«, unterbricht die Kellnerin meine gedankliche Inspektion.

»Ähm … ich hätte gerne …«, stottere ich und schaue auf

den großen Pott Kaffee meines Gegenübers. »Ich nehme das Gleiche wie der Herr.«

»Das Gleiche?«, fragt sie vorsichtig nach. Es scheint ihr unangenehm zu sein. »Also auch mit Cointreau?«

Okay, damit hatte ich nicht gerechnet. Ich wollte den Bestellvorgang so einfach wie möglich hinter mich bringen, weil ich nervös bin. Positiv nervös, denn der Juror mir gegenüber rief mich kurz nach dem Casting an mit der Aussicht auf ein *interessantes Projekt,* das er mir vorstellen wolle. Jetzt weiß ich nicht, was ich tun soll, und die Stille dauert schon viel zu lange an.

»Ja super«, antworte ich hastig, um Wolfgang nicht das Gefühl zu geben, er sei der einzige Alkoholiker am Tisch.

Die Kellnerin verschwindet, und mein Gegenüber nimmt erst einen großen Schluck aus seiner Tasse und zündet sich anschließend eine Zigarette an. Ich habe keine Ahnung, wie Cointreau-Kaffee schmeckt, und befürchte Schlimmes, aber jetzt hab ich mich halt da reingeritten. Mal sehen, was Cointreau mit meiner Gesichtsfarbe anstellt.

»Du fragst dich sicher, warum ich mich gemeldet habe?«, erkundigt sich Wolfgang mit einem verschwörerischen Grinsen, aus dem Rauch entweicht. »Nun, ich fand deine Performance wirklich interessant. Echt crazy und verrückt!«

»Oh! Das freut mich!«, antworte ich und überlege, wo genau der Unterschied zwischen crazy und verrückt liegt.

»Ich habe schon seit längerer Zeit eine Idee für einen Song«, fährt er fort. »Und als ich dich gesehen habe, dachte ich: Bäm, er passt haargenau zu dir.«

»Tatsächlich? Ein Lied?«

»Ja … ein Lied! Aber nicht erschrecken! Es ist ein Stimmungslied!«

Das Genre Stimmungslied ist mir bisher noch nicht untergekommen, aber es klingt deutlich nach Schlager.

»Aha … und wie heißt es?«

Das Fußtippeln auf dem Boden gewinnt an Geschwindigkeit, und Wolfgang nimmt einen langen Zug von seiner Zigarette. Er atmet tief und gewichtig ein, dann antwortet er: »Meine Eier sind so lecker.«

Stille. Hat der Mann mir gerade wirklich ein Lied namens »Meine Eier sind so lecker« angeboten?

»Wie bitte?«, frage ich sicherheitshalber nach. Vielleicht macht er einen Witz, um die Atmosphäre zu lockern. Schließlich verdient er sein Geld als Berufskomiker.

»›Meine Eier sind so lecker‹«, wiederholt er so deutlich und überbetont, dass kein Zweifel besteht. Es war kein Witz.

»Das klingt erst mal gewöhnungsbedürftig«, bemerkt er äußerst hilfreich. »Und es ist natürlich nicht die Neuerfindung der Comedy. Aber der Punkt ist: Mit so einem Song kann man mittlerweile richtig Asche machen. Und ich hab da einen super Produzenten an der Hand.«

Er blickt mich aus seinen großen, vom Leben enttäuschten Bambi-Augen an, und ich überlege, was ich sagen kann, um seine Gefühle zu schonen. Immerhin ist seine Mutter eben erschossen worden. Die Kellnerin serviert mir eine ebenso große Tasse wie seine, und ich kann den Cointreau deutlich riechen. Lustig, wie immer alles eine Frage der Perspektive ist: Vor wenigen Minuten kam mir der Gedanke daran noch widerlich vor, und jetzt nehme ich einen ausgiebigen Schluck aus der Tasse. Und dann noch einen, während Wolfgang sein Verkaufsgespräch fortsetzt.

»Ursprünglich hatte der Song gar nichts mit Küken oder Hühnern zu tun. Den sollte nur ein Typ singen, aber dann kamst du in deinem Kostüm, und ich dachte: Wow, wenn ein Typ in einem Kükenkostüm den singt, bekommt das noch eine zweite, abgefahrene Ebene!«

Sein Fußtippeln hat mittlerweile eine Geschwindigkeit erreicht, die mich an mein Herzrasen auf Speed erinnert. Ich trinke erneut von meinem Kaffee und merke, dass ich ihn im Prinzip schon ausgetrunken habe. Die Tatsache, dass dieser komplett humorfreie Song ursprünglich nicht mal eine zweite Ebene hatte, schockiert mich dermaßen, dass ich ernsthaft überlege, eine ganze Flasche Cointreau zu bestellen. Ohne Kaffee.

»Hör doch einfach mal rein.«

Wolfgang reicht mir seinen iPod herüber. Verkrampft lächelnd stecke ich die weißen Stöpsel in meine Ohren und drücke auf Play. Dann geht es los.

Eine männliche Stimme, vielleicht Wolfgang selbst, ruft laut »Njam njam njam njam njam«, und kurz darauf setzt ein typischer Ballermann-Bumsbeat ein, mit stumpfer, viel zu laut gemixter Bassline.

Als das lustlose, viel zu lange Intro endlich vorbei ist, beginnt die erste Strophe, und meine Seele verlässt meinen Körper reflexartig. Vermutlich, um eine traumatische Erfahrung zu verhindern und mein Langzeitgedächtnis vor den völlig schwachsinnigen und hilflos gerappten Zeilen zu schützen, die in meine Ohren schwappen. Ich höre die Worte, aber verstehe sie nicht.

Dankbar für diese kurze Episode der Depersonalisierung blicke ich in meinen Cointreau-Kaffee und will gerade überlegen, was genau ich am Ende des Songs wohl sagen könnte, als der Refrain einsetzt und sich wie ein Widerhaken in mein Bewusstsein schlägt:

Meine Eier sind so lecker
Die schmecken supersahnegeil
Komm, probier schon meine Eier
Und dann mein dottergeiles Teil
Meine Eier sind so lecker
Steck sie doch mal in den Mund
Sie schmecken besser als ein Bonbon
Und wiegen über zwanzig Pfund

Ich schließe die Augen angesichts der Erkenntnis, dass ich diese Zeilen wohl nie werde vergessen können, denn sie hämmern sich dank der einfachsten und einprägsamsten Melodie der Welt tief in meinen Frontallappen. Eine Melodie gegen die »Alle meine Entchen« die 1. Sinfonie in c-Moll op. 68 von Brahms ist. Garniert von nervtötendem Piepen, Fiepen, Blubbern und Quietschen, das jeder Commodore-64-Programmierer bereits in den Achtzigern als veraltet verworfen hätte.

Und noch mal von vorn. Wie in jedem guten Scheißsong wird der Refrain doppelt wiederholt, damit man trotz acht Promille auf dem Kessel beim zweiten Mal schon mitsingen kann. Gottverdammte Scheiße. Was gäbe ich darum, jetzt eine von Papas Orgelplatten zu hören. Im Vergleich dazu kommen sie mir wie Balsam für die Seele vor. Ich kann nicht weiterhören und nehme die Kopfhörer aus meinen glühenden Ohren. Ich fürchte mich zu sehr vor Strophe zwei, nachdem der Refrain meine innere Trauma-Schutzbarriere durchbrochen hat wie ein Bulldozer. Wolfgang beobachtet mich besorgt.

»Klar ist das erst mal nicht dein Humor«, argumentiert er, als mein Blick seinen trifft. »Aber du musst das halt als eine Art Sprungbrett sehen. Du trittst ein paar Wochenenden auf Mallorca auf, verdienst gut Geld und nutzt dieses Polster dann, um das zu machen, was du wirklich willst!«

Mit der einen Hand reiche ich Wolfgang den iPod, mit der anderen ergreife ich meine Tasse und leere den kläglichen Rest kalten Schnapskaffee.

»Du kannst es dir ja einfach mal überlegen«, winkt er bemüht lässig ab und ändert seine Taktik angesichts meiner offensichtlichen Sprachlosigkeit. »Und den anderen beiden aus der Jury musst du ja erst mal nichts davon sagen. Das ist noch topsecret.«

Wolfgang nimmt die Kappe kurz von der Stirn, wischt sich über den fliehenden Haaransatz, und mir wird die gesamte Tragik seines Lebens mit einem Schlag bewusst:

Er hat aufgegeben. Sämtliche künstlerische Visionen hat er zusammen mit seinen Idealen in die Tonne gekloppt. Er ist vollkommen leer und desillusioniert und will jetzt nur noch schnell den großen Reibach machen, egal womit.

Dieser Eier-Song ist vielleicht seine letzte Chance.

Das ist ja vollkommen in Ordnung und kommt in der Unterhaltungsbranche ständig vor. Aber wie zum Teufel kommt er darauf, dass ich, ein junger Comedian, der noch ein Minimum an Stolz und Hoffnung hat, seine kleine Gesangsnutte sein will, die ihm die zwanzig Pfund schweren Ballermann-Eier leckt?

Ich erlaube mir eine kurze Fantasiereise nach Mallorca und sehe mich den Eier-Song im Oberbayern performen. Da stehe ich um 01:30, Wodka Red Bull fließt in Strömen durch meine Adern, und ich taumele in meinem unförmigen Kostüm über die Bühne, von der ich fast in den manisch feiernden Mob stürze, weil ich zum Bumsbeat des Refrains obszön mit den Hüften wackele. Mein Gesicht hat die Farbe von eingetrocknetem Tomatenmark angenommen, vor lauter Histamin und Scham vor mir selbst. »Denk an die Kohle« ist das Mantra, das unaufhörlich durch mein Hirn wabert und das ich irgendwann aus Versehen laut singe. Aber das grenzdebil besoffene Publikum merkt es zunächst gar nicht. Also mache ich weiter und singe »Denk an die Kohle« über die Bumsbeats, nach Scooter-Art, bis die tanzenden Menschen einstimmen und frenetisch »Denk an die Kohle, denk an die Kohle« grölen, sodass mir schwindelig wird. Ich verfange mich mit den Hühnerfüßen in einem Kabel und klatsche der Länge nach auf den Bühnenboden, während gleichzeitig eine Überweisung der GEMA auf meinem Konto eingeht.

»Wenn's dir nicht gefällt, ist das auch kein Problem.«

Wolfgangs Stimme katapultiert mich zurück an den Tisch des Gloria. Ich hatte völlig vergessen, dass er hier ist.

»Aber vielleicht kennst du ja jemanden, der sich so was vorstellen könnte?«

Normalerweise würde ich jetzt »Botze« sagen, aber irgendwie stimmt das nicht mehr. Also tue ich so, als würde ich mein gedankliches Archiv alphabetisch nach Menschen durchgehen, die ich in die Oberbayernhölle schicken will, und überlege stattdessen, wie ich möglichst schnell von Wolfgang, diesem Tisch und dem Gloria wegkomme, in das ich nie wieder einen Fuß setzen will. Mit ihm in der Jury werde ich sowieso keine Chance haben, das Funny Faces zu gewinnen.

»Ich … ähm … Danke, Wolfgang, für das Angebot. Ich melde mich.«

»Okay«, stottert er entgeistert, und ich verlasse fluchtartig das Foyer. Draußen angekommen, kämpfe ich gegen Tränen.

Bitte, bitte, lieber Gott, oder wer auch immer da oben

Regie in meinem Leben führt, tu mir einen Gefallen: Lass mich da drin nicht in mein zukünftiges Spiegelbild geblickt haben! Ich bitte dich inbrünstig!

Abends, als ich versuche, einzuschlafen und diesen Tag zu vergessen, läuft wieder der Abspann. Wie immer fahren diverse Namen, begleitet von orchestraler Schlussmusik, die Zimmerdecke entlang. Aber diesmal ist da noch etwas anderes. Ein kleiner Kasten links oben in der Ecke.

Vor ein paar Jahren, etwa seit der Jahrtausendwende, ist es Sitte geworden, während des Abspanns einer Liebeskomödie oder einer Sketchserie kurze Outtakes zu zeigen. Verpatzte Szenen, in denen die Darstellenden sich kaputtlachen, weil sie eine Textzeile vergessen haben, eine falsche Bewegung machen, in die Kulisse fallen oder Ähnliches. Sie schauen danach meist in die Kamera und machen unmissverständlich klar, dass das gerade bloß ein Film war und sie eine Rolle gespielt haben.

Direkt nach dem Happy End. Nachdem über neunzig oder wie viele Minuten auch immer alles Erdenkliche getan wurde, um eine maximale Illusion im Film zu erzeugen.

Die ersten Male hinterließ mich das völlig zerrissen. Ich lachte über die Situationskomik, und gleichzeitig fühlte ich mich um das Gefühl betrogen, mit dem ich aus der Geschichte hinausging, weil ich mich verdammt noch mal auf die Illusion eingelassen hatte und am Ende dafür ausgelacht wurde. War doch alles nur ein Film. Und wer sich in dieser Realität verloren hat, ist ein Vollidiot.

Wenn es nach abgrundtief dramatischen oder tieftraurigen Geschichten darum ginge, das Publikum wieder zu beruhigen und sanft aus den harten Emotionen zurückzuholen, weil alles *nur* ein Film war, fände ich das völlig verständlich. Aber im Abspann von Dramen und Horrorfilmen wird seltsamerweise darauf verzichtet. Und auch da wird es lustige Outtakes während des Drehs gegeben haben. Doch nach Feelgood-Komödien? Das ist purer Sadismus. Die Leute knallen mit einem guten Gefühl im Bauch direkt in die sarkastische Desillusionierung. Klar, so wie eben gesehen kann es ja unmöglich enden in der echten Welt. Ein Idiot, wer daran glaubt.

Genau so einen Abspann sehe ich auch jetzt an meiner Zimmerdecke.

Da sitze ich im Gloria vor Wolfgang, der mir gerade erklärt, dass ich den Song »Meine Eier sind so lecker« singen muss. Dann schauen wir uns an und müssen laut losprusten. Was ein bescheuerter Text! Ich erfahre, dass ich so ein blödes Mallorca-Lied singen soll, und muss dabei auch noch ernst gucken? Zum Totlachen. Also auf ein Neues. Wolfgang sagt seinen Text: »Eigentlich hatte der Song gar nichts mit Küken oder Hühnern zu tun. Aber wenn das jetzt ein Küken singt, dann bekommt das halt noch diese zweite Ebene!« Ich sollte eigentlich geschockt aus meiner Tasse trinken, muss aber so ungehalten lachen, dass ich Wolfgang den gesamten Kaffee ins Gesicht spucke. Auch der prustet amüsiert und kippt fast vom Stuhl wegen des bekloppten Drehbuchs und der völlig überzeichneten Charaktere.

Und plötzlich kann ich der Sache mit den Outtakes etwas abgewinnen. Ein Glück, dass das alles nur Fiktion ist. Zumindest in dieser Nacht und in diesem Abspann. Morgen erst wird der beschissene Wahnsinn wieder in echt losgehen. Bis dahin habe ich noch Zeit, mich zu erholen.

Mein Leben wäre wirklich einfacher, wenn es auch mal Outtakes gäbe.

KAPITEL 17: XQ-DELTA-784

Es ist Sonntagmittag, und ich habe ein ganzes beschämendes Wochenende auf der Couch hinter mir. Mein Steißbein ist eingerastet, und wenn ich versuche aufzustehen, fühle ich mich wie in zwei Teile geknickt. Also bleibe ich einfach liegen. Drei Gründe haben mich hierhin gebracht.

1. Markus war das ganze Wochenende auf einer Hochzeit in seiner Heimat, und allein gehe ich nicht aus. Ich wüsste nicht einmal, wo ich das Pep herbekomme, das ich dafür bräuchte. Daher hat er mich …

2. … mit etwas wirklich Grauenhaftem zurückgelassen: dem Fun-Freitag und dem noch viel funnygeren Fun-Samstag im Fernsehen, die ich mir aus Recherchegründen angesehen habe. Der verstörende Zerrspiegel meiner Zukunft, in den ich dank Wolfgang geblickt habe, hat mich unruhig gemacht. Zwei Tage lang habe ich versucht, meinen Produzenten zu erreichen, um endlich herauszufinden, warum genau meine Show abgesetzt wurde und was ich als Nächstes anbieten könnte. Er ist wie immer nicht rangegangen, obwohl ich ihn eine Weile in Ruhe gelassen hatte. Also habe ich Hausaufgaben gemacht und das gesamte deutsche

Comedy-Wochenendprogramm analysiert. Was zur Folge hatte, dass ich …

3. … noch mehr getrunken habe als auf einer Abschuss-Party und jetzt mit einem fürchterlichen Kater kämpfe, der es mir unmöglich macht, mich von der Couch zu erheben und irgendwie produktiv an meiner beruflichen Zukunft zu arbeiten.

Aber warum auch? Ich habe 48 Stunden in das Herz der Finsternis geblickt. Oder besser, in die Abgründe des piefigen Bauerntheaters. Anders kann man die immer gleichen Sketchshows nicht nennen. Ein endloser Reigen von Klischee-Machos, Klischee-Zicken und Klischee-Dicken in beschämend simplen Impro-Shows. Ein Ensemble aus Provinzclowns, die wild um sich schlagend um den nächstbesten Caffè-Latte-Gag ringen. Oder B-Promis, die in lieblosen Panel- und Blue-Box-Shows zusammenhocken und inhaltsleere Kommentare zu den belanglosen Sketchen der Klischee-Machos, Klischee-Zicken und Klischee-Dicken abgeben.

Es ist, als hätte die kontinuierliche Entwicklung des Mediums Fernsehen mit dem Jahr 2000 ihr Maximum erreicht und wäre dann stehen geblieben. Oder noch schlimmer: hätte angehalten und würde sich nun zurückentwickeln, Jahr für Jahr, bis wir irgendwann wieder darüber lachen, dass sich zwei Urzeitaffen mit Knüppeln die Schädel einschlagen.

Um Mitternacht des 31. Dezember 1999 glaubte ja ein großer Teil der Menschheit daran, dass irgendetwas passieren würde. Astrologen und Endzeit-Sekten übertrumpften sich zum Millenniumswechsel mit Prophezeiungen und schillernden Szenarien zum Weltuntergang. Selbst die Polizei wappnete sich monatelang für den Ernstfall, und aus den obligatorischen Silvesterfeiern wurden Apokalypse-Partys.

Die Stimmung war so angeheizt, dass es sich fast enttäuschend anfühlte, als der Zeiger von 23:59 auf 0:00 rückte und nichts geschah. Ist klar, wenn du dramaturgisch eine Riesenspannung aufbaust und sie dann einfach abschmiert.

Aber es ist tatsächlich was passiert, wie ich nach dem x-ten Wodka auf meiner Couch feststelle. Etwas, was im ersten Moment keiner bemerkte und worauf niemand gekommen wäre: Die deutsche Fernseh-Comedy macht wie ein Planet am Himmel kehrt und entwickelt sich zurück.

Ich habe zumindest versucht, mich mit der *Unlustigsten Show der Welt* dagegenzustemmen. Und wofür?

Die mit Herzblut produzierten zehn Folgen werden wahrscheinlich ungesehen vor sich hin rotten wie die Botschaften eines unerhörten Propheten. Okay, jetzt übertreibe ich.

Aber wer weiß … vielleicht werden sie in 5000 Jahren wiederentdeckt, wenn die Menschheit längst ausgestorben ist und eine Gruppe Außerirdischer namens XQ-Delta-784 auf der verwaisten Erde landet und unter dem ganzen Schutt, der mal Köln hieß, die Bänder findet. Die XQ-Delta-784 werden sie in ihren allwissenden Bordcomputer ALPHA 8000 schieben, der die fast verlorenen Daten augenblicklich rekonstruiert und die Bilder auf eine meterhohe Leinwand projiziert. Und dann … dann werden sie lachen! Sie werden lachen und kichern, kreischen und quieken, toben und schreien, bis ihnen Tränen, so sie welche haben, in die Augen, so sie welche haben, schießen werden.

Die XQ-Delta-784 werden nach meinen Gebeinen suchen, sie ausgraben und in einem aufwendig gestalteten Glasschrein verschließen. Diesen werden sie in einer eigens errichteten Tempelanlage voller Demut und Ehrfurcht anbeten.

Und dann werde ich endlich der Star, der ich verdammt noch mal sein sollte. Der Star der XQ-Delta-784! Ein Held! Eine Legende! Ein Gott!

Ein ziemlich dünner Strohhalm, an den ich mich da klammere.

Um meine erbärmlichen Allmachtsfantasien nicht vollends eskalieren zu lassen, rolle ich mich schließlich von der Couch und setze mich an den Computer, um alle Internetseiten durchzugehen, die ich immer durchgehe, bis ich bei Myspace lande und dort hängen bleibe.

Mein Blick fällt auf einen Beitrag von Yuma, am Montag letzter Woche verfasst.

»Scheißwochenende!«, steht da. »Laufen in Köln eigentlich nur Freaks rum?«

Bevor ich mich fragen kann, ob er mich damit meint, wechsele ich zu ICQ, wo mich Markus sofort anchattet.

Markus Montana
hasilein!

Max Mustermann
markus!!! ich hab dich so vermisst! wie war die hochzeit?

Markus Montana
schrecklich. ich hätte lieber mit steinen geworfen als mit reis ^^

Max Mustermann
du armer :(((na, wenigstens kannst du noch lachen

Markus Montana
lachen? wieso?

Max Mustermann
na, weil du dieses zeichen da machst: ^^

Markus Montana
das ist kein lachen! das ist so was wie ... genervt sein ^^

Max Mustermann
quatsch ... das sind augenbrauen, die man hochzieht, wenn man lacht

Markus Montana
ich ziehe die augenbrauen aber hoch, wenn ich GENERVT bin ^^

Max Mustermann
es sieht auf jeden fall doof aus. du bist keine 16 mehr

Markus Montana
nerv mich nicht ^^

Max Mustermann
ich nerve nicht. ich lache ^^

Markus Montana
grmpf ... schluss jetzt ... ich hab ein anderes problem: fotzen-franz ^^

Ich zucke kurz zusammen angesichts des Spitznamens. Will ich erst wissen, womit und warum er diesen Namen verdient hat, oder weise ich Markus direkt darauf hin, dass das weibliche Geschlecht diesen Namen nicht verdient hat? Ersteres siegt.

Max Mustermann
wer ist fotzen-franz???

Markus Montana
das ist mein inoffizieller name für den bräutigam ^^

Max Mustermann
und was genau ist das problem?

Markus Montana
das video ^^

Max Mustermann
welches video? UND HÖR ENDLICH MIT DEN SCHEISSAUGENBRAUEN AUF!!!

Markus Montana
okay ^^

Max Mustermann
witzig ^^

Markus Montana
also, pass auf: die braut war ja eigentlich mal meine freundin. bis fotzen-franz kam und sie mir ausgespannt hat. der scheiß playboy-arsch

Ich bin etwas überrascht, weil ich keine Ahnung davon hatte, dass es Markus so zugesetzt hat. Liebt er sie immer noch?

Max Mustermann
tut mir leid

Markus Montana
ja, war gar nicht so schlimm. scheiße war eher, dass fotzen-franz es mir bei jeder gelegenheit unter die nase gerieben hat wie schlechten stoff. und sie diesen charakterlosen wichser auch noch heiratet.
und deshalb hatte ich auch die ganze zeit richtig miese laune. in der kirche ... auf der hochzeitsfeier ... beim essen ... immer!!! das hat sie nicht verdient

Max Mustermann
okay ... hat's denn einer gemerkt?

Markus Montana
einer? ALLE!!! da lief nämlich die ganze zeit so ein typ rum, der alles gefilmt hat!!! und dieses schöne hochzeitsfilmchen gab's direkt am abend zu sehen!

Max Mustermann
verstehe :) und auf diesem video warst natürlich auch DU die ganze zeit zu sehen

Markus Montana
genau, alter! zwischen all den dauergrinsenden heititei-menschen schwenkte die kamera immer wieder auf mein gesicht

Ich kann ihn vor mir sehen, wie er mit Grabesmiene allein zwischen den aufgehypten Gästen sitzt, die versuchen, dem *schönsten Tag im Leben* mit aller Macht noch mehr Bedeutung zu geben. Vermutlich hatte er nicht mal einen Anzug an. Oder ein Jackett seines Vaters, das die besten Zeiten hinter sich hat. Nur sein schönes Gesicht und die blonden Surfer-Haare retten seine Erscheinung. Ich hätte dort sein sollen. Hätte er mich mitgenommen, hätte ich ihm beistehen oder seine Laune retten können. Warum hat er mich nicht gebeten? Wir machen doch sonst alles zusammen. Vermutlich, weil es seltsam für ihn gewesen wäre, mit 'nem Typen dort aufzutauchen. Führt zu Blicken und Fragen.

Markus Montana
max? bist du eingepennt?

Max Mustermann
^^^^^^^^^^^^^^^^^^^^^^^^^^

Markus Montana
was soll das???

Max Mustermann
ich lach mich kaputt!!!

Markus Montana
^^

Max Mustermann
ICH BRAUCH DIESES VIDEO!!!

Elmar Gösebrecht
HEY, MAX! BIST DU ONLINE?

Was soll die Frage? Er sieht, dass ich online bin. Ich kann mich ja nicht einfach offline stellen. Ich hatte Elmar völlig vergessen.

Markus Montana
scheiße! Elmar hat mich gerade angechattet

Max Mustermann
mich auch!!! ich muss schnell raus, bevor er mich wieder mit nina vollheult! wann kommst du wieder?

Elmar Gösebrecht
MAX? ICH MUSS DICH KURZ WAS WEGEN NINA FRAGEN! ES IST TOTAL WICHTIG!

Markus Montana
muss noch ein paar tage bei meinen eltern bleiben, wenn ich schon mal da bin. aber ich hab für nächstes wochenende eine überraschung für dich!

Ich grinse wie ein Vollidiot.

Max Mustermann
was denn?

Markus Montana
ich besorg uns die große schwester! nix mit billigem discoshit! koks! nur du und ich

Max Mustermann

mensch, markus. du sollst im chat doch vorsichtiger sein mit so was

Elmar Gösebrecht

MAX? BIST DU DA?

Markus Montana

jaja ... ist ja gut. checkt doch eh keiner, dass ich das ernst meine

Max Mustermann

klar! vor allem, wenn man sich nach dem drogenboss in scarface benennt, markus MONTANA!!!

Markus Montana

locker bleiben, mustermann. das wird super. wir werden uns fühlen wie der heiland bei der bergpredigt

Max Mustermann

heiland? wer ist schon der heiland? ich bin der gott der XQ-Delta-784!!!

Markus Montana

ganz wie du meinst ... bis später!

Elmar Gösebrecht

MAX??? MELD DICH DOCH MAL. DA IST WAS WEGEN NINA. ICH BIN GERADE TOTAL GENERVT ^^^^^^^^

KAPITEL 18: BARRY MANILOW

Zurück auf Myspace, finde ich auf Yumas Seite ein neues Foto. Er liegt mit verwuschelten Haaren und geschürzten Lippen auf der Couch. »Laaaangweilig!!!«, steht darunter.

Ich beiße mir auf die Lippen und versuche es zu verhindern, aber ich klicke trotzdem auf seine Alben und lande bei den unzähligen Fotos von ihm, die sein perfektes Gesicht aus sämtlichen Winkeln zeigen. Auf einem wirken seine großen Augen wie flüssiges Karamell. Shit.

Und weil ich ein emotionaler Masochist bin, lasse ich das Foto auf dem Bildschirm geöffnet und schlurfe in Richtung meiner Plattensammlung. Ich brauche jetzt alte Barry-Manilow-Platten. Das ist zwar peinlich, wirkt aber wie Vaseline auf meiner rissigen Seele.

Außerdem finde ich es immer wieder beruhigend, dass es Sänger gibt, die sich nie die Mühe gemacht haben, auch nur annähernd cool zu wirken. Genau wie die Hörerschaft.

»Spirits move me, every time I'm near you«, singt Barry herzzerreißend, und ich versinke in Sehnsucht. Oder ist es Selbstmitleid?

Glücklicherweise bin ich der Einzige, der sieht, welche

Bilder mein jämmerliches Hirn dazu produziert: Yuma und ich fliegen eng umschlungen in Zeitlupe über die Stadt. Ab und zu fliegen Freunde und Bekannte vorbei und winken uns lachend zu. Einige applaudieren sogar, weil sie unseren Anblick zum Steinerweichen schön finden.

Gott im Himmel. Das ist wirklich lächerlich.

Markus würde sofort anhalten und mich zu einem Flugduell herausfordern, Botze käme mit den besten Gags zum Thema »Geile Stewardessen« um die Ecke, und Elmar würde wissen wollen, wo Nina grad so rumfliegt. Und meine Eltern? Die würden mir wahrscheinlich ein warmes Jäckchen vorbeibringen, weil man sich über den Wolken so leicht erkälten kann.

Ich glaube, es gäbe nur einen einzigen Menschen, der genauso reagieren würde, wie ich es mir gerade wünsche: Danny. Der käme breit grinsend vorbeigeflattert, würde mir in Zeitlupe zuwinken und den Barry-Manilow-Song mitflöten.

»Could it be magic?«, tönt Barrys ofenwarme Stimme aus den Lautsprechern. Kitsch-Crescendo. Klavier-Outro. Stille. Der Song ist zu Ende.

Mein Herz aber will mehr. Mehr Schmusebrei von Barry. Oder noch besser: keinen Schmusebrei von Barry, sondern Schmusen mit Yuma! Ihm die Langeweile auf seiner Couch wegküssen, bis er keine Luft mehr bekommt.

Warum mach ich das nicht einfach?

Barry hat doch recht. Was nutzt denn diese ganze Coolness?

Außer dass sie dich Chancen verpassen lässt, bringt sie überhaupt nichts. Wir brauchen mehr Romantik. Und Coolness ist der Erzfeind der Romantik.

Bevor ich es mir anders überlege, ziehe ich meine weißen Adidas an und verlasse das Haus. Er wohnt nur ein paar Straßen weiter. Weiß ich, weil ich das Haus auf einem seiner Fotos erkannt habe. Ich werde da jetzt hingehen und bei ihm klingeln. Wie in den Neunzigern. Da ging man einfach irgendwo vorbei und klingelte, ohne sich vorher per SMS oder ICQ anzukündigen. War völlig normal.

Vor seinem Haus angekommen, verlässt mich augenblicklich der Mut. Was soll ich sagen, wenn er aufmacht?

»Hey, Yuma! Wenn du gerade nichts vorhast, könnten wir doch schmusend in Zeitlupe über die Stadt fliegen?«

Während ich minutenlang vor seinem Haus herumlaufe wie ein kranker Stalker oder Elmar, öffnet sich plötzlich die Tür. Ich springe instinktiv zur Seite, als wäre ich bei etwas Verbotenem ertappt worden.

»Was machst du denn hier?«, fragt Yuma überrascht und lächelt mich an. In der Hand hält er eine Tüte, vollgestopft mit Pfandflaschen.

»Ich? Also … ich war zufällig hier … », stottere ich debil.

»Okaaayyyy.«

Ertappt. Ja, er hat mich ertappt. Sein Ton verrät es, mein Gesicht verrät es. Alles verrät, dass ich vor seiner Tür rumlungere und ihn sehen will, also kann ich es auch gleich gestehen.

»Ich hab auf Myspace gesehen, dass dir langweilig ist, und ich dachte, ich tue etwas dagegen.«

Er grinst, süß wie Zucker, ach was, wie eine ganze Zuckerrohrplantage, und ich fühle mich erlöst, als würden wir bereits über der Stadt schweben.

»Na, dann lass uns doch zwei Kölsch holen und ein bisschen durch den Park spazieren.«

Ich nicke begeistert. Park, Kölsch und Yuma – das

klingt nicht nur nach einem Karnevalslied von den Höhnern, sondern auch nach einem verdammt schönen Nachmittag.

*

Ich bin sehr stolz auf mich und auf Barry Manilow, während ich neben Yuma die Subbelrather Straße hinunter Richtung Grüngürtel laufe, mit einem Bier in der Hand, das wir eben gegen das Pfand aus seiner Tasche am Kiosk getauscht haben.

Obwohl es bereits Herbst ist, mobilisiert die Sonne ihre letzten Kräfte. Es ist überdurchschnittlich heiß, und wir beschließen, zum nahe gelegenen Wasserspielplatz zu gehen, wo diverse Schläuche und Rohre bereits kreischende Kinder nass sprühen. Yuma wirft die Flasche in einen Mülleimer, zieht sein T-Shirt aus und rennt unvermittelt los.

»Ausziehen«, ruft er laut, und ich mache mir ernsthaft Sorgen, dass er ein paar der spielenden Kinder umrennt. »Sei mein Kapitän!«

Na gut, was soll's. Ich leere mein Bier in einem Zug. Auf die Gefahr hin, dass die herumstehenden Eltern den Kapitän für einen gefährlichen Pädophilen halten, ziehe ich mir ebenfalls das T-Shirt aus und renne Yuma hinterher. Der ist mittlerweile auf einen silbernen Wasserelefanten geklettert und bespritzt mich brutal mit seinem kalten Rüssel. Die umherstehenden Kinder lachen laut, während ich versuche, das klitschnasse Rüsseltier zu bezwingen. Oben angekommen, rutsche ich jedoch ab und lande mit einem lauten Klatschen in einer der großen Wasserpfützen.

Die Kinder grölen jetzt, und Yuma zeigt mit dem Finger auf mich.

»Hilfe! Eine Seekuh« ruft er den Kindern zu. »Eine fette Seekuh will uns auffressen. Aber zum Glück ist sie viel zu fett, um uns zu fangen …«

Das ist dermaßen kindisch, dass ich keine Ahnung habe, wie ich mit der Situation umgehen soll. Meint er mich mit fett?

Ein Junge kommt auf mich zugelaufen und drückt mir seine Wasser-Pumpgun in die Hand. Er hat mehr Lücken als Zähne und ist etwas dicklich.

»Los«, flüstert er wie ein Mini-Rambo. »Mach ihn fertig!«

Das lass ich mir nicht zweimal sagen, lade die Pumpgun und spritze Yuma einen eiskalten Wasserstrahl ins Gesicht. Quiekend rutscht er von dem glitschigen Elefanten runter und bleibt reglos auf dem Rücken liegen. Mist. Ich lasse die Pumpgun fallen und beuge mich über ihn. Seine geschlossenen Lider zucken verräterisch, und die Anflüge eines Grinsens umspielen seine Lippen. Diese göttlichen Lippen. Ich beuge mich weiter runter, und nur die plötzlich einsetzenden »Bähs!« und »Iiihs!« der Kinder um uns stoppen mich vor dem Kuss. Und das sehr tiefe »Guck da weg, Kevin!«, das sich daruntermischt. Muss wohl ein besorgter Vater gewesen sein.

Yuma schlägt die Augen auf und blickt an mir vorbei.

»Ach, du lieber Himmel«, sagt er atemlos. »Schau dir mal die Wolken an.«

Ich blicke ebenfalls nach oben. Tatsächlich hat sich der Himmel innerhalb kürzester Zeit zugezogen und blauschwarz gefärbt.

»Ich kapituliere«, sagt er lachend. »Seekuh bezwingt Japaner. Aber wenn du ein Wal wärst, wäre es anders gelaufen. Im Walfang sind wir unschlagbar.«

Während Eltern ihre Kinder einsammeln und uns vereinzelte missbilligende Blicke zuwerfen, rubbeln wir uns gegenseitig die Haare mit unseren Shirts trocken und ziehen sie anschließend an. Und obwohl der Himmel stetig dunkler wird und die Luft deutlich abkühlt, beschließen wir, weiter durch den Park zu laufen – und zwar in Richtung Fernsehturm.

»Was sollen wir da eigentlich?«, fragt Yuma. »Der Colonius ist doch seit Ewigkeiten dicht.«

»Seit 1992«, entgegne ich klugscheißend. »Seitdem findet sich nämlich kein Pächter für das Drehrestaurant.«

»Oho … sonst noch irgendwelche interessanten Infos?«

»Na klar. Der Colonius wurde 1981 fertiggestellt und ist mit 266 Metern der größte Fernsehturm in Nordrhein-Westfalen. Er hat drei Stockwerke, deren untere die Aussichtsplattform mit Cafeteria und das Drehrestaurant beherbergen.«

»Wow … was bist du denn für ein Nerd? Wahrscheinlich hast du das Ding auch noch nachgebaut in deinem Keller stehen?«

Yuma streckt die Hand aus und hält sie an meine Stirn, um die Temperatur zu überprüfen.

»Und?«, frage ich. »Sehr heiß?«

»Nein!«, antwortet Yuma fürsorglich und klopft mir auf die Stirn. »Nicht heiß … aber ich lokalisiere da einen großen Hohlraum!«

»Hey, du Arsch!«, protestiere ich. »Dieser Fernsehturm weckt viele Erinnerungen in mir. Als Kind war ich jeden Monat dort, wenn meine Großeltern zu Besuch waren. Und später, als das Drehrestaurant zur Disco wurde, habe ich da meine schönsten Partys gefeiert!«

Während die Temperatur immer weiter abfällt und immer größere und schwärzere Wolken den Himmel verdecken, kommen wir am Fuß des Turms an. Obwohl Sonntag ist, stehen fünf oberkörperfreie Bauarbeiter davor und verrichten lautstarke Arbeiten zu den Superhits der Siebziger, Achtziger, Neunziger und dem Besten von heute.

»Die Village People!«, ruft Yuma neben mir erfreut.

»Seit wann bestehen die nur noch aus Bauarbeitern?«

»Na ja … der Soldat ist in Afghanistan … der Polizist wurde erschossen … und der Indianer ist ausgestorben.«

»Interessante Theorie. Und dieser Typ im Lederoutfit?«

»Der ist jetzt Veganer und trägt nichts mehr aus Tierhaut.«

Als ich ihn weiter Richtung Besuchereingang ziehe, kommt uns einer der Village People wild gestikulierend entgegen. Zu unserer Enttäuschung sind es nicht die Anfangsbuchstaben von Y. M. C. A.

»Hier könnt ihr leider nicht rein«, sagt er. »Der Fernsehturm ist geschlossen.«

»Weiß ich doch«, sagt Yuma und hebt wichtigtuerisch den Zeigefinger. »Seit 1992. Seitdem findet sich nämlich kein Pächter für das Drehrestaurant.«

»Äh … ja … keine Ahnung«, stammelt der Bauarbeiter. »Jedenfalls könnt ihr da nicht rauf!«

»Wirklich nicht?«, bohrt Yuma weiter. »Gibt's nicht vielleicht doch die Möglichkeit, nur mal ganz kurz mit einem von Ihren Leuten hochzufahren?«

Der Bauarbeiter schaut ihn irritiert an.

»Nein!«

Enttäuscht packe ich Yuma am Handgelenk und will ihn wegziehen.

»Hey! Nicht so schnell aufgeben!«, flüstert er und wendet sich wieder augenklimpernd an den Bauarbeiter.

»Entschuldigung, aber es ist wirklich wichtig! Mein Freund hier muss morgen wieder zurück nach Massachusetts!«

»Massachusetts?«, fragt der Mann ungläubig und stolpert über das Wort. Niemand kann Massachusetts einfach so aussprechen, ohne seine oder ihre gesamte Konzentration darauf zu richten. Ich muss kichern.

»Ja, genau. Little Rock, Massachusetts. Er ist eigentlich in Köln geboren, und sein letzter großer Wunsch ist es, noch einmal den Rhein von oben zu sehen, bevor er ... na ja ...«

»Bevor er was?«

»Na, bevor er ... Sie wissen schon.«

Yuma klimpert wieder mit den Augenlidern, und man kann wirklich nur hoffen, dass das keine bleibenden Schäden hinterlässt. Der Blick des Bauarbeiters zuckt zu mir, und innerhalb von Sekunden spielt sich Folgendes auf seinem Gesicht ab: Überraschung, spontanes Mitleid mit mir, tiefe Erleichterung, dass er selbst nicht todkrank ist, und schließlich Scham über den letzten Gedanken. Es ist mir unangenehm, durch welche Gefühlszustände Yuma ihn gerade einfach so schickt, und ich blicke auf meine Schuhe. Wow, er geht wirklich über Leichen, um uns auf den Turm zu quatschen. Meine Leiche jedenfalls.

Der Bauarbeiter räuspert sich. »Eigentlich ist das nicht erlaubt. Aber was soll's ... wenn's um Leben und ... na ja ...« Er blickt mich verstohlen an. »Da will ich mal nicht so sein. Gleich fahren eh noch ein paar Techniker hoch. Dann könnt ihr mit!«

Yuma knufft mich triumphierend in die Seite.

»Warum zur Hölle komme ich aus Massachusetts?«, flüstere ich ihm zu.

»Keine Ahnung. Ich hatte gerade diesen Bee-Gees-Song

im Ohr«, antwortet Yuma und zuckt mit den Schultern. »Aber Hut ab! Dafür, dass du aus Massachusetts kommst, sprichst du erstaunlich gut Deutsch!«

Der Bauarbeiter winkt uns heran und öffnet die Tür zum kleinen Eingangsraum. Als ich eintrete, steigen sofort alte Erinnerungen in mir hoch, und eine gespenstische Magie entfaltet sich. Fasziniert betrachte ich die von der Sonne verblichenen Werbefotos aus den Achtzigern, die noch immer an den Wänden und Fensterscheiben kleben. Ungefähr so müssen sich wohl die XQ-Delta-784 fühlen, wenn sie in 5000 Jahren auf der Erde landen werden.

»Na, dann mal los!«, ruft der Bauarbeiter und führt uns am Kassenhäuschen vorbei. Sein Blick gleitet immer wieder verstohlen über mich, aber er meidet meine Augen. Verständlich. Als ich durch die schmutzigen und völlig verstaubten Scheiben der Kasse schaue, entdecke ich neben allerlei Werkzeug noch ein paar Prospekte und Eintrittskarten von früher. Sogar eine alte Butterbrotdose und eine völlig verkrustete Kaffeetasse stehen noch rum. Sie wirken so traurig und allein, als würden sie immer noch hoffen, ihr Besitzer oder ihre Besitzerin könnten jeden Tag zurückkehren.

»Hier vorne ist der Aufzug!«, ruft uns ein anderer Arbeiter zu, nachdem unser Bauarbeiter ein paar Worte mit ihm gewechselt hat und auf mich zeigt. Betretene Blicke in meine Richtung, der unbekannte Mann mustert mich, und in seinem Gesicht spielt sich dasselbe Schauspiel ab.

Dann winkt er uns heran und biegt um die Ecke. Yuma und ich trotten erwartungsvoll hinterher, bis wir vor dem großen Aufzug stehen, der in meiner Erinnerung irgendwie glitzerte. Langsam und feierlich gleiten die Türen auseinander, und wir treten bedächtig ein.

»Ich muss hoch zu den Telekom-Anlagen«, sagt der Arbeiter und zieht einen Schlüsselbund aus seiner Tasche. »Ich lass euch kurz im Restaurant raus und hol euch danach ab, okay?«

»Okay«, stimme ich begeistert zu und schaue in Yumas lächelndes Gesicht. Ein wenig fühle ich mich wie ein Kind zu Weihnachten, ein todkrankes Kind.

Dann rauscht der Aufzug nach oben und erzeugt sofort einen leichten Druck auf meinen Ohren. Alles scheint so unwirklich, dass ich Angst habe, nur zu träumen und jeden Moment wieder aufzuwachen. Aber mein kräftiges Kneifen in den Unterarm belegt: Ich bin wach! Dieser Aufzug hier ist echt – und er fährt mich direkt in den Himmel! Mit Yuma.

Nach etwa einer Minute gibt es einen kleinen Ruck, und wir halten im zweiten Stock.

»Macht aber bloß keinen Scheiß!«, schärft uns der Mann ein, als wir den Aufzug verlassen.

Mein »Auf keinen Fall!« kommt gleichzeitig mit Yumas »Mal sehen«, und der Mann hebt entnervt die Augenbrauen. Es sieht tatsächlich so ^^^^^^^^ aus.

»Ach ja! Und noch was«, ruft er uns hinterher, bevor sich die Türen des Aufzugs schließen. »Little Rock liegt nicht in Massachusetts, sondern in Arkansas!«

Autsch. Er wusste, dass wir ihm ein mieses Lügenmärchen auftischen, und hat uns trotzdem mitgenommen? Warum? Glaubt er, der Teil mit meinem baldigen Ableben ist die Wahrheit in der Lüge?

»Wahrscheinlich hat er in deinen Augen gelesen, dass es dir wirklich wichtig ist«, mutmaßt Yuma, und ich schüttele den Gedanken schnell ab, bevor ich mich umschaue. Wir stehen tatsächlich vor dem verwaisten Restaurant. Fast pathetisch schreiten wir ins Innere, das von gigantischen Panoramafenstern gesäumt ist. Der Himmel ist in der Zwischenzeit noch dunkelblauer geworden und taucht das Restaurant in ein dämmriges, unwirkliches Licht. Überall stehen Tische und Stühle herum, über die wir auf die andere Seite klettern. Yuma ist natürlich schneller als ich.

»Oh Gott, ist das schön!«, ruft er plötzlich, als er direkt vor der Scheibe steht. Ich halte kurz an und sauge den Anblick vor mir ein.

Ein perfektes Wesen vor einem wütenden, dunklen Wolkenhimmel. Es sieht aus wie ein Gemälde, und ich spüre, wie mein blutiger Muskel an Fahrt aufnimmt, während ich mich über die letzten Hindernisse kämpfe und neben Yuma stehe. Seine Augen wirken so groß wie in Manga-Comics, und für einen Augenblick frage ich mich, ob der Gedanke schon rassistisch ist. Dann schaue ich nach vorne, und der Anblick raubt mir fast den Atem:

Die ganze Stadt liegt uns in einem endlos scheinenden Panorama zu Füßen. Durch die fast schwarze Wolkendecke brechen vereinzelte goldene Sonnenstrahlen und werfen ihr Licht wie Scheinwerfer auf Teile der Stadt. Fast wirkt es so, als hätte uns eine gewaltige Macht nach oben gelockt, um uns ihre Lieblingsplätze zu zeigen. Dann blitzt es schlagartig und gleißend hell auf, bevor der Regen aus den schweren Wolken bricht. Massen an klaren, dicken Regentropfen ergießen sich vor unseren Augen auf Köln. Ich stelle mich hinter Yuma und lege die Arme um ihn.

»Breite mal deine Arme aus!«

»Oh Gott … die *Titanic*-Szene?«, flüstert er.

Ich nehme seine Hände in meine und breite unsere Arme aus. Und dann wird sie tatsächlich wahr: die denkbar kitschigste Barry-Manilow-Vision.

Ich bewege unsere Arme wie Schwingen, und wir fliegen lächelnd und in Zeitlupe über der Stadt, während Blitze vor uns zucken. Es gibt keinen Donner, um uns ist alles still, und das macht die Situation noch unwirklicher. Die dicken Panoramafenster sind so schalldicht, dass wir nur ein einziges Geräusch wahrnehmen: unser beider Atem, der sich zu einem Klang vermischt. Das schönste Geräusch, das ich mir vorstellen kann.

Mein Herz pocht so stark in der Brust, dass es jeden Moment meinen Brustkorb durchbrechen wird, weil es zu Yuma will. In Yuma will. Ich neige den Kopf in Richtung seiner Lippen, und dann durchbricht ein »Ping« die Stille, gefolgt von einem Räuspern.

»Ähm … Zeit runterzufahren«, ruft der Arbeiter in den Raum.

KAPITEL 19: DR. UDOS MONSTERLABOR

Nach einer schweigsamen Fahrstuhlfahrt wird mir klar, was für ein unglaubliches Unwetter sich zusammengebraut hat. Was von oben noch wie eine Kulisse wirkte, wird mit einem Schlag Realität, als wir durch die Tür nach draußen treten.

Der Regen peitscht gefühlt aus allen Richtungen, als wir entscheiden loszurennen und ich Yumas Hand greife.

Die Mischung aus Donner, Sturm und Regen ist so laut, dass ich nicht verstehe, was er ruft, als wir durch den Grüngürtel in Richtung meiner Wohnung rennen.

Dort angekommen, bin ich überrascht, meine Mutter vor der Tür zu finden. Sie ist ähnlich durchnässt wie wir und wirkt völlig aufgelöst, nicht nur vom Regen. Oder wütend? Ich kann ihre Stimmung nicht so recht deuten, als ich die letzten Schritte auf sie zulaufe, aber ich fürchte, dass sie nicht gerade begeistert darüber ist, mich mit diesem Mann zu sehen, von dem sie hoffte, er sei eine Frau, und den mein Vater auf eine Stufe mit einem Pinguin stellt.

Augenblicklich werde ich sauer und nehme mir fest vor, dass ich mir diesen wunderschönen Tag nicht durch realitätsferne Beschimpfungen über meine Bisexualität kaputtmachen lasse.

»Wo zum Teufel warst du?«, fragt sie. »Warum gehst du nicht an dein Handy?«

Sie ist nicht wütend. Sie ist nicht böse. Sie ist verzweifelt. Sie weint bitterlich. Mein Handy? Es hat den ganzen Tag nicht geklingelt. Ich ziehe es aus der Gesäßtasche und bemerke, dass es tropfnass ist und vermutlich deswegen nicht funktioniert.

»Dein Vater liegt im Krankenhaus«, schnieft sie mit gebrochener Stimme. »Ich wollte dich holen. Wir müssen hinfahren.«

Die Worte kommen nur langsam bei mir an. Hilflos blicke ich zu Yuma.

»Dein Vater hat sich vergiftet«, schluchzt sie.

»Was?«

»Können wir noch mal kurz rein?«, mischt sich Yuma plötzlich ein. »Dann leih ich mir schnell ein trockenes T-Shirt von dir oder eine Jacke.«

»Was?« Seine Worte treffen mich wie eine Ohrfeige, und meine Stimme überschlägt sich. »Mein Vater liegt im Krankenhaus! Da müssen wir sofort hinfahren.«

»Wir? Also ich kann jetzt nicht. Ich hab noch 'ne Menge zu tun. Kannst du mir nicht einfach schnell 'ne Jacke geben, damit ich mich nicht erkälte?«

Ich merke, dass ich seine Hand noch immer halte, und lasse sie abrupt fallen.

»Komm, Mama, wir fahren!«

»Das Auto steht gleich da.« Sie zeigt auf die Straße, und ich kann sehen, wie ihre Hand zittert. Ich nehme sie und ziehe sie hinter mir her durch den Regen.

Als wir den blauen Mini Cooper erreicht haben, blicke

ich mich noch einmal nach Yuma um. Er schlurft den Bordstein entlang und sieht jetzt wirklich aus wie ein Pinguin.

*

Als Kind hatte ich eine neongrüne Hörspielkassette namens *Frankensteins Sohn im Monsterlabor*. Darin gab es eine Szene, in der Dr. Frank (der sich später zu meiner totalen Verblüffung als Dr. Frankenstein herausstellte) in einer sogenannten Eisernen Lunge lag. Mithilfe dieses längst veralteten Geräts wurde er künstlich beatmet und konnte so für kurze Zeit am Leben gehalten werden.

Als Kind wusste ich nicht, was eine Eiserne Lunge ist – und streng genommen weiß ich es immer noch nicht –, aber allein die Vorstellung war so gruselig, dass sie sich seitdem in meinem Kopf manifestiert hat.

Und heute ist der Tag, an dem sie Realität wird.

Vor mir liegt der elendig dahinsiechende Dr. Frank in seiner Eisernen Lunge aus Schläuchen und Apparaten und schaut mich mit seinen großen, traurigen Augen an. Daneben sitzt meine weinende Mutter und hält seine Hand.

»Mensch, Robert«, schluchzt sie. »Was hast du nur gemacht? Ich versteh das nicht.«

Mein Vater hebt die Hand, berührt zärtlich das Gesicht meiner Mutter und wischt ihr mit dem Daumen eine Träne aus dem Gesicht, bevor er die Augen schließt.

Ich hole mir einen Stuhl aus der Ecke und setze mich zu den beiden ans Bett. Gleichzeitig steigt ein seltsamer Cocktail aus unterschiedlichen Gefühlen in mir hoch. Da ist die Trauer, meinen Vater so zu sehen, da ist die nackte Angst, ihn zu verlieren, aber da ist auch dieses wohlige Gefühl, dass es auf dieser Welt noch zwei Menschen gibt, die sich wirklich lieben. Und da ist noch etwas: Scham. Ich schäme mich dafür, dass ich meine Eltern noch vor wenigen Tagen verurteilt habe. Bereits vor meinem Outing. Verurteilt für die blauen Glasfläschchen, die schrillen Kirmesplatten und die immer gleichen Gulasch- und Grießpuddingsonntage. Aber das ist es, was sie haben: Verlässlichkeit. Im Gegensatz zu mir, der ziellos durchs Leben stolpert und sich von einem One-Night-Stand zum nächsten hangelt, sind meine Eltern nämlich angekommen. An ihrer Haltestelle. Und die ist überhaupt nicht hässlich.

»Guten Tag!«, tönt plötzlich eine Stimme hinter mir, und ich frage mich, was an einem Tag im verfickten Krankenhaus eigentlich gut sein soll.

Ein unangemessen attraktiver Arzt (Typ Udo aus der *Schwarzwaldklinik*) betritt das Zimmer und schüttelt mir die Hand.

»Tja«, sagt er und legt die junge Stirn in Falten. »Das ist schon eine komische Geschichte, was?«

»Eine komische Geschichte?«, frage ich irritiert. »Was soll das sein? Die medizinische Bezeichnung?«

»Nein, nein, natürlich nicht! Damit wollte ich nur das Gespräch einleiten!«

Dann folgt eine längere Pause, in der wir drei uns stumpf anschauen.

»Was ist nun mit meinem Mann?«, fragt meine Mutter, die als Erste die Fassung wiedererlangt hat.

»Er hat sich vergiftet«, sagt der Jungarzt. »Aber das ist noch nicht alles. Die Geschichte wird nämlich noch komischer.«

Dann atmet er tief ein und aus, um seinen Worten das nötige Gewicht zu verleihen.

»Okay, Herr Doktor!«, sage ich und merke, wie ich langsam sauer werde. »Kommen Sie doch bitte zum Punkt. Niemand braucht diese künstliche Spannung. Das hier ist nämlich nicht komisch. Überhaupt nicht komisch. Sie sind Arzt, und ich bin der Komiker. Ich schreibe hier die komischen Geschichten!«

Dr. Udo Brinkmann schaut mich überrascht an und geht dann Gott sei Dank schnell zum Wesentlichen über.

»Gut. Ihr Vater hat sich an einer Chemikalie aus dem letzten Jahrhundert vergiftet«, antwortet er trocken. Und Shit! Mir entfährt ein verzweifeltes, spitzes Lachen. Eine Übersprungreaktion, aber Dr. Udos Blick sagt deutlich: Ich hab doch gesagt, dass es eine komische Geschichte ist.

Ich blicke mit großen Augen zurück, bis ein klägliches »Wow« meine Lippen verlässt.

»Was denn für eine Chemikalie?«, fragt meine Mutter ängstlich. Er sagt ein Wort, das so unfassbar lang und kompliziert ist, dass ich es als miesester Schüler meines Chemie-Kurses unmöglich wiedergeben kann. Aber es klingt erschreckend gefährlich. Ich blicke auf meinen Vater, der reglos auf dem Bett liegt.

»Können Sie diesen Namen bitte noch mal wiederholen?«, frage ich.

»Aber natürlich«, sagt der Arzt verständnisvoll und schaut auf sein Klemmbrett.

»Der Name dieser alten Chemikalie lautet (wieder dieses Wort).« Und in dem Moment hakt in meinem Kopf etwas aus, denn das Nächste, was ich ihn sagen höre, ist: »Auch bekannt als Konrads Spezialkleber!«

Das kann nicht sein.

»Was?«

»Konrads Spezialkleber.«

Ich weiß genau, dass sein Mund ein anderes Wort formt, aber was bei mir ankommt, ist der Name einer Substanz, die ich seit meiner Kindheit als ähnlich rätselhaft und unergründlich empfunden habe, Konrads Spezialkleber, den Pippi Langstrumpf in dem Film *Pippi außer Rand und Band* von einem alten Hausierer bekommt. Und er ist so stark, dass sie mit ihren Freunden Tommy und Annika an der Decke entlanglaufen kann.

Völlig begeistert von dieser Szene, habe ich als Kind Wochen damit zugebracht, Konrads Spezialkleber herstellen zu wollen. In wildem Forscherwahn braute ich die unterschiedlichsten Sorten Uhu, Pritt, Pattex und Tesa in immer neuen Zusammensetzungen zusammen und fand zwar nicht die Rezeptur heraus, aber immerhin, dass man nach dem Schnuppern an diesen wundersamen Mixturen richtig gut drauf war.

Als ich irgendwann mehrere Tage hintereinander ziemlich verstrahlt zum Abendessen erschien, entdeckte meine Mutter mein kleines Kleberlabor, und dann war leider Schluss mit meiner Chemie- und Drogenkarriere. Das war umso ärgerlicher, weil meine Mitschüler gerade begonnen hatten, sich für meine Mischungen zu interessieren, und eine hoffnungsvolle Geldquelle augenblicklich wieder versiegte.

»Aus dem letzten Jahrhundert? Wie konnte mein Mann da rankommen? An dieses … na, dieses Zeug.«

»Konrads Spezialkleber«, murmele ich, als mich ihre Frage zurück ins Zimmer des Krankenhauses katapultiert. Rechts neben mir liegt mein Vater, umgeben von allerlei Schläuchen und fiependen elektronischen Geräten, daneben sitzt meine schluchzende Mutter, die ihm die Hand hält, und links von mir steht der fesche Jungarzt mit dem großen Klemmbrett, der mich jetzt verständnislos ansieht.

»Was?«

»Egal«, flüstere ich tonlos und schüttele den Kopf, und Dr. Udo Brinkmann wendet sich an meine Mutter.

»Wie er da rankam? Das kann ich Ihnen leider auch nicht sagen. Überlegen Sie mal! Gab es in letzter Zeit irgendetwas sehr Altes, mit dem Ihr Mann Kontakt hatte?«

»Oh Gott! Ich weiß es«, japst meine Mutter. »Das Fläschchen!«

»Das Fläschchen?«, fragen Udo und ich gleichzeitig und klingen dabei wie Harald und Eddi in ihrem miesesten Sketch.

»Na, das Fläschchen«, wiederholt meine Mutter. »Das blaue Fläschchen, das dein Vater auf dem Trödel gekauft hat, mit dieser komischen lateinischen Aufschrift. Du hast doch noch vorgeschlagen, er soll seinen Apfelsaft daraus trinken!«

Oh mein Gott. Plötzlich dreht sich alles um mich herum, und ich habe das Gefühl, wieder an einer meiner Uhu-Pritt-Pattex-Tesa-Mischungen geschnüffelt zu haben. Ich habe meinen Vater dazu aufgefordert, sich zu vergiften. Verdammt!

Bevor ich weiter darüber nachdenken kann, ob ich bald als Vatermörder in die Familienchronik eingehe, betritt meine Schwester das Zimmer, mein Patenkind im Arm, das die traurige Szene mit großen Augen beobachtet. Es schaut auf meine weinende Mutter – und bleibt tapfer. Es betrachtet die gespenstische Eiserne Lunge – und bleibt tapfer. Es fixiert meinen elendig dahinsiechenden Vater – und bleibt tapfer. Und dann sieht es mich und fängt augenblicklich an zu schreien. Bingo! Ich vergrabe das Gesicht in den Händen.

»Was hat Papa denn?«, fragt meine Schwester aufgewühlt. »Ist es schlimm?«

»Dein Vater hat sich mit einer Chemikalie aus dem letzten Jahrhundert vergiftet.«

»Was? Scheiße, Papa! Kannst du nicht *ein Mal* was Normales machen?«

Und in dem Moment hebt mein Vater den Kopf, schlägt die Augen auf und sagt den ersten Satz:

»Okay! Das nächste Mal falle ich einfach die Treppe runter.«

KAPITEL 20: ANTIPEINLICHKEITSFORMEL

Zwei Tage später haben die Ärzte einen Plan für die Kontraindikation. Meinem Vater geht es weiterhin beschissen, und die meiste Zeit ist er in einem Zustand des Deliriums, in dem er sich für Erwin Ebert hält und nonstop summend Orgelstücke komponiert, aber auf Messers Schneide balanciert er nicht mehr rum.

Zwei Abende, an denen ich hilflos im Bett lag und »In der Rolle des Vatermörders: Max Steinbach« an der Zimmerdecke las. Drei Tage ohne Markus, der weiter im Heimatlichen weilt, in denen ich mir alle Verfehlungen meines jungen Lebens wieder und wieder vorkaute. Drei Tage, in denen ich mir nichts sehnlicher wünschte als einen Arm, der mich hält und der nicht an meiner Mutter hängt.

Und dann wage ich es endlich, Tanja anzurufen. Beim dritten Versuch geht sie ran.

»Was?«

Zweifellos ist sie noch stinksauer. Ich schließe die Augen und beiße mir auf die Unterlippe, um die Tränen zurückzuhalten, bis ich Angst habe, dass stattdessen Blut kommt.

»Ich wollte mich entschuldigen, Tanja.«

Stille.

»Bist du noch dran?«

»Ich höre, ja.«

Vielleicht hätte ich mich besser vorbereiten sollen, denn ich habe keine Ahnung, wo ich anfangen soll zu erzählen.

»Ich hatte Gefühle für deinen Bruder«, höre ich mich sagen und weiß, dass das vermutlich nicht der beste Einstieg ist.

»Okay«, sagt sie. »Damit hatte ich jetzt nicht gerechnet.«

»Und deswegen habe ich mit dir Schluss gemacht, weil ich so verwirrt war und der Meinung, ich müsste dich auf eine seltsame Art schützen.« Ich kann ihr tiefes Ein- und Ausatmen hören. »Aber tatsächlich war ich nur zu feige, dir die Wahrheit zu sagen. Dass ich dich nicht damit belasten wollte, war ein Vorwand, den sich mein Kopf gebaut hat, um das nicht zuzugeben. Es tut mir leid.«

»Danke. Es tat weh.«

»Mir auch. Ich hab *den* Menschen in die Wüste geschickt, der mir am nächsten war, und ich war ziemlich alleine danach, wenn dir das hilft.«

»Zu Recht, Max.«

Ich nicke vor mich hin und versuche dem Drang zu widerstehen, den Wodka aus dem Kühlschrank zu holen.

»Aber es hilft mir jetzt, besser zu verstehen«, sagt Tanja nach einer Weile des Schweigens. »Ich dachte immer, wir wären uns so nah gewesen, dass du mir alles erzählen kannst, aber wer weiß, ob ich damit hätte umgehen können, zumindest in dem Moment.«

»Es wäre einen Versuch wert gewesen. Denn niemand stand mir damals näher als du, auch freundschaftlich, meine ich. Und mein Leben ist so eine Katastrophe gerade, dass ich neulich auf dem Riesenrad dachte, ich könnte die Zeit zurückdrehen. Ich *wollte* einfach die Zeit zurückdrehen und mich wieder geborgen fühlen. Das war egoistisch und blödsinnig und …«

»War es nicht, Max. Manchmal, wenn ich wieder einen dieser Idioten date, geht es mir auch so, dass ich mir die kleine heile Blase zurückwünsche, die wir damals hatten.«

Ich habe das Gefühl, ihre Worte trinken zu können wie ein Heilmittel. Es schmeckt ein bisschen bitter, doch die Aussicht auf Besserung süßt es.

»Aber ich denke, da ist auch viel Verklärung dabei«, redet Tanja weiter. »Ich hab erst nach dir festgestellt, was ein Orgasmus ist.«

Okay, es schmeckt doch ganz schön bitter. »Danke dafür, Tanja. Deine schonungslose Ehrlichkeit hat mir weniger gefehlt.«

Sie lacht dieses glockenhelle Lachen, und meine Mundwinkel zucken seit Tagen zum ersten Mal nach oben.

»Aber jetzt, wo ich weiß, dass du auf Sascha gestanden hast, denke ich, du warst auch nicht so richtig bei der Sache.«

Ein dämliches, aber befreiendes Lachen bricht aus mir heraus.

»Im Nachhinein …«, sagt sie, »… kommt es mir seltsam zufällig vor, dass er immer mit seinem knatternden Motorrad weggefahren ist, wenn wir gerade in meinem Zimmer rumgemacht haben. Als hätte er den Motor extra laut aufheulen lassen. Ehrlich gesagt glaube ich, Sascha stand auch ein bisschen auf dich.«

»Was?«

»Ja. Er war zwar nie eine Plaudertasche, aber in deiner Gegenwart hat er noch weniger gesagt. Und wie ich euch Jungs kenne, bedeutet das, dass ihr jemanden eher zu gut findet als zu doof.«

»Hey, hey, hey.«

»Beweis mir das Gegenteil.«

Längeres Schweigen.

»Okay, Tanja, Punkt für dich.«

Wow, ihre Worte kommen langsam in meinem Bewusstsein an. Vielleicht stand er auf mich. Der einsame James Dean, von dem ich mir sicher war, dass er homophob sein müsste. Ich würde zu gern wissen, was aus ihm geworden ist, aber das kann ich Tanja gerade unmöglich fragen, nicht in diesem wichtigen Gespräch, das wir führen.

»Frag schon«, sagt sie im nächsten Moment.

»Was macht er mittlerweile?«, platze ich heraus.

»Nun, er war ein kleines Licht bei den Hells Angels und sitzt derzeit im Knast. Aber nicht wegen der Bikergang, in der er, glaube ich, eher wegen der Typen war, sondern weil er die Alimente für seine Kinder nicht bezahlt hat und sie jetzt mittels Beugehaft abstottern muss.«

»Wow.« Aus dem melancholischen Bad Boy meiner Erinnerung wird im Handumdrehen eine Horrorversion.

»War ein Witz.«

»Was?«

»War nur ein Witz, Max. Er ist glücklich geschieden und hat eine Motorradwerkstatt in Köln-Deutz. Aber bitte kauf dir jetzt kein Motorrad.«

»Niemals. Ich glaube, ich will mit Liebe erst mal nichts mehr zu tun haben. Außerdem wäre ich fast zum Vatermörder geworden.«

»Was?«

Ich erzähle ihr die ganze Geschichte.

*

Es gibt diesen einen Bekannten, der immer nur dann vorbeischaut, wenn es einem beschissen geht: Herpes. Ich hasse den Arsch. Er verstärkt das Gefühl, unattraktiv und wertlos zu sein, und macht selbst Essen zu einem unangenehmen Prozess. Ganz abgesehen von der Außenwirkung, die ich heute gar nicht gebrauchen kann, denn Markus ist zurück, und ich will unbedingt ausgehen. Ich brauche das Gefühl von Leichtigkeit und Erlösung in meinem Leben. Zumindest für 24 bis 48 Stunden. Also renne ich panisch in die Apotheke, um eine Lippenherpescreme zu kaufen, und werde tatsächlich positiv überrascht: Es gibt mittlerweile neben der auffällig weißen Variante auch eine getönte lippenfarbige.

Antipeinlichkeitsformel, nennt es die Firma.

Jetzt hab ich eigentlich nur noch zwei Fragen:

1) Wieso kommt die millionenschwere Herpesindustrie erst nach Jahrzehnten auf diese naheliegende Idee?

2) Wann erfindet die millionenschwere Herpesindustrie endlich die Antipeinlichkeitsformel gegen das Wort Antipeinlichkeitsformel?

So etwas kann mich maßlos aufregen, wie die Persil Megaperls. Was ist das für ein Ungetüm von Wort? Es gibt Perlen, und es gibt Pearls. Perls ist ein denglischer Frankenstein, der beschissen klingt und sich auch nicht besser aussprechen lässt.

Aber egal. Ich sollte zur Abwechslung mal zufrieden sein, statt mich darüber aufzuregen, denn das macht Herpes bekanntlich nur schlimmer.

Als ich die Apotheke verlasse, klingelt mein Handy. Es ist Torben, der Headautor einer Comedyshow, die Fernsehparodien zum Thema hat.

»Hey, Max!«, sagt er laut und gewohnt selbstbewusst.

»Ich wollte ja noch mal anrufen wegen deinem *Wetten, dass..?*-Sketch!«

Torben hatte tatsächlich versprochen, sich zurückzumelden … vor zwei Monaten.

»Hat ein bisschen länger gedauert mit der Rückmeldung, weil ich hier ziemlich busy war!«

»Kein Problem«, lüge ich.

»Also, pass auf«, brabbelt Torben. »Da waren schon viele schöne Sachen dabei …«

»Ihr wollt den Sketch nicht machen, lieg ich richtig?«

»Nein. Also ja.«

Er ist über die Verneinung meines Satzes gestolpert und in ein grammatikalisches Schlagloch gefallen. Ich entscheide mich, ihm nicht herauszuhelfen. Er soll es ruhig noch mal sagen. »Was jetzt?«

»Also, ja, du lagst richtig. Nein, wir wollen den Sketch nicht.«

»Alles klar.«

»Ja … nee … Das darfst du jetzt nicht falsch verstehen.« Was gibt's daran falsch zu verstehen? »Aber in dem Sketch kommt Wolfgang Lippert vor, und den kennt der Timmy nicht mehr.«

»Wer?«

»Das ist mein elfjähriger Neffe. Der ist bei uns so eine Art Gradmesser, was die Sketche angeht.«

Instinktiv taste ich mit der Zunge meine Oberlippe ab. Der Herpespickel ist spontan gewachsen.

»Ist das dein Ernst?«, frage ich irritiert. »Ein Elfjähriger ist bei euch der Gradmesser für die Qualität der Sketche?«

»Nicht direkt für die Qualität«, windet sich Torben hörbar. »Aber wenn ich dem Timmy so einen Text zeige und der den nicht versteht, dann versteht den die Masse der Zuschauer auch nicht, verstehste?«

»Nee, versteh ich nicht.«

»Na, jetzt mal unter uns: Die meisten Zuschauer sind ja wirklich nicht die Hellsten. Und wenn das beim Timmy nicht funktioniert, dann funktioniert das bei denen auch nicht.«

Einhändig krame ich die Herpescreme aus meiner Jackentasche. Ich sollte sie dringend benutzen und versuche, die Tube mit fünf Fingern aus der Packung zu fummeln.

»Wolfgang Lippert hat *Wetten, dass..?* moderiert«, widerspreche ich. »Das ist die quotenstärkste Fernsehshow Europas!«

»Jaja«, wiegelt Torben ab. »Früher mal. In den Neunzigern. Aber da kann sich doch der Timmy nicht mehr dran erinnern, der war da ja noch nicht mal geboren.«

»Klar! Na, dann geht's natürlich nicht.« Ich hab die Packung irgendwie aufgefummelt, aber mit dem Ergebnis, dass die Cremetube in die widerlichste Pfütze fällt, die von hier bis Düsseldorf zu finden ist.

»Sorry, Max! Vielleicht beim nächsten Mal«, sagt Torben zerknirscht. »Du könntest stattdessen ein paar lustige Werbeverarschungen anbieten.«

»Dafür bin ich gerade viel zu busy!«, entgegne ich beleidigt. »Ich schreibe an meiner Autobiografie, und die muss ich meinem zweijährigen Patenkind noch zum Redigieren geben.« Dann lege ich auf.

Als ich erneut meine Lippe abtaste, könnte ich schreien. Der Herpespickel ist während des beknackten Gesprächs fast auf die doppelte Größe angewachsen und bedeckt nun die halbe Lippe. Allein mit uns frustrierten Comedy-Autoren könnte die Herpesindustrie noch mehr Millionen machen. Ich fische die Tube aus der Dreckbrühe und mache mich auf den Weg ins Büro. Besser, ich wasche sie erst gründlich ab, bevor ich irgendwas daraus an meine Lippen kommen lasse.

Unterwegs stelle ich mir vor, wie die Fernsehlandschaft wohl aussehen würde, wenn in allen deutschen TV-Redaktionen ein Timmy sitzen würde.

»Hey, Leute!«, ruft ein Nachrichtenredakteur aufgeregt. »Da ist gerade eine Meldung reingekommen, die noch schnell in die Nachrichten muss: Im Marriott in Islamabad hat sich ein religiöser Selbstmordattentäter in die Luft gesprengt und Hunderte Urlauber in den Tod gerissen!«

»Tatsächlich?«, fragt der Nachrichtenchef nervös. »Das muss jetzt zack, zack gehen. Hast du die Meldung schon dem Timmy gezeigt?«

»Oh, Scheiße«, winselt der Redakteur. »Das hab ich ganz vergessen.«

»Mann, du Idiot! Du weißt doch, dass alles erst dem Timmy vorgelegt werden muss. Jetzt mach hin!«

Der Redakteur hetzt schnaufend ins nächste Büro und reißt die Tür auf.

»Timmy! Timmy!«, ruft er. »Hier ist noch eine Meldung, die du abnehmen musst.«

Ein kleiner Junge mit zerzaustem Haar guckt genervt hinter seiner Playstation hervor.

»Maaannn, eure Scheißeilmeldungen gehen mir voll auf den Piss«, stöhnt er. »Du weißt doch, dass meine *Final Fantasy*-Prepaid-Gamecard nur noch bis heute Abend gültig ist.«

»Jaja, weiß ich. Aber das hier ist echt wichtig. Bitte lies es.«

Er reicht Timmy das Blatt, und er überfliegt es.

»Hä? Kapier ich nicht. Was heißt das?«

»Na, das heißt, dass sich ein religiöser Selbstmordattentäter im Marriott in Islamabad selbst in die Luft gesprengt und dabei Hunderte Urlauber in den Tod gerissen hat!«

»Echt?« Timmy beginnt zu lachen. »Voll der Doof! Sprengt der sich selbst in die Luft.«

»Das war beabsichtigt, Timmy. Das war religiös motiviert.«

»Was ein Heini«, kichert Timmy immer noch und schüttelt den Kopf. »Explodiert der sich selbst. Also, das müsst ihr unbedingt bringen. Das ist echt mal ’ne geile Panne.«

»Äh … okay.«

Gerade als der Reporter das Büro verlassen will, pfeift ihn Timmy noch einmal zurück.

»Eine Sache noch«, sagt er, während er sich wieder der Playstation zuwendet. »Das mit dem Religionszeug und dem Schwimmbad lasst ihr aber weg, ’ne? Kapiert eh keine Sau.«

In letzter Sekunde reicht der Reporter die aktuelle Meldung herein, und die Sendung beginnt.

»Guten Abend, meine Damen und Herren! Hier ist das Erste Deutsche Fernsehen mit der *Tagesschau*«, sagt ein seriöser Nachrichtensprecher. »Irgendwo da draußen hat sich voll der Doof selbst explodiert. Und jetzt zu den Spiele-News.«

Bevor ich mich wieder ans Betexten einer Pannenshow setze, frage ich mich, wie wohl ein Selbstmordattentat aussieht, wenn man es mit flotter Musik, witzigen Geräuschen und ein paar amüsanten Sprüchen unterlegt.

KAPITEL 21: TU BUSSE!

Mein Freund Herpes scheint genauso heiß auf Ausgehen zu sein wie ich. Aufgehen, in seinem Fall, denn die Blase an meiner Lippe ist zum Platzen gespannt.

Geholfen hat die Antipeinlichkeitsformel seit gestern wenig, aber zum Abdecken reicht es aus.

Gerade als ich mich frage, wo Markus zum Vorglühen bleibt, klingelt es Sturm.

»Markus Montana has now entered the building!«, höre ich ihn aus dem Treppenhaus rufen.

Anscheinend hat er tatsächlich Koks für die große *Bergpredigt* besorgt und uneigennützig schon mal davon gekostet.

Extrem selbstbewusst und mit unnatürlichem Glanz in den zusammengekniffenen Augen betritt er die Wohnung und mustert mich.

»Hast du Herpes?«, fragt er.

»Verfickte Scheiße!«, antworte ich. »Ich dachte, das sieht man nicht.«

»Keine Sorge, Mäxchen! Im Club ist es ja dunkel. Da fällt das nicht auf. Und du darfst nicht die ganze Zeit dran denken, sonst wird's nur schlimmer!«

»Wow, das ist der beste Tipp, den ich bisher gehört habe. Warum hat das nicht viel früher jemand gesagt?«

Bei Herpes überbieten sich die Mitmenschen ja mit schwachsinnigen Bemerkungen. Markus' Tipp hat sich soeben in die Top Drei katapultiert, direkt hinter:

Ich krieg das immer, wenn ich mich vor etwas geekelt habe.

Und: Geh mal zu meiner Heilpraktikerin, die kann das *besprechen*. Hat bei mir echt geholfen.

Ich gehe stattdessen zum Kühlschrank, hole den Wodka und vier Fläschchen Krating Daeng hervor, das original Red Bull aus Thailand, und bringe alles ins Wohnzimmer, wo sich Markus schon auf der Couch breitgemacht hat.

Stolz holt er sein abgewetztes Carhartt-Portemonnaie hervor und klatscht ein in Alufolie verpacktes Päckchen auf den Tisch. Es ist erschreckend groß.

»Scheiße, ist das alles Koks?«

»Jep«, antwortet Markus und illuminiert mit dem Strahlen in seinen Augen die komplette Wohnung. »Alles Coca! Alles Charly, Schnee, Persil, Sternenstaub, Nasengold ... kolumbianisches Marschierpulver.«

Er sucht nach mehr Worten, aber sich zu konzentrieren, fällt ihm schon in nüchternem Zustand nicht so leicht.

Er öffnet das Päckchen und verteilt eine ordentliche Portion auf meiner Fernsehzeitschrift. Charlie Sheens Gesicht auf dem Cover ist komplett bedeckt.

»Lass uns bis später damit warten«, sage ich.

»Nee, lieber jetzt, Max, ich fühl mich komisch.« Er sucht in seinen Jackentaschen, vermutlich nach dem Strohhalm, und macht mich völlig nervös mit seiner Hibbeligkeit. Er scheint sich in doppelter Geschwindigkeit zu bewegen. So etwas habe ich das letzte Mal als kleines Kind gesehen, als ich mein Goldfischglas unwissend auf die Heizung gestellt habe.

»Weißt du, wie sich mein Leben momentan anfühlt?«, setze ich an, um ihn abzulenken. »Es fühlt sich an, als säße ich die ganze Zeit in einem Zug. Ein Zug, der immer weiter und weiter fährt. Ich will unbedingt aussteigen, aber je weiter der Zug fährt, desto hässlicher werden die Haltestellen. Also bleibe ich sitzen und warte.«

Markus hört auf zu suchen und lehnt sich auf der Couch zurück. »Und weißt du, wie ich mich fühle?«, fragt er. »Ich glaube manchmal, ich bin wie die Uhr auf einem dieser komischen Dalí-Bilder. Ich hab den Eindruck, ich werde jeden Tag schiefer und schiefer!«

»Wie meinst du das?«, frage ich, überrascht über Markus' interessante Metapher.

»Na, wenn ich mich im Spiegel anschaue, hab ich den Eindruck, die rechte Seite verzieht sich irgendwie nach oben. Mein rechtes Bein wird länger, das rechte Auge rückt nach oben, die rechte Schulter sitzt höher als die linke … Weißt du, was ich meine?«

»Moment mal … das war keine Metapher? Du glaubst *wirklich,* du wirst immer schiefer?«

»Ja! Sag ich doch. Mein rechtes Ei ist irgendwie auch höher gerutscht als das linke.«

Ich sacke in mich zusammen. »Was hat denn das jetzt mit meiner Bahn-Metapher zu tun?«

»Keine Ahnung. Ich weiß nicht mal, was 'ne Metapher ist.«

»Markus!«, sage ich eindringlich. »Du bist einfach ein bisschen zu oft drauf zurzeit! Nichts an dir ist schief. Also zumindest nichts, was ich … also, was ich sehen kann. Und dein linkes Ei ist sicher auch in Ordnung.«

Ich schnappe mir die Fernbedienung, denn gleich beginnt *Wetten, dass..?*. Das wird uns ablenken, und außerdem ist es mein liebstes Vorglühritual.

»Och nee«, stöhnt Markus, als er es merkt.

»Komm schon!«, quengle ich. »Du weißt doch, was mir das bedeutet! Danach mache ich auch alles, was du willst.«

Wetten, dass..? ist eine wichtige Konstante in meinem Leben, die mir wie kein anderes Fernsehformat das Gefühl von Geborgenheit vermitteln kann. Und zwar bis heute. Wie bei den meisten aus meiner Generation geht das natürlich auf die Achtziger zurück: Frisch gebadet, noch in den Frotteebademantel oder wahlweise -schlafanzug gehüllt, saßen wir Kinder mit einer heißen Tasse Kakao vor dem Fernseher und teilten einen harmonischen Fernsehabend mit unseren Eltern. Egal, welche Streitigkeiten es vorher gegeben hatte, in diesen zwei Stunden war alles gut. Und meistens verschoben sich die nachfolgenden Sendungen auch auf unbestimmte Zeit. In diesen mehr als zwei Stunden waren wir die traute Einheit, die wir wenige Minuten zuvor bei *Ich heirate eine Familie* gesehen hatten.

Wetten, dass..? ist ein Dinosaurier.

Wetten, dass..? war immer schon da.

Und *Wetten, dass..?* wird immer da sein. Im Gegensatz zu den Dinosauriern.

Da können arrogante Affen wie Dieter Bohlen noch so oft gegen die deutsche Piefigkeit schimpfen. *Deutschland sucht den Superstar* wird vergehen wie Bohlens beknackte Modern-Talking- und Blue-System-Platten, die in der Retrospektive nur noch eins sind: Trash.

Aber *Wetten, dass..?* wird bleiben. Niemand wird uns die

Frotteehülle der Geborgenheit nehmen, die unsere zitternden Seelen vor dem Abgrund bewahrt.

Herzlichst, Ihr Franz Josef Wagner.

»Du musst das verstehen«, sage ich zu Markus, als die Titelmusik verstummt ist. »Ich hatte bei dieser Show zum ersten Mal die Idee, zum Fernsehen zu gehen.«

»Ach ja? Und ich hatte bei dieser Show zum ersten Mal die Idee umzuschalten!«

Aber Markus ist genauso verlässlich wie *Wetten, dass..?*. Obwohl er schimpft und stöhnt, ist er jedes Mal hier, um die Show mit mir zu schauen. Den anderen trotz seiner Vorlieben zu mögen und gleichzeitig deswegen zu beschimpfen, ist ein wesentlicher Teil unserer Freundschaft. Anders ist auch nicht zu erklären, dass ich das gesamte Spätwerk von Jean-Claude Van Damme im Kino gesehen habe.

Als Thomas Gottschalk die Bühne betritt und das wohlige Gefühl von Verlässlichkeit vermittelt, das ich so schätze, muss ich wieder an meinen Vater denken. Den ganzen Morgen habe ich an seinem Bett gesessen und versucht, ihn zum Lächeln zu bringen. Die Situation bleibt kritisch und rätselhaft, aber langsam geht es aufwärts.

»Du hast deinen Vater nicht vergiftet«, sagt Markus, als hätte er meine Gedanken gelesen. »Daran denkst du doch gerade, oder?«

Ich nicke erstaunt.

»Das ist totaler Bullshit! Versuch das doch heute mal zu vergessen. Du kannst jetzt eh nichts mehr ändern. Und mein kleiner Freund hier ist extra vorbeigekommen, um dir dabei zu helfen!«

Was? Sein kleiner Freund? Als er das Kokspäckchen vom

Tisch nimmt und damit wedelt, klingelt es plötzlich an der Tür.

»Alter, diese Klingel macht mich fertig. Wer zur Hölle ist das?«, fragt er erschrocken. »Ich dachte, Elmar treffen wir erst auf der Party.«

»Tun wir auch.« Ich öffne die Tür, und ein trauriges, müdes Gesicht erscheint.

»Es tut mir wirklich leid, Junge«, sagt meine Mutter. »Aber mir geht's gerade nicht so. Die Sache mit Papa … Kann ich was bei dir bleiben?«

»Mama.« Ich fühle die Rührung wie eine Welle, die über mich rauscht, und nehme sie in den Arm. »Na klar, komm rein. Kein Problem.«

Ich führe sie ins Wohnzimmer, wo ein gestresster Markus gerade damit beschäftigt ist, das Gesicht von Charlie Sheen abzuwischen.

»Hallo, Markus«, sagt meine Mutter freudig und blickt Richtung Fernseher. »Mensch … ihr schaut *Wetten, dass..?*. Das ist ja schön. Kann ich mitgucken?«

Die Überraschung in ihrer Stimme ist unüberhörbar. Was auch immer sie glaubt, was zwei Mittzwanziger an einem Samstagabend tun, es ist definitiv nicht *Wetten, dass..?*-Schauen.

»Na klar«, antworten Markus und ich unisono.

Meine Mutter setzt sich auf die andere Couchseite, ich mich zwischen sie und Markus, und dann ist es fast so wie damals. Zwei Generationen sitzen vor dem Fernseher und schauen Thomas Gottschalk beim Moderieren zu. Ich denke ernsthaft darüber nach, einen heißen Kakao für uns zu machen.

Als Yvonne Catterfeld ihren aktuellen Song auf dem Bildschirm anstimmt, schaff ich es genau bis zu der Zeile

»Wie ’n Wasserfall versprichst du immer mehr, am Himmel sind schon keine Sterne mehr«, bevor ich aufstehe und tatsächlich Kakao mache.

»Hach, die Yvonne«, höre ich meine Mutter verträumt von der Couch sagen und schiele zu Markus, der sich in den Polstern der Couch windet. Dann überprüfe ich, wie lange die Packung Kaba das Haltbarkeitsdatum überschritten hat. Sechs Monate, na ja, geht noch.

»Ich find die Yvonne ganz toll. Du auch, Markus?«, fragt meine Mutter ein paar Meter weiter ahnungslos, und ich klappere laut mit dem Topf in meiner Hand, um ihm aus der Patsche zu helfen. Er schickt ein dankbares Lächeln in meine Richtung.

»Mach doch mal leiser, Max, ich kann die Yvonne gar nicht hören«, ruft meine Mutter.

»Ja, genau«, ruft Markus heuchlerisch hinterher, und meine Mutter strahlt ihn wie einen Verbündeten an. Ein Grinsen explodiert auf meinem Gesicht, und ich könnte vor dämlicher Rührung überkochen wie der Kakao vor mir.

Etwas später, als Thomas Gottschalk einer aufstrebenden deutschen Jungschauspielerin höchstselbst aus den drückenden High Heels hilft, worum sie nicht gebeten hatte, bricht plötzlich ein Tumult aus, der ihn von seiner aktuellen Beschäftigung ablenkt. Etwas scheint im Studio vor sich zu gehen. Jemand ruft etwas. Die Worte »Tu Buße, Thomas!« sind mehrfach hintereinander zu hören, und dann schwenkt die Kamera kurz ins Publikum, wo ein Mann steht und offensichtlich mit Flugblättern um sich wirft. Als drei Männer in schwarzen Anzügen neben ihm auftauchen, Sicherheitspersonal vermutlich, klammert sich der Typ am Eisengeländer vor der Publikumsreihe fest, und die Kamera schwenkt weg auf die Promicouch. Aber das Wort *Schwulenfreund*, das er ruft, ist noch deutlich zu hören.

Meine Mutter gefriert neben mir, woraufhin auch ich gefriere und Markus flüstert: »Hat er grad Schw…«, bevor er selbst abbricht.

Eine plötzliche Stille legt sich über unsere Couch, genau wie über die am Bildschirm. Thomas Gottschalk findet als Erster die Fassung wieder und redet wahlloses Zeug, das ich nicht mehr registriere. Allerdings registriere ich die Hand, die sich in meine schiebt, und die Fingerspitzen, die beruhigend über meine Handfläche streichen. Es ist Markus, und ich bin ihm gottverdammt dankbar für diese Geste. Da ist er wieder: der Elefant im Raum zwischen mir und meiner Mutter. Der Elefant, über den wir kurzzeitig eine Tarndecke werfen konnten seit der Vergiftung meines Vaters und der jetzt, tadaa!, äußerst effektvoll wieder enthüllt wird.

Meine Mutter räuspert sich unangenehm berührt und fragt dann vorsichtig: »Der junge Mann, mit dem ich dich neulich gesehen habe … ist das was Ernstes?«

Jetzt friert Markus neben mir ein, und ich drücke seine Hand.

»Nee, Mama, das wird nix.«

Sie nickt und wechselt dann schnell das Thema. »Markus, du könntest doch mal wieder zum Gulasch vorbeikommen.«

Markus lässt meine Hand los und sagt: »Gerne, Frau Steinbach. Wollen wir langsam mal los, Max?«

Ich wende mich an meine Mutter. »Ich kann aber auch bei dir bleiben, wenn du dich nicht gut fühlst.«

»Quatsch«, sagt sie und winkt ab. »Geht ihr mal raus.

Ich will jetzt eh ein bisschen allein sein. Wenn das hier vorbei ist …«, sie zeigt auf *Wetten, dass..?*, »bin ich müde genug, um nach Hause zu fahren und zu schlafen.«

Ich drücke sie fest an mich, bevor ich aufstehe und Markus zur Wohnungstür folge.

»Einen schönen Abend, Jungs«, wünscht sie und nimmt mein Gesicht in die Hände. »Und denk nicht die ganze Zeit an deinen Herpes. Dann wird's nur schlimmer!«

KAPITEL 22: BERGPREDIGT

Auf dem Weg in den Club kommt mir alles um mich herum seltsam vor. Die Straßen und die Gebäude wirken unecht, als wären sie aus billigem Pappmaché, das jeden Moment in sich zusammenfallen könnte. Unscharf und ohne Kontraste.

Nur Markus nicht. Er läuft neben mir und sieht aus wie in die Kulisse reingeschnitten – in satten, fast vibrierenden Farben.

»Alter?«, sagt er und stupst mich an. »Was kann ich tun, damit sich deine Laune bessert? Ein ruhiges Plätzchen und 'ne Line?«

Die Lösung, die keine ist, liegt nahe, und ich wehre mich nicht weiter. Manche nehmen Psychopharmaka, um sich zu helfen, und ich eben Pep.

»Und gerade ...« Er schaut sich um, um sich zu orientieren. »... fällt mir der perfekte Ort dafür ein.«

Markus zieht mich in eine Seitenstraße, und wir verlassen den direkten Weg zum Club.

»Nur damit du es weißt«, sagt er, während ich ihm folge. »Diesmal bin ich wirklich durch mit *Wetten, dass..?*. Noch mal guck ich mir den Scheiß nicht an, nicht mal dir zuliebe. Weißt du noch, letztes Jahr die Sache mit den knutschenden Russinnen? In welcher Welt leben wir denn?«

Ich erinnere mich genau an die Sendung aus dem Frühjahr 2003. T. A. T. u., ein russisches Popduo, war mit dem internationalen Hit »All the Things She Said« eingeladen. Im Video zum Song knutschten die beiden heftig rum. Thomas Gottschalks Kommentar vor dem Song war eigentlich noch ganz lustig: »Wenn die zwei sich gleich küssen«, sagte er oder so ähnlich, »… denken Sie sich nichts dabei. Es könnten ja Schwestern sein.«

Aber dann schwenkte die Kamera im Moment des Kusses weg in die Halle und blendete erst wieder auf das Duo, als sie weitersangen. Das war selbst Markus zu blöd, und er wurde so wütend, dass er meinen Bildschirm mit Gummibärchen bewarf, bis sie kleben blieben.

Er hält unvermittelt an, und ich laufe fast in ihn rein.

»Hier sind wir.«

Wir stehen vor einer Kirche. Grellgelb angestrahlt, schaut sie auf uns herab wie eine mahnende Instanz.

»Wofür?«, frage ich irritiert.

»Warte ab!« Markus eilt zur großen hölzernen Eingangspforte, drückt den Eisenknauf, und sie öffnet sich tatsächlich mit einem lauten Knarzen.

»Komm schon«, zischt er. »Der Heiland erwartet dich zur Bergpredigt!« Er beschreibt einen Halbkreis mit seinem Arm, wie ein Zirkusdirektor, der das Publikum in die Manege bittet. Die große Bergpredigt, klar, die hatte ich längst wieder vergessen.

»Du bist verrückt, Markus, aber in deiner Verrücktheit bist du wenigstens konsistent.« Ich schließe zu ihm auf.

»Ich hoffe, das ist ein Kompliment, Alter«, sagt er grinsend, und wir gehen gemeinsam durch die Tür, schreiten fast feierlich durch die leeren Sitzreihen Richtung Altar. Auf dem Weg dorthin erfrischt sich Markus blasphemisch am Weihwasserbecken. Dann geht er zur Kanzel und fuchtelt ein paar sinnfreie, aber gewichtig wirkende Gesten in die Luft. Ich setze mich in die erste Reihe und befürchte ernsthaft, dass wir für das, was hier gleich passiert, in die Hölle kommen werden.

»Selig sind, die arm vor Gott sind, denn ihnen wird das Himmelreich gehören«, sagt Markus und breitet die Arme theatralisch aus. Das Licht der Außenbeleuchtung fällt sanft durch die großen Kirchenfenster und leuchtet ihn perfekt aus. Die Hälfte seines Gesichts liegt im Schatten. Er sieht unglaublich schön aus.

»Selig sind die Trauernden, denn sie werden getröstet werden.« Hier macht sich bezahlt, dass Markus genau wie ich Messdiener war. Der Text ist halbwegs korrekt, und vielleicht kommen wir ja doch nicht in die Hölle.

»Ich bin das Licht der Welt. Und ich bringe euch …« Er holt das Päckchen mit dem Koks aus seiner Hosentasche und hält es wie den Abendmahlsbecher mit beiden Händen in die Höhe. »… Erleuchtung … mit dem Salz der Erde!«

Okay, jetzt entfernt er sich vom Original.

»Lasst uns gemeinsam ein Gebet sprechen: das Puderunser!«

Die Hölle wird immer wahrscheinlicher.

»Aufstehen«, sagt er streng, und ich erhebe mich von meiner Bank und falte die Hände.

»Puder unser im Päckchen«, beginnt er schwülstig und wedelt andächtig mit dem Koks herum. »Geheiligt sei deine Wirkung / Mein Rausch komme / Dein Wille geschehe / Wie in der Kirche, so auch auf der Party.«

Plötzlich ist ein leises Klappern zu hören, und wir schauen uns erschrocken um. Aber da ist niemand. Zumindest keiner, den wir sehen können. Kann man den Teufel eigentlich sehen, oder erscheint er nur als schwefeliger Geruch?

»Markus«, sage ich leicht panisch. »Lass uns lieber abhauen!«

»Abhauen?«, fragt er erstaunt. »Wir haben doch noch gar nicht angefangen.«

Dann geht er zum Altar, öffnet das Päckchen und bestreut ihn mit einer beachtlichen Menge vom Salz der Erde.

»Markus!« Mit ein paar großen Schritten bin ich neben ihm. »Das können wir echt nicht bringen!«

»Doch, Max, so, wie du vorhin zusammengezuckt bist, als der Typ ›Tu Buße‹ und ›Schwulenfreund‹ gerufen hat ... Wir müssen dich ein für alle Mal von deinem inneren Katholiken befreien. Den treiben wir jetzt aus. Dein Schulddings mit deinem Vater genauso. Du machst dir noch so lange Gedanken, bis du die Lust auf alles verlierst«, sagt er unbeeindruckt und setzt seine Bergpredigt fort. »Unseren täglichen Kick gib uns heute / Und verschon uns mit deiner Schuld.«

Er formt zwei Lines aus dem Pulver.

»Wie geht's noch mal weiter, Max?« Er zwinkert mir auffordernd zu. Ich zögere, aber im Grunde hat er recht.

»Wie auch wir vergeben unseren Schuldigern.« Schon wieder dieses Geräusch. Hastig forme ich aus einem Zwanziger ein Röhrchen, beuge mich über den Altar und ziehe die Line durch meine Nase. Als auch Markus ansetzen will, wird aus dem Geräusch plötzlich ein lautes Poltern.

»Was ist denn hier los?«, fragt eine tiefe, eindringliche Stimme.

Gott? Bist du's?

Wir heben die Köpfe und sehen einen Priester, der wutschnaubend vor der Sakristei steht.

»Wer seid ihr?« Er kommt auf uns zu.

»Ich bin der Heiland«, antwortet Markus und beugt sich wieder über den Altar. »Und ich bringe meinem Freund hier die dringende Erlösung. Wollen Sie auch?«

Der Priester bleibt stehen, fixiert uns und versucht zu begreifen, was hier gerade passiert. Dann wischt er sich über die Augen, als würde ihm die Szenerie zu unglaubwürdig erscheinen, um real zu sein.

Markus zieht die Line und erhebt erst sich und dann den Zeigefinger. »Und führe uns oft in Versuchung / Und bringe uns …« Er weist auf mich. »Schwänze und Mösen / Denn dein ist der Rausch in Ewigkeit / Samen!«

Das ist übel. Schnell greife ich Markus' Hand und zerre ihn hinter mir her aus der Kirche. Als wir den Kreuzgang durchqueren, höre ich den Priester noch einen letzten Satz rufen. Er hallt donnernd von den Wänden wider.

»Dafür kommt ihr in die Hölle!«

Na toll, denke ich, jetzt ist es offiziell.

»Die gibt es nur in den Köpfen von euch Spinnern!«, ruft Markus erbost zurück, und ich knalle die Tür schnell hinter uns zu.

»Scheiße«, keuche ich immer wieder vor mich hin, während wir rennen und rennen, bis Markus mich abrupt mit einer Hand auf meiner Schulter stoppt und sich vor mich stellt.

»Max«, sagt er atemlos und fixiert meinen Blick. »Jetzt komm mal runter. Das war gerade nicht nett, aber wir sind weder eingebrochen, noch haben wir irgendwas kaputt gemacht.«

Ich schüttle aus irgendeinem Grund den Kopf, und er legt beide Hände an meine Wangen.

»Du glaubst die Sache mit der Hölle nicht wirklich, oder?«

Er hält meinen Kopf still, und ich schaue ihn an. Die blonden Locken fallen ihm in die Stirn, vom Rennen leicht verschwitzt, sodass sie sich kringeln. Und dann lächelt er ein so unschuldiges, mitfühlendes Lächeln, dass er fast wie ein Engel aussieht. Mein Blick fällt auf seine Lippen, und ich sehe die Zungenspitze, die für Augenblicke darüberleckt.

»Keine Ahnung«, murmele ich verlegen und senke schnell den Blick. Er lacht leise und hebt mein Kinn mit dem Zeigefinger, bis sich unsere Blicke treffen.

»Lass uns zur Sicherheit ausschließen, dass es eine Hölle gibt«, flüstert er, und einen Wimpernschlag später spüre ich seine Lippen auf meinen. Sie sind warm, ein bisschen aufgesprungen, und ich könnte schwören, dass ich einen kurzen Stromschlag spüre. Ich stöhne überrascht auf, aber das Geräusch wird verschluckt von seinem Mund, der sich leicht öffnet. Er leckt mit der Zungenspitze sacht an meiner Unterlippe, und ich öffne meine Lippen für ihn. Als seine Zunge meine berührt, passiert in meinem Magen dasselbe wie bei plötzlich auftauchenden Turbulenzen im Flugzeug. Ich grabe die Finger in sein Haar, um mich zu fangen.

Der Geschmack seines Munds haut mich fast um. Er schmeckt nach Kakao und etwas verführerisch Herbem. Ich weiß nicht mal im Entferntesten, womit ich es vergleichen soll. Es muss *er* sein. Ein tiefes Seufzen erklingt irgendwo tief in Markus' Kehle, und ich könnte schwören, dass ich die Vibration in meinem ganzen Körper spüre. Seine Hände wandern über meine Wangen, den Nacken, die Schultern, die Rippen, sogar über meine Hüften, als könnte er sich nicht entscheiden, wo er sie zuerst hinlegen will, als wollte er jede Stelle an mir gleichzeitig berühren. Was passiert hier?

Markus scheint dasselbe zu denken, denn er schiebt mich blitzartig von sich und schaut mich überrascht an. Seine Pupillen sind riesig. Es ist fast nichts mehr vom Blau seiner Iris zu sehen. Ist das vom Koks oder von dem Kuss, der irgendwie eskaliert ist?

»Siehst du«, murmelt er und weicht meinem Blick aus. »Nix passiert. Keine Höllenhunde oder so was.«

Dann setzt er sich in Bewegung, und ich stolpere hinter ihm her.

*

Zwanzig schweigsame Minuten später sind wir in der »Werkstatt«, auf einer weiteren multisexuellen Party, die Brot & Spiele heißt.

Hier oben läuft das übliche Indie-Gedröhne, und aus dem Keller schallen stumpfe House- und Trip-Hop-Beats. Dazwischen die gleichen Gesichter wie bei 3klang. Alles ist wie immer. Und gleichzeitig nicht. Markus hat sich sofort irgendwohin verabschiedet, und in meinen Gedanken spielt sich dieser Kuss in Dauerschleife ab, wie eine Platte mit einem Sprung. Fast bin ich dankbar, dass jetzt eine andere Platte mit Sprung namens Elmar vor mir steht und auf mich einredet.

»Max, hast du Nina gesehen? Komisch, dass sie nicht da ist. Dahinten! Nee, das ist sie nicht. Ob was mit ihr ist?«

Ich lasse den Blick durch die Menge schweifen, obwohl es mir völlig egal ist, ob Nina da ist. Meine Augen suchen nach Yuma. Das Koks lügt mir vor, dass das eine gute Idee wäre. Dahinten … dahinten ist jemand, den ich kenne, aber überhaupt nicht einordnen kann.

Er ist ungefähr in meinem Alter, trägt eine viel zu enge Karottenjeans und eine blöde Berlin-Hornbrille, von der ich wetten könnte, dass sie aus Fensterglas ist.

Er fixiert mich und winkt mir zögerlich zu. Ich winke noch zögerlicher zurück. Wer ist der Kerl?

»Elmar, guck mal. Wer ist das da? Kennst du den?«

Er folgt kurz meinem Blick und schüttelt gelangweilt den Kopf. Umso eindringlicher fängt er plötzlich an, mich anzustarren.

»Hast du Herpes?«

»Ja«, antworte ich resigniert. »Sieht man das so deutlich?«

»Nee … überhaupt nicht. Ist ja dunkel hier.« Er lügt, um mich zufriedenzustellen.

»Aber du hast es doch gerade gesehen.«

»Ja, gut …«

»Also sieht man es doch?«

»Ja«, gibt er zerknirscht zu. »Schon sehr deutlich. Aber ich wollte dich nicht verunsichern. Du darfst halt nicht zu sehr dran denken. Dann wird's besser.«

Zu spät, Elmar, denke ich, zu spät, und will mich auf den Weg zu den Toiletten machen, um mir mehr von der getönten Paste auf die Lippe zu schmieren. Erst jetzt fällt mir auf, dass Markus mich *trotz* meines Herpes geküsst hat, und diese Information bringt mich vollends ins Straucheln.

Und da ist er auch schon. Als hätte er sich aus meinen Gedanken materialisiert, kommt er mir aus Richtung der Toiletten entgegen und scheint noch mehr Koks gezogen zu haben, denn seine Nasenflügel sind weiß.

»Hey, Alter«, sagt er und weicht meinem Blick aus. Oder bilde ich mir das ein? Seine Augen weiten sich, und ich folge seinem Blick, um zu sehen, was er sieht.

Auf der anderen Seite der Tanzfläche zwängt sich Yuma durch das Gedränge. Er hält einen Longdrink in der Hand und trägt das gleiche T-Shirt wie beim ersten Mal, *Queen of the Fucking Universe.* Gerade als er auf die Tanzfläche gehen will, entdeckt er mich, und seine Augen blitzen erschrocken auf. Er überlegt kurz und zieht sich wieder zurück ins Gedränge.

»Super Auftritt«, sage ich bitter. »And the Oscar goes to …«

»Soll ich ihn für dich verprügeln?«, fragt Markus.

»Auf keinen Fall.«

»Was willst du eigentlich, Max? Ich dachte, das hast du abgehakt.«

»Hey, hey, ist ja gut. Einfach so ignorieren ist doch scheiße. Und es tut halt auch noch weh.«

»Lass uns was ziehen gehen.«

*

Sechs Bier, vier Wodka Red Bull, zwei Lines und eine Ecstasy später. Wie viel Uhr ist es eigentlich? Egal. Zeit ist unwichtig. Sie existiert gar nicht. Denn ich stehe mit Yuma im Arm wild knutschend in einer Ecke. Anscheinend ist er so voll, dass er meinen Herpes nicht bemerkt. Oder es ist ihm einfach egal.

»Ich liebe dich«, flüstert er in mein Ohr.

»Ich liebe dich auch«, entgegne ich, obwohl ich weiß, dass diese Situation nicht richtig ist, dass alles gespielt ist. Dass es sich unecht und marode anfühlen sollte, wie die

Straßen, durch die wir gelaufen sind. Aber ich bin berauscht. Und deshalb bin ich glücklich. Und nur das zählt.

»Ich komme gleich wieder«, lalle ich und streichle Yuma durchs Haar. Dann gehe ich nach unten, um auf der Toilette eine weitere Line zu ziehen. Ich will noch glücklicher werden. Ich will das »Ich liebe dich« glauben können.

Irgendwann finde ich mich auf der Tanzfläche wieder und habe weder eine Ahnung, wie ich wieder hierhergekommen bin, noch, wie viel Zeit inzwischen vergangen ist. Wie lange ist es her, dass ich Yuma geküsst habe? Keine Ahnung. Wie ist es überhaupt dazu gekommen? Kein Plan.

Daft Punks »One More Time« dröhnt tierisch laut aus den Boxen und berauscht mich noch mehr. Ich stehe inmitten einer Wolke aus Kunstnebel, Zigarettenqualm, Schweiß und Parfüm und versuche mich zu orientieren, drängle mich durch die zuckenden Körper und inspiziere jedes Gesicht auf dem Weg ganz genau. Ich bin völlig betrunken und habe doch das Gefühl, alles ganz klar zu sehen. Und dann erblicke ich Markus. Zumindest seine Rückseite, seine blonden Locken. Er steht knutschend am Rand der Tanzfläche, und mein Magen zieht sich zusammen. Vorsichtig gehe ich um die beiden herum, um zu sehen, mit welcher Frau er knutscht und – was zur Hölle passiert hier? Ich versuche zu begreifen, was ich sehe, aber mein Kopf weigert sich. Es muss ein Missverständnis sein oder ein Drogenfilm, denn es ist Yuma. Er küsst Yuma. Und dann knallt es laut in meinem Kopf. Nein, es ist nicht nur in meinem Kopf, denn Markus scheint es auch gehört zu haben. Überrascht blickt er sich um und entdeckt mich, während es Konfetti zu schneien beginnt. Muss eine Konfettikanone gewesen sein. Hunderte grellbunte Punkte schwirren vor meinen Augen, hinter denen ich Yumas widerliches Grinsen sehe. In mir brennt eine Sicherung durch, und ich schlage mit der Faust durch den verfickten Konfettinebel.

Ich verfehle Markus und treffe Yuma, der quer über die Tanzfläche taumelt und in einer Gruppe biertrinkender Lesben landet. Flaschen fallen klirrend zu Boden, und böse Blicke starren mich durch die tanzenden bunten Fetzen an. Nur Yuma hat weiter dieses beschissene Grinsen auf den Lippen.

Ich drehe mich um und kämpfe mich durch die Menge Richtung Ausgang, werde aber auf Höhe der Garderobe aufgehalten.

»Hey, Max«, sagt eine Stimme hinter mir. »Echt sorry, dass das damals nicht geklappt hat mit dem Dreh.«

Es ist der Berlinbrillen-Typ, der inmitten einer Gruppe von anderen Berlinbrillen-Typen steht.

Ich bin immer noch voll unter Adrenalin. Ich muss eigentlich sofort hier raus und habe wirklich keine Lust auf einen blöden Small Talk, aber jetzt checke ich, woher ich ihn kenne. Es ist Marko, der Pups-Redakteur von SAT.1. Mit Fensterglasbrille und enger Karottenjeans sieht er völlig anders aus als vor ein paar Wochen.

»Big Sorry«, fährt er fort. »Aber du warst es halt einfach nicht. Da fehlte einfach so 'n bisschen Charisma.«

Dann schaut er zu den anderen Berlinbrillen-Typen, um sicherzugehen, dass auch sie alles mitbekommen haben. Haben sie. »Aber das hast du wahrscheinlich selbst gemerkt. Also nicht sauer sein, okay, Kumpel?«

Die anderen Berlinbrillen-Typen schauen Marko bewundernd und mich mitleidig an.

Das ist zu viel. Das ist eindeutig zu viel. Ich hole aus und haue Marko auf die Fresse. Klatsch! Mit voller Wucht treffe ich seine bekackte Brille, die in hohem Bogen aus seinem Gesicht fliegt.

Marko sackt nach hinten und wird gerade noch von einem seiner Freunde aufgefangen, bevor er gegen die Bar knallen kann. Die Gruppe ist dermaßen perplex, dass sie mich wie hypnotisierte Kaninchen anstarren.

Bevor ich noch mal zuschlage, stürme ich zur Tür und blicke mich ein letztes Mal um.

Da ist Marko, der immer noch in den Armen eines Berlinbrillen-Typen hängt.

Da ist Markus, der die Szene mit vor Schreck geweiteten Augen verfolgt hat.

Da ist Yuma, der plötzlich nicht mehr grinst.

Da ist der Türsteher, der auf mich zukommt.

Und da ist Elmar, der – ich traue meinen Augen nicht – mit Nina knutscht.

Dann stürze ich aus der Tür.

Zwei, drei Straßenecken weiter bleibe ich stehen, weil ich so schnell gerannt bin, dass mir die Lungen brennen.

Aber ich spüre immer noch Hass. Die Koks-, Alkohol- und Ecstasy-Euphorie ist in blanke Wut umgekippt, und ich brauche eine neue Entladung. Aber hier draußen ist nichts. Außer einer halb zerbrochenen Flasche Reissdorf-Bier, die an einem Laternenpfahl lehnt. Ich pfeffere sie mit voller Wucht gegen die Steinmauer hinter mir, und weil mir das splitternde Geräusch nicht ausreicht, schreie ich danach laut auf.

Dann bemerke ich die Flüssigkeit, die meinen rechten Arm entlangläuft. Ich blute. Das Glas hat in meine Handfläche geschnitten.

»Alles in Ordnung?« Ein älterer Mann mit Hund steht vor mir und schaut mich besorgt an.

»Kann ich irgendwie helfen?«

Die Perspektive ändert sich unvermittelt, und ich nehme die Szene aus einem anderen Blickwinkel wahr. Wie durch eine Kamera, die sich langsam von mir fortbewegt und dann gemächlich in die Höhe steigt. Als sie über meinem Kopf schwebt, bleibt sie stehen und beobachtet mich.

Da stehe ich: verschwitzt und zerfleddert, vollgepumpt mit Rauschmitteln und die blutigen Hände gen Himmel gerichtet wie eine missglückte Jesus-Parodie.

»Brauchen Sie einen Arzt?«, fragt der Mann, und ich fange an zu weinen. Ach was, weinen, ich heule und flenne wie ein zorniges Kind, dem man sein Lieblingsspielzeug zerdeppert hat, wie ein Teenager beim ersten Herzbruch oder ein Baby, das nach seiner Mutter schreit.

Mann und Hund schrecken vor mir zurück, und Letzterer stößt ein leises Winseln aus. Dann gehen sie zügig. Die Kamera hält weiter erbarmungslos auf mich drauf, während zwei Jugendliche aus sicherer Entfernung über mich lachen. Ich kann nicht aufhören, laut aufzuheulen, und die Szene verstört mich selbst so sehr, dass ich in diesem Moment beschließe, sie nie vergessen zu wollen. Die Kamera soll ruhig alles aufzeichnen. Ich möchte nicht, dass irgendetwas davon rausgeschnitten wird, denn sie soll etwas verändern in meinem Film. Sie muss der Turning Point werden. Sonst dreh ich durch. Fade-out.

KAPITEL 23: MEIN TOD

Irgendwann bin ich irgendwie zu Hause angekommen und übergebe mich, bis ich grüne Galle kotze. Die Tür und mein Handy klingeln parallel dazu im Takt. Ich muss nicht nachschauen, um zu wissen, wer es ist. Aber ich will meine Ruhe vor Markus. Also schleppe ich mich durch die Wohnung und mache alle Lichter an in den Räumen Richtung Straße, damit er sieht, dass ich zu Hause bin und lebe. Wenn man das grad so nennen kann.

Schließlich gibt er auf, und ich krieche ins Bett, zu erschöpft, um wach zu sein, und zu zerstört, um einzuschlafen. Also drehe ich mich auf den Rücken, um mich dem Abspann dieses verfickten Tages zu stellen, aber es kommt keiner.

Selbst der alte Mann mit dem struppigen Bart, der Graukopf mit dem Monokel und die Dame mit dem Oberlippenbart schauen sich fragend an. Dann verlassen sie flüsternd das Studio. Eine lange, lange Stille setzt ein, bis ich aufschrecke, weil ich ein Kratzen an der Schlafzimmertür höre.

»Ist da wer?«, rufe ich ängstlich.

Statt einer Antwort öffnet sich die Tür einen Spalt.

»Hallo«, raunt eine tiefe, rauchige Stimme, und ich erkenne einen großen, sehr alten Mann mit einem langen Bart. Er steht im Lichtkegel, der durch die Tür fällt. Seine stahlblauen Augen mustern mich.

»Ich bin hier, um dich mitzunehmen!«

»Gott?«, frage ich ängstlich.

»Quatsch«, lacht er dröhnend. »Was soll denn Gott in deinem Schlafzimmer? Ich bin's, der Tod!«

»Der Tod? Krass!«, sage ich und klinge wie ein Vollidiot.

»Gott siehst du natürlich erst später. Jetzt zieh dir was Ordentliches an, und dann geht's los!«

Ohne zu zögern, haste ich zu meinem Kleiderschrank und spüre ein Gefühl von Vorfreude in mir aufsteigen. Seltsam. Da kommt der Tod in mein Schlafzimmer, und ich empfinde nicht die Spur von Angst. Alles, was mich beschäftigt, ist die Frage, was zum Teufel ich anziehen soll.

»Mach hinne!«, ruft der Tod. »Wir haben nicht ewig Zeit.«

Nicht?

Schnell durchsuche ich meinen Kleiderschrank. Was meint der Tod mit *was Ordentlichem?* Macht man sich schick, wenn man Gott trifft? So wie bei der Kommunion? Oder sollte man eher authentisch rüberkommen? In meinem Fall mit Adidas-Jacke und Turnschuhen?

Oder etwas möglichst Bequemes, was ich im Zweifel für die Ewigkeit tragen kann. Werde ich überhaupt eine Jacke brauchen? Vielleicht packe ich doch eher eine kleine Tasche?

»Wie kommen wir denn überhaupt dahin?«, frage ich, um ein bisschen Zeit zu schinden.

»Na, mit der Rakete«, antwortet der Tod trocken. »Wie willst du denn sonst in den Himmel kommen?!«

»Klar … logisch«, brabbele ich und entscheide mich für einen blauen Kapuzenpulli und Jeans.

»Andreas!«, sagt der Tod eindringlich, als ich im Ärmel feststecke. »Bitte, beeil dich.«

Ich halte inne. »Wer ist Andreas?«

»Na, du.«

»Nein. Ich bin Max.«

»Ach du Schreck. Dann ist dein Name also nicht Andreas Klabunde?«

Der Tod holt einen zerknüllten Zettel aus seiner Tasche, streicht ihn glatt und überfliegt ihn. Und jetzt steigt ein Gefühl in mir hoch, das man als Angst bezeichnen könnte. Aber es ist die Angst davor, zurück in dieses Bett hinter mir zu müssen, morgen wieder im alten Leben aufzuwachen.

»War ein Scherz«, sage ich deshalb. »Klar bin ich der Andy. Andreas Klabunde.«

Der Tod mustert mich mit einem langen, durchdringenden Blick, und ich versuche, wie ein Andy Klabunde auszusehen, wie auch immer das geht.

»Was stimmt nicht mit dir?«, fragt er irritiert. »Warum lügst du mich an? Warum freust du dich nicht, dass das hier eine blöde Verwechslung ist und du weiterleben darfst?«

»Weil ich mit dir in den Himmel will«, antworte ich wahrheitsgemäß. »Ich hab keine Lust mehr. Ich *will* abgeholt werden.«

»Nix da«, winkt er ab. »Ich muss jetzt zu Andreas Klabunde. Der hat es viel nötiger, in den Himmel zu kommen.«

»Ach ja? Und warum?«

»Krebs im Endstadium. Sein ganzer Körper ist von bösartigen Tumoren durchzogen.«

»Na und? Das ist mein Körper auch. Nur im übertragenen Sinne.«

»Im übertragenen Sinne? Der Mann leidet wie ein Tier. Meine Güte, bist du egoistisch.«

Ich klammere mich an jeden Strohhalm, der sich bietet.

»Genau. Schlimmster Egoist aller Zeiten. Qualifiziert mich zwar nicht für den Himmel, aber für die Hölle, oder nicht?«

»Du willst freiwillig in die Hölle?« Er zieht die dichten Brauen bis knapp unter den Haaransatz, und ich gerate innerlich ins Schwanken. Vielleicht ist das doch ein übereilter Wunsch? Vielleicht ist morgen alles besser?

»Hölle«, höre ich mich einen Augenblick später sagen. »Hauptsache, nicht mehr hier!« Ich blicke ihm fest in die Augen.

»Ach, du lieber Himmel«, murmelt er und grübelt sichtlich. Entweder denkt er tatsächlich über mein Angebot nach, oder er ist einfach nur entsetzt darüber, dass man sich so ekelhaft in Selbstmitleid suhlen kann.

»Die Hölle ist natürlich immer möglich«, sagt er nach einer Weile. »Aber da nützt die Rakete jetzt herzlich wenig.«

»Klar«, antworte ich und schöpfe neue Hoffnung. »Was brauchst du denn, um mich in die Hölle zu bringen?«

»Aufzugschlüssel.«

»Was?«

»Meine Aufzugschlüssel. Das sind über 12 000 Stockwerke runter, und die Schlüssel hab ich grad nicht dabei.«

Da klingelt ein Handy.

»Moment«, sagt er höflich. »Telefon!«

Was folgt, ist ein längeres Gespräch mit einer Person, die ich nicht einordnen kann. Mal denke ich, es ist meine Mutter, dann denke ich, es ist Gott, der Teufel oder Markus. Auf jeden Fall geht es um mich und darum, dass ich wohl noch hierbleiben muss. Außerdem scheint der Tod einen gehörigen Einlauf zu kriegen, weil er immer noch nicht bei Andreas Klabunde ist. Entsprechend schlecht ist seine Laune, als er auflegt.

»Ich muss gehen«, sagt er schnell. »Da ist erst mal nichts zu machen. Außerdem habe ich gerade erfahren, dass du dieser Typ mit der unlustigen Fernsehshow bist!«

»Ja und?«

»Na, hast du den Eindruck, so solltest du dich aus dem Leben verabschieden? Nach nur drei gesendeten Folgen? Auf einem kleinen Spartensender? Nach Mitternacht? Was ist denn das für ein armseliger Abschluss?«

»Was hat Andreas Klabunde denn Tolles geleistet?«

»Nichts.«

»Nichts?«

»Nichts ist in dem Fall halt ein echter Vorteil. Bis später.«

Dann dreht er sich um und tritt halb aus der Tür.

»Ach … und noch was!«, sagt er und blickt kurz ins Schlafzimmer. »Du musst dich mehr anstrengen. Gott findet dich überhaupt nicht lustig!«

Ich nicke konsterniert. Der Tod ist echt ein Arschloch.

*

Ich liege volle zwei Tage und Nächte im Bett. Mehr gibt es nicht zu sagen. Sämtliche Klingeln klingeln unbeantwortet vor sich hin.

Weder ein Abspann noch das cineastische Trio tauchen wieder auf. Vermutlich sind sie abgesetzt worden. Hoffentlich hatte jemand den Anstand, den drei Alten eine angemessene Erklärung zu geben, sodass sie es nicht wie ich aus der Fernsehzeitschrift erfahren mussten. Fast wünsche ich sie mir herbei, selbst den blöden Graukopf mit dem Monokel, aber die Zimmerdecke bleibt weiß.

Einfach weiß.

*

Die moderne Medizin siegt über Konrads Spezialkleber, und meinem Vater geht es immer besser. Er bleibt nur noch zur Beobachtung im Krankenhaus. Irgendwann habe ich doch mein Handy gecheckt, siebzehn Textnachrichten von Markus ungelesen gelöscht und die meiner Mutter beantwortet.

Heute bin ich auferstanden und nutze den »freien Tag«, den ich mir gegeben habe, um Vater im Krankenhaus zu besuchen. Es gibt Wichtigeres als mich und meinen Ego-Tod.

Im Gepäck habe ich ein ganz besonderes Geschenk: Die CD *Buntes Allerlei auf der Kirmesorgel,* Volume 2. Volume 1 hat er bereits. Ein echter Schatz mit unvergesslichen Gassenhauern wie »Steig in das Traumboot der Liebe«, »Bummel Petrus« und »Glühwürmchen-Idyll«.

»Fantastisch!«, sagt er und strahlt über beide Ohren. »Die Kassette hab ich ja noch gar nicht.«

Für meinen Vater ist alles eine *Kassette,* was nicht Schallplatte ist – egal, ob es sich um eine CD, Minidisc, DVD oder eben eine Kassette handelt. Eine beneidenswerte Ignoranz des technischen Fortschritts. Warum sich ständig neue Bezeichnungen für Tonträger merken, die sich immer schneller ändern und manchmal gar nicht durchsetzen. Wie diese blöden Minidiscs, für die man sich neben dem CD-Player noch ein weiteres Gerät anschaffen musste und nach denen kein Hahn mehr kräht, seit die Jahrtausendwende uns den MP3-Player geschenkt hat.

Ich hoffe, mein Vater wird niemals erfahren, dass es mittlerweile auch den *Download* gibt – obwohl er sich dann wahrscheinlich »eine Kassette aus dem Internet überspielt«.

»Vielen, vielen Dank, Junge!« Er strahlt mich aus dem

weißen Krankenhausbett an. Seine Haut ist fahl und nur eine Nuance dunkler als die Laken. »Ein Glück, dass ich meinen Kassettenrekorder mitgebracht habe.«

Er zeigt freudestrahlend auf den Discman auf dem Nachttisch.

»Ach ja«, sagt er plötzlich. »Wann war noch mal dein Fernsehauftritt? Von dem du letztes Mal erzählt hast?«

»Es ist ein Bühnenauftritt, Papa. Stand-up.«

»Ach ja, dein Bühnenauftritt als Schwein!«

»Als Küken, Papa.«

»Ach ja! Dein Fernsehauftritt als Küken.«

»Am Wochenende. Im Gloria-Theater, hier in Köln.«

»Da bin ich bestimmt schon wieder entlassen.«

»Bestimmt.« Ich drücke seine Hand. »Aber ich werde nicht hingehen.«

»Warum das?«

»Weil mein Programm Müll ist und ich sowieso nicht gewinne.«

»Das ist kein Grund, es nicht zu versuchen. Auch wenn man verliert, lernt man wat, Junge.« Er nimmt meine Hand in seine. »Lass dir was sagen von jemand, der gerade dem Tod von der Klinge gesprungen ist …«

»Von der Schippe, Papa, aber die hat er gar nicht. Auch keine Sense.«

»Egal. Ich hab jedenfalls Folgendes daraus gelernt …«

Er lässt eine bedeutungsvolle Pause. »Aus blauen Fläschchen sollte ich nicht mehr trinken, aber nix spricht dagegen, dass ich sie weiter sammele. Deine Mutter wollte alle wegwerfen. Aber so läuft dat im Leben nicht.« Dann schweigt er noch bedeutungsvoller und länger. »Verstehste, Junge?«

Ich nicke.

KAPITEL 24: DIE KELLOGG'S-BANDE

Am nächsten Morgen sitze ich im Büro, versuche dieses Leben irgendwie weiterzuleben und betexte die neue Staffel *Die dümmsten Deutschen der Welt,* als Danny laut telefonierend reinkommt.

»Alles klar, Frostie«, flötet er ins Mikro. »Dann sag doch bitte noch Toppas und Froot Loop Bescheid. Ich meld mich bei Smacks und Honey Pop!«

Dann legt er auf, und ich klappe meinen Mund zu.

»Danny?«, frage ich besorgt. »Geht's dir gut?«

»Ja, das war nur die Kellogg's-Bande!«

»Die Kellogg's-Bande?«

»Alte Freunde von mir. Cooler Name, was? Jetzt, wo mit Isi Schluss ist, habe ich angefangen, meinen alten Freundeskreis zu reaktivieren. Und gestern hatten wir die Idee, dass wir eine Bande gründen und uns nach Kellogg's-Sorten benennen. LOL!«

Ich sage nichts. Nicht weil ich mir einen zynischen Kommentar verkneife, sondern weil mir wirklich nichts dazu einfällt.

Doch, eine Frage muss dringend beantwortet werden.

»Wie ist dein Name?«

»Crunchy Nut.«

Gottgütiger. Wenn ich jetzt nicht in mein altes totes Ego zurückfallen will, muss ich dringend das Thema wechseln.

»Ich sitze gerade an den neuen Pannen-DVDs. Das wird noch schlimmer als die letzte Staffel.«

»Ach ja …« Danny runzelt die Stirn und setzt sich nachdenklich an seinen Schreibtisch. Dann schaut er mich ernst an. So habe ich ihn noch nie erlebt. Eben war er doch noch Crunchy Nut von der Kellogg's-Bande.

»Darüber wollte ich eh mal mit dir reden, aber du warst in letzter Zeit so wenig da.« Er nimmt einen tiefen Atemzug. »Du meintest doch mal, ich soll authentisch sein. Und nicht so tüdeldü.«

Während ich mich frage, worauf dieses Gespräch hinausläuft, starre ich auf meinen Desktop. Dort plumpst ein Baby in einen großen Wassereimer. Möglicher Spruch: »Der kleine Kevin ist heute aber ganz schön im Eimer.«

»Damit hast du wahrscheinlich recht«, seufzt Danny. »Ich hab mir das alles hier viel zu lange schöngeredet.«

Auf meinem Monitor drehen sich zwei Kinder so lange im Kreis, bis sie hinfallen. Möglicher Dialog: »Warum drehen wir uns eigentlich immer im Kreis?« – »Weil das hier ein Kreissaal ist!«

»Ich schaff das nicht mehr«, sagt Danny. »Die Pannenshows, die dümmsten Deutschen, der ganze Mist macht mich krank!«

Auf dem Bildschirm wirft ein Pferd den Reiter ab. Möglicher Spruch: »Auweia! Mit diesem Pferd gehen heute …«

»Was bedeutet das? Danny. Willst du aufhören? Auch mit unserer Autorengemeinschaft? Mit Karoshi? Einfach so?«

»Max, ich … im Grunde ja. Wir haben doch eh noch nicht für die neue Staffel unterschrieben«, sagt er zerknirscht. »Lass uns das auch nicht tun. Lass uns aufhören! Zumindest *ich* muss aufhören.«

Als ein beleibter Mann auf dem Eis ausrutscht, schalte ich den Monitor aus und versuche zu verdauen, was ich gerade gehört habe. Mein Innerstes wehrt sich dagegen. Nicht jetzt. Nicht auch das noch. Die Zusammenarbeit mit Danny war die einzige Konstante in meinem Leben. Die Selbstverständlichkeit meines Alltags, die ich nie infrage gestellt habe. Dabei hat er wirklich allen Grund auszusteigen: die Jobs, die immer würdeloser werden, die Einnahmen, die sich von Monat zu Monat verringern, und zu guter Letzt meine zynischen Ausfälle und die demotivierende Laune, mit der er sich Tag für Tag herumschlagen muss. Wenigstens das wollte ich versuchen zu ändern, aber es ist zu spät. Ich kann es ihm deutlich ansehen. Er hat sich entschieden. Er hat jetzt die Kellogg's-Bande.

»Es tut mir leid«, sage ich schließlich durch den Kloß in meinem Hals.

»Dir muss nichts leidtun«, entgegnet er überrascht.

»Doch. Es tut mir leid, dass du meine Launen ertragen musstest. Dass du es getan hast. Dass du mir trotzdem zugehört hast. Und ich hab keine Ahnung, wie ich dir dafür danken kann, dass du immer zu mir gehalten hast, selbst wenn ich mich wie ein Arschloch aufgeführt habe. Ich hab nur gejammert und gemeckert, anstatt den Versuch zu unternehmen, irgendetwas zu ändern. Hättest du jetzt nicht gerade die Eier, diesen Scheiß hier hinzuschmeißen …« Am liebsten würde ich den Bildschirm vor mir nehmen und zu Demonstrationszwecken aus dem Fenster werfen, aber das lass ich lieber doch. »… hättest du nicht gerade diese Eier, ich hätte noch bis an mein Lebensende hinfallende Babys betextet. Und für all das möchte ich dir danken!«

So überrascht hab ich Danny noch nie gesehen. Er scheint mit vielem gerechnet zu haben, aber nicht mit diesem Monolog. Ich übrigens auch nicht. Und er ist noch nicht zu Ende.

»Ich habe nie wirklich zu schätzen gewusst, *was* für ein guter Freund du bist. Und du hast verdammt noch mal recht: Lass uns hinschmeißen.« Ich stehe euphorisch auf und muss mich aktiv davon abhalten, den Bildschirm vom Tisch zu reißen. Kann ich mir nicht leisten, vor allem jetzt, wo ich mich gerade selbst entlassen habe. Also sage ich dramatisch: »Harakiri für Karoshi!«, nehme eine von den Pannen-DVDs, die in Stapeln auf dem Schreibtisch herumliegen, um sie feierlich zu zerbrechen. Als wäre das nicht schon pubertär genug, scheitere ich auch noch dabei und ritze mir in den Finger. Autsch. Der Schnitt von der Bierflasche war gerade erst verheilt, Mann!

»Zerbrechen ist oldschool.« Danny nimmt mir die DVD aus der Hand und geht Richtung Küchenzeile. Ich folge ihm.

»Ich zeig dir jetzt mal, wie diese DVD zum ersten Mal richtig lustig wird.« Er öffnet die Mikrowelle, tippt ein Programm ein, legt die Scheibe rein, schließt die Tür und drückt feierlich auf Start.

Blitzen, Knallen und Zischen. Dann züngelt ein blau-weißes Funkengewitter über die DVD, und der mittlere Ring fängt Feuer. Uns ist das egal. Schmeißen wir die Mikrowelle halt mit auf den Schrott.

»Crunchy Nut, ich liebe dich. Du bist der Beste!«

»Ich hab dich auch lieb, Rice Krispie!«, lacht Danny.

*

Als ich wenige Stunden später zu Hause bin und die Euphorie des Befreiungsschlags abflaut, fühlt sich Dannys und meine Entscheidung nur noch größenwahnsinnig an.

Als wir den Vertrag, der mein einziges regelmäßiges Einkommen sichert, zerrissen und aus dem Fenster geworfen hatten, drehten die Schnipsel malerische Pirouetten in der Luft wie winzige Ballerinas. Es war ein so schönes Bild, dass es sich richtig anfühlte. Nun liegen die Fetzen im Dreck vor dem Pornokino. Was bleibt mir jetzt?

Soll ich die Karten abreißen vor der Vormittagsvorstellung der *Drei dauergeilen Dirndl?* Wahrscheinlich gibt's nicht mal Kartenabreißer dort.

Ich hab nicht die geringste Ahnung, was ich jetzt tun soll.

Mein Leben ist wie leer gefegt. Job weg, Bürogemeinschaft weg, bester Freund weg und mit ihm sämtliche gemeinsamen Freizeitbeschäftigungen. Wie ein weißes Blatt Papier, das auf die ersten Zeilen wartet, liegt das Dasein vor mir.

Menschen in amerikanischen Liebesfilmen verkaufen in diesem Moment das wenige, was sie besitzen, und ziehen zurück in weit entlegene Kleinstädte im Mittleren Westen, wo sie ihren Jugendschwarm wiedertreffen und ihr Happy End bekommen. Aber ich bin nun mal aus Köln. Keine Ahnung, wo ich hinziehen sollte. Nach Sachsen-Anhalt? Auf keinen Fall.

In Horrorfilmen ziehen sie enttäuscht und *Into the Wild*-mäßig mitten ins Nirgendwo und werden gekillt. Also vielleicht doch Sachsen-Anhalt. Da soll es auch wieder Wölfe geben.

Während ich darüber nachdenke, finde ich mich plötzlich vor der geöffneten Kühlschranktür wieder, mit der eiskalten Wodkaflasche in der Hand. Ich stelle sie zurück und schließe die Tür. Dann öffne ich sie wieder, nehme einen Schluck aus der Flasche und stelle sie zurück, hole sie wieder raus, trinke einen doppelten Schluck, stelle sie wieder rein, hole sie raus, trinke einen letzten Schluck und kippe den Rest des Inhalts in die Spüle.

Anschließend setze ich mich an meinen Computer und googele *Sascha Siebert, Motorradwerkstatt, Köln-Deutz.*

Deutz erfüllt die Kategorie entlegene Kleinstadt im Mittleren Westen. Und Sascha die Kategorie Jugendschwarm. Vielleicht stehen da auf meinem weißen Blatt Papier irgendwann die Worte *Happy End.* Und tatsächlich, ich finde einen passenden Eintrag im Branchenbuch, mit Adresse.

Als ich den Rechner runterfahren will, kommt die Benachrichtigung über eine neue E-Mail, die ich aus Gewohnheit öffne. Shit. Sie ist von Markus.

Das Dutzend vorher habe ich ungelesen gelöscht. Jetzt starre ich auf die paar Zeilen.

Max, ich hab kapiert, dass du nicht mit mir reden wirst, egal was ich schreibe. Ich bin ein Vollidiot, und du hasst mich. Deswegen bekommst du im Link das demütigende Video, das du wolltest. Vielleicht verschafft es dir ein wenig Genugtuung.

Ich klicke auf den Link. Es ist das Hochzeitsvideo von Fotzen-Franz und Frau.

In der ersten Szene sieht man die Trauung in der Kirche. Das Brautpaar steht vor dem Altar und wischt sich die Freudentränen aus den Augen. Dann fährt die Kamera in einem langsamen Schwenk über die Gesichter der Hochzeitsgäste, fängt Rührung, Glück, Erregung, Ergriffenheit ein und Markus. Er starrt auf sein Telefon und tippt etwas.

Ich hatte recht mit meiner Vermutung. Das Jackett, das

er trägt, sieht aus wie eines aus dem Schrank seines Vaters. Es ist zu groß und hat die besten Zeiten hinter sich. Aber sein schönes Gesicht und die blonden Surfer-Haare retten jedes beschissene Outfit. Frechheit.

Ähnlich geht es auf der Hochzeitsfeier weiter. Markus bekritzelt nervös die Servietten, Markus steht rauchend in der Ecke, direkt neben einem *Rauchen verboten*-Schild, Markus starrt gelangweilt auf den Hintern einer Brautjungfer, Markus stolpert besoffen aus dem Klo, Markus tanzt alleine mit einer Pulle Sekt, Markus sitzt alleine in der Ecke und raucht, bis ihn jemand bittet, die Kippe auszumachen.

Wie auf einem Suchbild kann man ihn in nahezu jeder Szene entdecken, wie er zwischen den euphorischen Hochzeitsgästen eine traurige Aktion nach der anderen bringt.

An jedem anderen Tag vor dem letzten Wochenende wäre dieses Video Anlass zu meiner absoluten Belustigung gewesen.

Aber jetzt fühlt es sich an wie ein Stich ins Herz. Nein, präziser: wie zwei Stiche an unterschiedlichen Stellen ins Herz. Die eine Stelle lässt das Bild im Konfettinebel vor meinen Augen aufflackern, Markus und Yuma knutschend, und kocht diese blinde Wut wieder auf. Ich kann sie fast auf der Zunge schmecken.

Die andere Stelle, direkt daneben, zieht sich vor Sehnsucht zusammen und zwingt mich, den Blick auf sein trauriges Gesicht zu richten, auf seinen Mund. Ich will ihn dumm und dämlich küssen, bis er wieder wie eine Flutlichtanlage strahlt. Auch das Gefühl kann ich auf der Zunge schmecken, und jetzt weiß ich, wie sich das Wort *bittersüß* anfühlt. Ich mache den Rechner aus, ziehe mich an und verlasse das Haus.

KAPITEL 25: SELBSTVERARSCHE

Ich weiß nicht, wann ich zum letzten Mal in Deutz war, aber es muss lange her sein. In dieser Straße war ich noch nie. An die Atmosphäre, die mich umgibt, könnte ich mich definitiv erinnern. Sie ist das Gegenteil von der einer süßen Kleinstadt im Mittleren Westen, trostlos hässlich, um genau zu sein, sieht man von dem *einen* Bild ab, das sich vor meinen Augen entfaltet:

Saschas Werkstatt ist eine offene Garage, ein Stück abseits von der Straße, rechts am Eingang zu einem Hinterhof. Von meinem Platz auf dem gegenüberliegenden Bürgersteig kann ich ihn sehen, wie er gerade hinter einem Motorrad kniet und schraubt. Sein Gesicht taucht über der Sitzfläche auf und ab. Er ist älter, ein bisschen verlebter, aber attraktiv wie damals. Erschreckend attraktiv sogar. Als er aufsteht und konzentriert auf das Gefährt runterblickt, danke ich Gott dafür, dass es Herbst ist und ich die Muskeln unter seinem Sweatshirt nur erahnen kann. Aber vielleicht macht es das auch nur schlimmer. Ich bin mit einer großen Vorstellungskraft gesegnet.

Die Erinnerung trifft mich wie ein Schlag in die Fresse. Wow, war ich verliebt in ihn. Aber es war irgendwie einfacher, diese Gefühle zu haben, als ich dachte, es stünde völlig außer Frage, dass er sie auch nur ansatzweise erwidern könnte. Es fühlte sich sicherer an, Gefühle für jemanden zu haben, der unerreichbar war.

Für Momente bin ich unsicher, ob es jemals um ihn ging oder nur um die Unerreichbarkeit. Da winkt er.

Scheiße, ich überlege noch schnell, hinter eines der parkenden Autos zu hechten, aber das ist selbst mir zu peinlich.

Also überquere ich die Straße, ohne mich umzuschauen, und ein Taxi umfährt mich laut hupend. Sascha kommt blitzschnell auf mich zu.

»Fuck, das war knapp. Bist du okay?« Er legt eine Hand auf meinen linken Arm und mustert mich. »Wusste ich doch, dass ich dich irgendwoher kenne. Max, oder? Max Steinbach?«

Ich nicke, und er lächelt mich an, bis sich ein dämliches Grinsen über mein Gesicht zieht. Ich kann es nicht verhindern, und je mehr ich versuche, meine Mimik unter Kontrolle zu bringen, desto bizarrer fühlt sich das Grinsen an.

»Was machst du hier?«, fragt er, und mir wird bewusst, dass ich *den* Teil meines Plans ausgespart habe. Ich bin einfach aus dem Haus gegangen, um einen Blick auf meine Vergangenheit zu werfen. Mit ihm zu reden, war nicht Teil meiner Vorstellung. Ich hätte mir besser einen Grund zurechtgelegt, denn das »Ach, ich steh hier nur so rum«, das mir auf der Zunge liegt, blockiert mein Improvisationstalent. In Ermangelung einer passenden Antwort zucke ich mit den Schultern, und eine kleine senkrechte Falte bildet sich zwischen Saschas Augenbrauen.

»Okay«, sagt er. »Willst du vielleicht ’nen Kaffee?«

»Ja, gern.« Endlich habe ich die Sprache wiedergefunden. »Tanja hat erwähnt, dass du hier arbeitest, und ich dachte, ich sage mal Hallo … nach der ganzen Zeit.«

»Cool«, antwortet Sascha und macht sich auf den Weg in die geräumige Garage. Ich folge ihm wie ein Welpe seinem Herrchen.

»Ich hab deine Show im Fernsehen gesehen.« Er macht sich an einer Kaffeemaschine zu schaffen und wirkt sehr konzentriert darauf. »Aber die kommt nicht mehr, anscheinend.«

»Ja, ist abgesetzt worden«, gebe ich zerknirscht zu. Es ist mir immer noch unangenehm, darüber zu sprechen.

»Tut mir leid. Warum?« Sascha schaltet die Maschine ein und dreht sich zu mir um. Er weist auf ein Sofa, das an der Wand neben der Miniküchenzeile steht, und ich setze mich. Die Couch ist so niedrig, dass meine Knie fast auf Höhe meines Gesichts sind. Ich fühle mich wie zwölf.

»Keine Ahnung. Der Produzent geht nicht mehr ans Telefon.«

Er lehnt sich gegen die Küchenzeile und verschränkt die Arme vor der Brust. Ich schaue mich in der Werkstatt um und finde sie erstaunlich gemütlich, obwohl es maximal zehn Grad sind. Die Werkzeuge und Gerätschaften blitzen in den Aufhängungen an den Wänden, und dazwischen hängen großformatige Fotos von Sascha auf seinem Motorrad. In der Wüste, auf der Route 66, mit spektakulärem Sonnenuntergang vorm Meer irgendwo. Ich will hinten auf dem Sitz sitzen und mich an ihm festklammern, während wir auf diesen Sonnenuntergang zufahren. Die Vorstellung, mich festzuklammern, fühlt sich für Augenblicke so real an, dass mir klar wird, wie sehr mir Berührung fehlt. Und Sicherheit.

»Ich fand die Show gut.« Saschas Stimme bringt mich zurück in die Realität. »Obwohl ich die Hälfte irgendwie nicht kapiert habe. Ist ein bisschen zu hoch für mich gewesen.« Autsch. »Aber ich fand dich gut.«

Die Kaffeemaschine hinter ihm beginnt zu fauchen, und er dreht mir den Rücken zu, um zwei Tassen aus dem Regal darüber zu fischen. Zwei Gedanken kämpfen in meinem Kopf darum, gehört zu werden.

Dass ihm die Show zu *hoch* war. Ist er so jemand, für den der Timmy-Check da ist?

Und: Er fand mich gut. Er fand *mich* gut. Was heißt das, gottverdammt? In der Show oder prinzipiell? Früher?

Während die beiden Gedanken, wie ein Knäuel ineinander verkeilt, durch meinen Kopf poltern, sage ich: »Ich fand dich auch gut.«

Großartig, Max. Das war mit der Tür ins Haus fallen par excellence.

Sascha dreht sich abrupt um und mustert mich. Dann legt sich ein scheues Lächeln auf seine Lippen, und er beginnt mit den Tassen zu hantieren.

»Willst du Milch?«

»Nein.«

Was mache ich jetzt? Betrachtet er das Thema damit als abgehakt? Ist es das für mich? Was mache ich hier eigentlich? Ich muss gehen, bevor mich die Peinlichkeit vollends übernimmt. Aber da steht Sascha bereits vor mir und reicht mir eine Tasse Kaffee. Dann setzt er sich neben mich auf die Couch, mit dem Rücken gegen die Armlehne gelehnt, sodass er mich anschauen kann. Ich nehme einen Schluck von dem sauheißen Kaffee und verbrenne mir die Zungenspitze daran. Schluss jetzt. Es reicht. Ich bin ein erwachsener Mann und durchaus in der Lage, mich wie einer zu benehmen, denke ich, stelle die Tasse auf den Boden vor mir und wende mich ihm zu. Er spricht zuerst.

»Ich hab gemerkt, dass du mich gut findest, damals. Und ich muss gestehen, dass ich es ziemlich genossen habe.«

Fuck. Ich senke den Blick schnell auf meine Knie. Ich bin doch ein Teenager, sobald es um Gefühle geht.

»Aber ich wusste nicht, wie ich damit umgehen soll. Ich meine, du warst der Freund meiner kleinen Schwester, und auch sonst hat es mich … irgendwie … wütend gemacht.«

Ich nicke, um ihn am Reden zu halten. Es scheint ihm zunehmend schwerer zu fallen, aber immerhin schlägt er sich besser als ich.

Er streicht sich eine Strähne dunkles Haar aus der Stirn und atmet tief ein. Seine Finger umklammern die Tasse, die genauso heiß sein muss wie meine. »Wenn du mich so angeschaut hast, hat mich das ziemlich verwirrt. Ich hatte Angst davor, was das heißt. Aber es hat mich irgendwie nicht losgelassen.«

Er rutscht ein Stück näher an mich heran, streckt den Arm aus und berührt meine Hand mit den Fingerspitzen.

Ich schlucke, als er sich sehr langsam in meine Richtung beugt und mir tief in die Augen schaut. Ich schließe meine und komme ihm entgegen. Er riecht nach Motoröl, Shampoo und … Jemand räuspert sich lautstark.

Ich reiße die Augen auf, und Sascha schreckt vor mir zurück, mit einem entsetzten Blick. Er steht von der Couch auf, und ich falle fast vornüber.

»Störe ich?«, fragt eine äußerst tiefe Bassstimme. Sie gehört zu jemandem, den man auf den ersten Blick als Biker identifizieren kann. Metal-Shirt über Bierbauch, Lederweste und Ziegenbart am Kinn.

»Quatsch«, antwortet Sascha eine Spur zu laut. »Mein Kumpel …« Er zeigt auf mich. »… hat was im Auge. Ich wollte es nur rausholen.«

Was?

Er führt den Biker vor die Werkstatt und zeigt ihm das Motorrad, an dem er vorhin rumgeschraubt hat. Sie reden irgendwas, was ich von hier aus nicht verstehen kann, bis der Typ sich verabschiedet und Sascha zurückkommt, die Schultern angespannt, die Hände in den Hosentaschen vergraben.

»Wo waren wir?«, frage ich, um ihn zurückzuholen, aber er setzt sich nicht wieder auf die Couch. Er bleibt da stehen, verlegen und durcheinander. Ich kann das so verstehen. Ich erinnere mich, wie es für mich war, meine Bisexualität zuzulassen und in gefühlt eiskaltes Wasser zu springen. Ich reiche ihm meine Hand einladend, damit er fühlt, dass ich ihn verstehe. Ich kann sehen, wie Sascha mit sich ringt, und dann trifft er die falsche Entscheidung.

»Ich bin kein Homo, Max.«

Ich zucke zusammen.

»Dieses Schwuchtelding macht mir Angst.«

Autsch. Ich ziehe meine Hand zurück.

»Kann ich auch eigentlich nicht sein«, überlegt er abwesend. »Dafür hab ich zu viele Frauen gehabt.«

Ich schlucke auch diese Bemerkung runter, obwohl sich mein Magen zu verkrampfen beginnt. Ich könnte ihm jetzt das Konzept der Bi- oder Pansexualität erklären, aber dafür fehlt mir gerade jede Größe.

Ich stehe auf und stoße dabei die Kaffeetasse um. Der Kaffee ergießt sich über den grauen Steinboden, und keiner von uns unternimmt den Versuch, ihn aufzuwischen. Ich schaue zu, wie sich kleine Rinnsale ihre Wege um die Unebenheiten im Boden suchen und finden.

Es ist irgendwie rührend.

»Sei nicht sauer, Max«, sagt Sascha, als ich mich schließlich an ihm vorbeischiebe und dabei gegen seine Schulter stoße. »Das gerade auf der Couch war nicht cool von mir. Da hab ich mich selbst verarscht.«

Nee, Junge, denke ich, als ich mich noch einmal umdrehe und eine Geste der Verabschiedung mache, *du* verarschst dich gerade selbst.

*

Die Formulierung *Verarschen kann ich mich selbst* beziehungsweise ihre Variation *Verarschen kann ich mich allein* regt mich schon seit Jahren auf. Und gerade macht sie mich richtig wütend, als ich aus der Hofeinfahrt biege und durch Deutz marschiere.

Obwohl sie inflationär verwendet wird, scheint sich niemand Gedanken über ihre Bedeutung zu machen. »Wie kann das sein?«, grummele ich vor mich hin, und dann wird aus meinem Selbstgespräch ein imaginärer Dialog mit Markus. Ich weiß genau, wie er ablaufen würde. Zweifellos.

»Die ganze Formulierung hinkt: Es ist nicht möglich, sich selbst zu verarschen, Markus.«

»Natürlich«, protestiert er.

»Ach ja? Dann erklär mir, wie.«

Markus denkt nach. Ich rede mich in Rage.

»Für eine Verarsche ist es notwendig, dass es sowohl einen Verarscher als auch einen Verarschten gibt. Und der Verarschte darf von der Verarsche vorher nichts wissen. Die Unwissenheit des Verarschten ist also Voraussetzung für die Verarsche. Deshalb können Verarscher und Verarschter nicht dieselbe Person sein.«

Ich bin ziemlich stolz auf meine einwandfreie Argumentation, aber Markus gibt nicht auf. Er nagt konzentriert an seiner Unterlippe. Dieser perfekten, zartrosa Unterlippe. Dann zieht er die Augenbrauen hoch und streckt den Zeigefinger triumphierend in die Luft.

»Was ist, wenn zwischen der Planung der Verarsche und der Verarsche selbst überdurchschnittlich viel Zeit liegt?«

»Was?«

»Also, angenommen, ich bereite eine Verarsche für mich vor, die allerdings erst viele Jahre später … ausgelöst wird, zu einem Zeitpunkt, an dem ich längst vergessen habe, dass ich diese Verarsche überhaupt vorbereitet habe.«

Ich komme ins Grübeln. Kann es sein, dass er recht hat?

»Kapier ich nicht«, sage ich, um Zeit zu gewinnen. »Ich brauche ein konkretes Beispiel.«

Markus wirkt immer selbstbewusster, scheint meine Furcht wie ein Kampfhund zu wittern.

»Nehmen wir an, ich habe ein Ferienhaus …«, sagt er spitzfindig, und seine Augen verziehen sich zu Schlitzen. »… irgendwo in den Bergen. Ein Ferienhaus, in das ich nur alle zehn Jahre fahre. Im Jahr 1994 habe ich, bevor ich gefahren bin, Zahnpasta unter die Türklinke geschmiert. Richtig dick. 2004 komme ich dann zurück, habe die Sache längst vergessen und zack … greife in die Zahnpasta. Tadaaa! Selbst verarscht.«

Verdammt. Das klingt auf dämliche Art einleuchtend.

»Blödsinn«, sage ich trotzdem. »Warum solltest du ein Ferienhaus haben, das du nur alle zehn Jahre besuchst?«

»Weil es superweit weg ist … oder wahnsinnig hässlich«, kontert Markus. »Aber das ist auch wurscht! Darum geht es gar nicht.«

Das stimmt. Also überlege ich weiter.

»Die Zahnpasta«, fällt mir ein. »Die Zahnpasta. Die wäre nach zehn Jahren längst vertrocknet.«

»Oh Mann!«, brummt Markus. »Das war doch nur ein Beispiel. Dann halt ein Eimer Wasser innen über der Tür!«

»Das wäre verdunstet!«

»Nicht, wenn man durch eine Klimaanlage optimale Bedingungen schafft.«

»Du willst für die Verarsche extra eine Klimaanlage einbauen und die zehn Jahre lang nonstop laufen lassen?«

»Ja, das würde ich. Theoretisch.«

»Das ist zu aufwendig. Du würdest dich daran erinnern, wenn du das Ferienhaus wieder besuchst. Verarsche braucht Beiläufigkeit.«

Jetzt gäbe es zwei Möglichkeiten: Entweder, wir würden das Gespräch an dieser Stelle mit einem gefühlten 0:0 beenden, oder wir würden noch mal in eine ganz neue Richtung weiterdenken. Selbstverständlich entscheiden wir uns für Letzteres.

»*Memento!*«, bricht es aus Markus raus. »Kennste? Der Film über den Typen ohne Kurzzeitgedächtnis. Der könnte sich prima verarschen, weil er sich an die Verarsche-Vorbereitung nicht mehr erinnern *kann.*«

»Funktioniert nicht, weil er sich nicht am Ergebnis erfreuen kann, weil er sich nicht erinnert. Und die Freude an der Verarsche ist genauso wichtig wie die Beiläufigkeit. Verarsche lebt davon, dass der Verarschte irgendwann erfährt, dass er verarscht wurde. Sonst existiert sie nicht.«

»Wie Schrödingens Katze?« Markus nickt konzentriert. »Mmh … Dann bleibt nur Verarsche über Bande.«

»Was?«

»Na, wie beim Billard: Ursprünglich wolltest du jemanden anderen verarschen, aber aus Versehen verarschst du dich selbst. Nach dem Motto ›Wer anderen eine Grube gräbt, fällt selbst hinein.‹«

»Fällt für mich nicht unter klassische Verarsche.«

Auch an dieser Stelle gäbe es wieder die Möglichkeit auszusteigen, um sich den wichtigen Dingen des Lebens zu widmen. Tun wir aber nicht. Markus will sich nicht geschlagen geben und denkt angestrengt weiter.

»Dissoziative Persönlichkeitsstörung«, sagt er und grinst über beide Ohren.

»Dissoziative Persönlichkeitsstörung?« Mist, ich sitze in der Falle.

»Ganz genau. Stell dir vor, da ist Jochen. Jochen hat zwei weitere Persönlichkeiten, nämlich Wolfgang und Helga. Wolfgang kann ganz einfach Helga verarschen oder Helga Wolfgang beziehungsweise Jochen Wolfgang, Wolfgang Jochen, Jochen Helga oder Helga Jochen! Verschiedene Persönlichkeiten, aber trotzdem eine Person. Klassische Selbstverarsche!«

Ich gebe mich geschlagen und gestehe es im nächsten Moment ein.

»Okay, geteilte Persönlichkeit kriegt von mir ein klares Go.«

Als ich das laut vor mich hin sage, komme ich zu mir und bemerke, wie mir eine Passantin auf der Straße ausweicht.

Kann ich verstehen, schließlich rede ich gerade hörbar mit mir selbst.

Aber egal: Exakt so würde dieses Gespräch ablaufen, und er fehlt mir. Alles in mir sehnt sich nach Markus und diesen sinnlosen Gesprächen, in die wir uns gemeinsam verstricken können. Ich hab mich oft gefragt, ob es normal ist, jemanden so gut zu kennen, wie ich ihn kenne. Meist kam ich zu dem Schluss, dass es das nicht sein kann, denn wenn Verbindungen wie unsere normal wären, müsste die Welt ein besserer Ort sein. Da bin ich mir ziemlich sicher.

Dann fällt mir wieder ein, dass Markus ein Idiot ist. Aber er ist mein Idiot. Zum ersten Mal, seit ich die Werkstatt verlassen habe, schaue ich mich um. Wo bin ich eigentlich gerade?

KAPITEL 26: CLOWNS & KÜKEN II

Es ist so weit … Heute ist das große Finale des Funny Faces Festivals, und ich werde hingehen. Ich werde nicht den Schwanz einziehen, sondern weiter blaue Fläschchen sammeln, wie mein Vater. Ich werde versuchen, meine Eltern stolz zu machen und Gott zum Lachen zu bringen.

Irgendeinen neuen Weg muss ich schließlich einschlagen, und dann kann ich getrost weiter nach dem Ausschlussprinzip vorgehen: Die unlustigste Show war nichts, die Pannenshows ebenfalls, vielleicht wird Stand-up auch nichts, aber dann weiß ich zumindest das. Ich mache es, obwohl ich mich fürchte, obwohl ich unsicher bin und allein. Aber eines ist sicher: Ich werde es tun. Ich will langsam meinen Frieden machen mit der Tatsache, dass das Leben ein ständiger Kreislauf aus Niederlagen und Neuanfängen ist, wieder und wieder.

Und ich will lernen, mich selbst zu lieben, weil das möglicherweise die einzige Liebe ist, die man bekommt.

Vielleicht ist das die richtige Haltestelle, denke ich, als ich die schwere Glastür des Glorias aufdrücke.

Obwohl es noch Nachmittag ist und die Show erst in drei Stunden beginnt, schlägt mir sofort Hektik entgegen.

Leute schnattern durcheinander und wuseln wild umher. Direkt am Eingang werde ich abgefangen und hinter die Bühne geführt.

»Das wird richtig fett«, sagt die Frau mit Headset unterwegs zu mir. »Wird sogar fürs Fernsehen aufgezeichnet.«

»Tatsächlich?«

»Ja, nur ein Spartensender, nach Mitternacht, aber immerhin.«

Ich spüre, wie mein kleiner blutiger Muskel zu schlagen beginnt. Ihre Nervosität springt auf mich über, und ein Gefühl aus Panik und Freude breitet sich in mir aus. Interessanter Mix.

»Wir haben zwei Garderoben.« Sie hält an und weist auf die Türen links und rechts.

»Du teilst dir eine mit Jochen und Botze!«

Ich stutze kurz, aber damit war zu rechnen. Die Headset-Frau öffnet die Tür, und neben einem Typen, den ich nicht kenne, sitzt Boris.

»Max!«, ruft er übertrieben laut. Es soll wohl freudige Überraschung ausdrücken.

»Ihr kennt euch schon?«, fragt die Headset-Frau. »Das ist ja schön. Das ist …« Sie zeigt auf den anderen Typen. »… Jochen. Ich sag euch Bescheid, wenn wir Soundcheck machen. Vertragt euch!«

Dann verlässt sie uns und den kleinen Raum. Ich nehme den freien Garderobenplatz zwischen Botze und Jochen und setze mich auf den Stuhl vor dem Schminkspiegel. Dann hole ich den Kükenkopf aus der Plastiktüte und lege ihn vor mich auf den Tisch. Er ist noch ein bisschen feucht.

Ich wollte gern ein frisch gewaschenes, ordentliches Kostüm anziehen, aber der verdammte Kopf passte nicht in die Waschmaschine. Also habe ich ihn gestern in der Badewanne gewaschen, was sich in etwa so anfühlte, als wollte ich jemanden ertränken. Ich musste ihn mit Gewalt unter Wasser drücken, bis er sich vollsaugte und nicht mehr hochploppte. Und da hätte mir eigentlich ein Licht aufgehen sollen, aber ich musste anscheinend noch etwas Frust abbauen mittels des Kükenkopfs.

Erst als ich das Wasser abließ, wurde mir klar, dass das pitschnasse, vollgesaugte Schaumstoffungetüm auch wieder trocken werden musste. Schon bei dem Versuch, es auszuwringen, verausgabte ich mich völlig.

Also packte ich das Ding in eine Ikea-Tasche und schleppte es zum nächsten Waschsalon, in dem es Maschinen in Übergröße gibt. Dort schleuderte ich es und warf es dann für mehrere Gänge in den Trockner.

Eine Mutter musste den Salon mit ihrem heulenden Kind verlassen, weil es das »Gackgack«, das hinter der Scheibe seine Kreise drehte und dabei äußerst jämmerlich aussah, befreien wollte. Was ist das mit mir und den weinenden Kindern?

»Machst du auch was mit Tieren?«, fragt Jochen neben mir mit einem Seitenblick auf den zerknautschten Kopf. Die hohen Temperaturen im Trockner haben den Schaumstoff etwas derangiert.

»Wie man sieht«, antworte ich. »Du etwa auch?«

»Ja, aber bei mir geht's eher *um* Tiere. Mein Programm heißt: Die tierische Welt der Tiere.« Er blickt mich stolz an und wartet sichtlich auf meine Reaktion. Moment! War das ein Witz?

»Aha«, entgegne ich kurz.

»Ja, weil jeder hat Tiere. Oder kennt jemanden, der Tiere hat. Deshalb spreche ich praktisch jeden an.«

»Verstehe.«

»Weißt du«, redet er unaufgefordert weiter. »Ich hab nichts gegen Mainstream. Ich will Mainstream machen. Ich will das große Geld. Das sage ich ganz klar. Und dafür schäme ich mich auch nicht.«

Meine Güte. Ich bin auf einen Typen gestoßen, der noch profilneurotischer ist als Botze. Ich bin in der Arschloch-Garderobe gelandet.

»Gib mir ein, zwei Jahre«, setzt Jochen seinen Vortrag fort. »Dann bin ich bekannt wie ein bunter Hund!«

Dann kichert er. Wahrscheinlich wegen des Wortspiels mit dem bunten Hund. Ich kann nur mutmaßen.

»Was soll das überhaupt sein, ein bunter Hund?«

»Hä?«

»Was soll das eigentlich sein?«

»Das ist ein Wortspiel«, schaltet Botze sich ein. »Sagt man halt so. Bekannt sein wie ein bunter Hund.«

Ich bin von Idioten umzingelt.

»Das weiß ich … Aber die Frage ist, warum? Dieser bunte Hund ist doch gar nicht bekannt. Er ist nur auffällig. Bekannt sind kluge Hunde wie Lassie oder Snoopy oder irre wie der Hund von Baskerville.«

»Genau«, steigt Botze ein. »Oder Blondi, der Hund vom Führer.«

*

17:00

Wir werden zum Soundcheck gerufen, und ich habe die Hoffnung, etwas über Botzes Programm rauszufinden. Aber er reduziert sich lediglich auf ein paar Floskeln wie »Test, Test, Test« oder »Eins, zwei, drei« oder »Eins, zwei, drei, Test, Test, Test«.

Jochen allerdings ist sich nicht zu blöde, sein komplettes Stand-up-Programm zum Besten zu geben. Selbstbewusst posaunt er all seine Gags heraus.

»Was sollen eigentlich diese blöden Befehle wie ›Sitz‹, ›Platz‹ oder ›Pfötchen‹?«, fragt er in die desinteressierte Gruppe aus Technikern und Kameraleuten.

»Kann man seinem Hund nicht mal was Vernünftiges beibringen? Zum Beispiel ›Putz die Wohnung!‹, ›Hol Bier‹ oder ›Geh arbeiten‹?«

Keiner lacht. Schließlich ist das nur ein Soundcheck – und die Zeit ist knapp.

Als alle der Meinung sind, Jochen sei endlich fertig, stellt es sich als Irrtum heraus.

Er will unbedingt noch seine Bauchredner-Nummer ausprobieren, aus akustischen Gründen.

Meine Güte, denke ich, auch noch eine Bauchredner-Nummer. Der Kerl ist wie ein Frankenstein aus Martin Rütter und Sascha Grammel – gezüchtet im RTL-Comedylabor des Grauens. Aber wahrscheinlich macht er alles richtig. Wahrscheinlich ist er genauso mittelmäßig gut, wie man mittelmäßig gut sein muss, um den Geschmack des mittelmäßigen Mainstreams zu treffen.

»Ich bin ja so ein süßer Hund«, säuselt die Handpuppe. »Findest du nicht, Jochen?«

»Pfff … süß … na und?«, raunt Jochen. »Süß ist auch Schokolade, aber die macht mir nicht in die Wohnung.«

Geraune. Geklapper. Türenschlagen seitens der Techniker.

»Mensch, Jochen«, protestiert die Handpuppe. »Was hast du eigentlich gegen Hunde?«

»Wie soll ich jemanden ernst nehmen, der sich selbst im Schritt leckt, während ich mit ihm rede?«

Murmeln. Flüstern. Gläserklirren.

»Du bist voll gemein, Jochen«, sagt die Puppe. »Ich geh jetzt erst mal Gassi – und zwar in deiner Garderobe!«

Scheppern. Rattern. Stühlerücken.

»Dauert das noch länger?«, ruft einer der Tonmenschen plötzlich. »Also, für mich wäre das genug.«

»Ohhh«, sagt Jochen. »Die Ersten sind schon da. Ist zu Hause nicht geheizt?«

War das jetzt Impro-Comedy?

»Na ja ... was soll's?«, sagt er beleidigt. »Eigentlich kommt jetzt noch ein kleines Quiz – *Wer wird Bellionär* mit Jörg Chihuahua. Aber dazu ist ja leider keine Zeit.«

Ich muss tatsächlich lachen. Jochen geht angepisst von der Bühne und macht Platz für mich.

»Bitte nur ganz kurz«, sagt der Tonmann, um Verständnis bettelnd. »Wir haben echt Zeitprobleme.«

Ich nicke und beginne mit dem Anfang des Stand-ups.

»Eierlikör von Schoppermann«, singe ich. »Das Beste, was Eiern passieren kann.«

»Danke«, sagt der Tonmann. »Reicht!«

Irritiert gehe ich zurück hinter die Bühne. Dort steht Botze und stopft sich ein Leberwurstbrötchen rein.

»Also, diese Hundenummer fand ich echt genial«, sagt er mit vollem Mund zu Jochen. »Tiere sind das next big thing. Deshalb mach ich jetzt auch was mit Tieren.«

»Was?«, frage ich entsetzt. »Du auch?«

»Ja klar ... Lass dich überraschen!«

18:30 Einlass

Nervös blicke ich durch das kleine Loch im Vorhang.

Komisch. Im Schultheater, zu den Brecht-Zeiten, habe ich vor der Vorstellung immer gehofft, dass keiner meiner

Freunde kommt. Nach dem Auftritt trauerte ich um jeden, der nicht dabei war.

Heute ist die Anzahl von Freunden, Bekannten und Familienangehörigen enorm. In der dritten Reihe erkenne ich Danny, der offensichtlich mit ein paar Typen gekommen ist. Müssen wohl Frostie, Toppas, Froot Loop, Smacks und Honey Pop sein. Die ganze Kellogg's-Bande.

Direkt davor sitzen meine Eltern plus Schwester und Patenkind. Ganz hinten sind Elmar und Nina, mit zwei leeren Plätzen zwischen sich. Und daneben Tanja.

Nach meinem Auftritt werde ich glücklich sein, dass sie alle dabei waren. Jetzt macht es mich leider nur unglaublich nervös, dass alle meine Freunde heute gekommen sind. Alle außer Markus, aber den habe ich auch nicht eingeladen.

Gestern auf dem Weg zum erstbesten Waschsalon bin ich ausgerechnet Zainab in die Arme gelaufen. Meine offensichtliche und dann auch ausgesprochene Eile konnte sie nicht davon abhalten, ein ernstes Gespräch mit mir führen zu wollen, auf das ich überhaupt nicht vorbereitet war. All meine Konzentration und Energie auf diesen Auftritt zu richten, fiel mir schwer genug. Meine Gedanken wanderten immer wieder zu Markus, und wenn es nicht die Gedanken waren, dann meine Gefühle. Aber ich wusste, dass ich mir zuerst etwas beweisen muss, bevor ich mich frage, ob ich meinen besten Freund behalten will. Oder verlieren, weil ich ihm zwar den einen Kuss verzeihen, aber den anderen nicht vergessen kann. Für mich ist so oder so nichts wie vorher.

Zainab blickte mich eindringlich an. »Sprich einfach mit ihm. Es geht ihm scheiße. Schrei ihn meinetwegen an, verfluche ihn, aber diese Stille macht ihn fertig. Er kann mit allem umgehen, selbst mit einem sauberen Ende, aber damit nicht.«

»Vielleicht«, gab ich zurück, und ihr Blick wurde traurig.

»Nach dem Auftritt.« Ich öffnete die Tasche wie zur Erklärung und ließ sie einen Blick auf das tropfende Küken werfen.

»Okay, aber bitte zögere es nicht für immer hinaus«, lenkte sie ein und sagte dann etwas, was mich völlig überraschte. »Ich mach mir echt Sorgen um ihn. Er war nicht ein einziges Mal drauf seit der Nacht. Nicht mal betrunken.«

Ich lasse den Spalt im Vorhang zufallen und schlurfe hinter die Bühne. Dort steht Botze und reicht mir ein Kölsch »zur Beruhigung«. Ich stürze es einfach herunter.

18:50 Warm-up

Ich bin wie immer knallrot vom Kölsch, das ich nur noch Histaminschorle nenne. Dazu kommen unangenehme Hitzewallungen von der Aufregung. Ein Warm-up habe ich nicht mehr nötig. Aber das Publikum sicher.

Von der Seite sehe ich Benny, den Moderator des Abends, wie er die Bühne betritt. Er hat sich große Mühe gegeben, lustig auszusehen. Sein Anzug ist quietschbunt, die Brille übergroß, und seine Haare sind nicht nur blondiert, sondern auch wild nach oben gegelt.

»Willkommen zum Funny Faces Festival«, grölt er und schaut dann prüfend in die Menge. »Bevor es losgeht, einige Sicherheitshinweise.«

Obwohl es noch eine ganze Weile dauert, bis ich dran bin, beginne ich, mir das Kükenkostüm anzuziehen. Es beruhigt mich ein wenig, es schon anzuhaben, nachdem ich beim letzten Mal … Ach, lassen wir das. Nachteil ist, dass meine Körpertemperatur noch weiter steigt.

»Bitte keine Kaugummis unter die Stühle kleben«, witzelt Moderator Benny. »Und hey … der Mann dahinten! Bitte auch keine Kaugummis essen, die bereits unterm Stuhl kleben!«

Erstes zaghaftes Lachen.

Ich gehe innerlich die Reihenfolge durch: Zuerst wird Benny selbst einen eigenen Stand-up zum Thema Männer und Frauen machen, dann kommt ein Comedian, der sich auf Physical Comedy spezialisiert hat, also Rumhampeln. Und dann ist unsere Garderobe an der Reihe: erst »Jochens tierische Welt der Tiere«, dann Botze und ganz am Ende ich. Wenn wir da angekommen sind, werd ich vermutlich wirklich am Ende sein.

KAPITEL 27: FINALE

19:00 Showtime

Während Benny »innovativen« Zündstoff über das Thema Geschlechterkampf kippt – »Warum kaufen Frauen eigentlich immer so viele Schuhe?« oder »Warum müssen Frauen eigentlich immer zu zweit aufs Klo?« –, gehe ich noch einmal meinen Text durch. Zum roten Kopf und den Hitzewallungen ist Kurzatmigkeit dazugekommen. Aber jetzt das Kostüm aus- und später wieder anzuziehen, kommt auch nicht infrage. Ich bin panisch genug.

Auch Botze scheint aufgeregt zu sein, versucht aber, sich nichts anmerken zu lassen.

»Heute zeig ich's denen … heute zeig ich's denen«, murmelt er immer wieder und stopft sich ein Leberwurstbrötchen nach dem anderen rein.

»Was seid ihr denn so nervös?«, fragt Jochen in die Runde. »Bleibt mal locker, sonst werd ich auch ganz kirre!«

19:40 Dritter Stand-up

Der Physical-Comedy-Act verlässt verschwitzt die Bühne, und Jochen ist an der Reihe. Von draußen hört man schon die Anmoderation.

»Na, vielen Dank«, sagt er und schaut uns strafend an. »Jetzt bin ich auch megaaufgeregt!«

Dabei macht er ein paar seltsame Aufwärmübungen, die er wahrscheinlich bei *Rocky* gesehen hat.

»Hier ist ›Die tierische Welt der Tiere!‹«, johlt Benny und gibt Jochen ein Zeichen. Der ruft laut »Tschakka!« und rennt übermotiviert auf die Bühne.

»Hallo, Freunde«, ruft Jochen mit überraschend brüchiger Stimme. Die hatte er beim Soundcheck noch nicht. »Mein Thema heute ist Hunde. Sie kennen doch Hunde, oder?«

Was für ein Einstieg.

»Alle lieben Hunde, oder? Ist doch so. Viele Paare schaffen sich ja überhaupt nur Kinder an, damit der Hund was zum Spielen hat!«

Leises Kichern.

Irgendwas läuft gar nicht rund bei Jochens Stand-up. Vor einem großen Publikum scheint er alle Selbstsicherheit zu verlieren. Vielleicht kann er nur vor Technikern?

»Wissen Sie, was mich an Hunden irritiert?«, fährt er mit zittriger Stimme fort. »Dass Hunde alles toll finden, was ihre Herrchen machen. Oder? Ist doch so! Sie finden ihr Auto geil, ihre Wohnung, ihre Briefmarkensammlung. Aber ich hab noch keinen Hund getroffen, der gesagt hat: »Och joa, das Wohnzimmer ist ja ganz ansprechend, aber die Gelsenkirchener Barock-Schrankwand, die könnte man mal entsorgen.«

Bei der Hunde-Perspektive versucht er, lustig seine Stimme zu verstellen, aber es gelingt nicht richtig, und er rutscht immer wieder in seine normale Sprechstimme zurück, was in Kombination wirkt, als wäre er mitten im Stimmbruch.

Jochen weiß, dass es nicht optimal läuft, und er weiß auch: Nach einer Minute sollte man das Publikum auf seiner Seite haben – und die ist bereits rum.

Er scheint sein Programm daher spontan zu kürzen und springt zur Bauchredner-Nummer, weil sie ihm offensichtlich wie eine sichere Bank vorkommt. Ich bezweifle das.

»Hunde sind wie Kleinkinder«, sagt er zur Handpuppe. »Nur dass sie einem nachher nicht die Rente zahlen.«

Die Handpuppe guckt beleidigt, zumindest so beleidigt, wie eine Handpuppe beleidigt gucken kann.

»Mann, bist du fies«, antwortet sie. »Aber warte nur, ich werde bald so bekannt sein wie ein bunter Hund!«

Ach du lieber Himmel. Der Bunte-Hund-Gag ist also Bestandteil seines Programms.

»Pfff«, sagt Jochen als Jochen. »Bekannt wie ein bunter Hund? Na und? Dieser bunte Hund ist doch gar nicht bekannt. Oder? Wer kennt den schon? Ist doch so!«

Das gibt's doch nicht. Kann es sein, dass Jochen mir gerade meinen Gag klaut? Wenigstens lacht niemand drüber.

»Also, wenn ich schon bekannt sein müsste wie ein Hund, dann würde ich mich eher für Lassie entscheiden. Oder für Snoopy. Oder für den Hund von Baskerville.«

Immer noch kein Lacher.

»Oder Blondi – den Hund vom Führer!«

Jochen hat offiziell die Kontrolle verloren. Führerwitze kann man hinter, aber keinesfalls auf der Bühne machen.

Peinliche Stille. Dann ertönt ein »Buh« aus dem Publikum.

»Ja, okay«, versucht er die Situation zu retten. »Der Gag war ein bisschen geschmacklos. Sorry … aber buht mich aus! Gebt mir Tiernamen!«

Drückende Stille. Nicht mal ein Buhen. Jochen entscheidet sich spontan dafür, sein Programm an dieser Stelle zu beenden. Er verneigt sich und trottet von der Bühne.

Schade, denke ich, jetzt war schon wieder keine Zeit für *Wer wird Bellionär* mit Jörg Chihuahua.

»Ihr seid solche Wichser!«, zischt er Botze und mir auf der Seitenbühne zu, bevor er beleidigt verschwindet. »Das ist eure Schuld. Ihr habt mir meinen Auftritt versaut.«

Als ich mich zu Botze umdrehe, trifft mich fast der Schlag. Er trägt jetzt ebenfalls ein Kostüm, das er sich irgendwann während Jochens Act angezogen haben muss. Es ist ein Pinguin.

»Was soll das?«, stammle ich benommen. »Du bist ja auch ein Tier. Genau wie ich.«

»Ja und?«, sagt er, als wäre es völlig normal. »Ist doch nicht schlimm. Ein Pinguin ist doch was anderes als ein Huhn.«

»Was anderes? Es sind beides Vögel.«

»Echt? Ich dachte immer, Pinguine sind Säugetiere!«

»Säugetiere? Die legen doch Eier!«

»Quatsch, das hat was damit zu tun, ob man fliegen kann oder nicht.«

»Nee, das hat was damit zu tun, ob man ein Säugetier ist oder nicht.«

Von draußen hören wir Bennys Anmoderation.

»Und darum geht's hier auch nicht, Boris. Ich bin stinksauer. Du hast meine Idee gesehen und geklaut.«

Und dann ist er auch noch vor mir dran, ich fasse es nicht.

»Applaus für den coolsten Pinguin der Welt«, grölt Benny.

»Komm schon. That's Showbiz!«, zischt Botze mir zu

und watschelt auf die Bühne. Die Leute lachen. Ich könnte heulen.

»Puh«, sagt er ins Mikrofon. »Ich brauche erst mal ein Kölsch. Sie wissen ja, wie Pinguine den Kellner rufen, oder? Kollege … Kollege!«

Die Leute lachen laut. Darüber?

Auch Botzes weitere Witze sind unter aller Kanone, aber eins muss man ihm lassen: Er tritt so locker und selbstbewusst auf, dass er das Publikum von Anfang an in der Hand hat. Es ist fast egal, was er sagt.

Nervös krame ich meine Zettel hervor und gehe noch einmal mein Programm durch. Wenn ich schon der Letzte im Tier-Trio bin, muss wenigstens der Text sitzen.

Dann höre ich plötzlich eine Melodie, die mir bekannt vorkommt – und Botze singt:

Ich bin ein komischer Vogel
Und ich bin gut zu vögeln
Zu vööögeln … zu vööögeln.

Botze ist sich nicht zu blöde, seine Performance mit der entsprechenden Pantomime zu unterstreichen, und dreht sich um sich selbst. Dann kommt der Refrain.

Die Melodie ist simpel und wird von einem nervtötenden Piepen, Fiepen, Blubbern und Quietschen begleitet. Verdammt. Bevor ich mir die Ohren zuhalten kann, passiert es:

Meine Eier sind so lecker
Die schmecken supersahnegeil
Komm, probier schon meine Eier
Und dann mein dottergeiles Teil

Meine Eier sind so lecker
Steck sie kurz mal in den Mund
Sie schmecken besser als ein Bonbon
Und wiegen über zwanzig Pfund

Das Publikum findet Botze offensichtlich gut und grölt lautstark mit. Ich wette, dass Cointreau-Wolfgang, der auch heute in der Jury sitzt, gerade Tränen in den versoffenen Augen hat. Als der letzte fürchterliche Ton verklungen ist, verlässt Botze unter tosendem Applaus die Bühne und watschelt auf mich zu. Ich könnte ihm jetzt easy ein Bein stellen und dabei so ungeschickt ausrutschen, dass ich auf ihn drauffalle, mit den Fäusten voran. Aber da ertönt schon Bennys Ansage, und im Grunde ist es würdelos, wenn ein Küken auf einen Pinguin einschlägt. Also recke ich das Kinn und lasse ihn dämlich grinsend an mir vorbeiwatscheln.

»Und weiter geht's auf unserer kleinen Farm, denn jetzt haben wir noch einen Vertreter aus dem Tierreich zu Gast. Hier ist das total verrückte Küken!«

Benny macht eine Geste in meine Richtung, die mir unmissverständlich klarmachen soll, dass ich das total verrückte Küken bin. Damit es nicht zu Verwechslungen hinter der Bühne kommt, oder warum? Wartet da noch ein ganzer Eierkarton voll Küken auf den Auftritt?

Meine Laune ist wirklich grenzwertig, als ich den feuchten Kopf aufsetze und auf die Bühne gehe. Von oben strahlt ein Scheinwerfer mit gefühlten eine Million Watt auf mich herab, und mein Herz hämmert gegen die Rippen.

Als mich das Publikum zum ersten Mal sieht, ist ein leises Kichern zu hören. *Ein* Kichern. Der große, dicke Pinguin hat dem großen, dicken Küken wohl mächtig den

Showeffekt versaut. Vereinzeltes Klatschen, müssen meine Freunde sein.

Als ich vorm Mikro ankomme, ist es noch auf Bennys Höhe eingestellt und deutlich zu niedrig. Ich muss es erst mal richtig positionieren, und das raubt mir wertvolle Zeit. Alle schauen mich erwartungsvoll an. In der dritten Reihe erkenne ich Dannys erhobene Daumen. Und los!

»Keine Feier ohne Eier!«, rufe ich und werfe die Hände in die Luft. Im selben Moment fällt mir ein, dass ich schon wieder vergessen habe, die Flasche Eierlikör mit auf die Bühne zu nehmen. Verfickte Scheiße!

»Eierlikör von Schoppermann!«, singe ich tapfer weiter. »Das Beste, das Eiern passieren kaaaaaaaaan!«

Keine Reaktion. Vor mir fragende Gesichter in Reih und Glied. Wie Eier in einem Karton. Ich überlege, ob ich den Gag bringe, aber Publikumsbeleidigungen sind ein schmaler Grat. Besser nicht.

»Ich schwör … auf Eierlikör.« Ich ziehe den Kükenkopf ab und trinke erneut aus der imaginären Flasche Eierlikör. Das scheint das Publikum noch mehr zu irritieren. Ich fühle mich schrecklich. Aber ich bin ja noch am Anfang. Es ist nicht mal eine Minute vergangen. Das Blatt kann sich noch wenden.

»Was haben Sie denn?«, frage ich mit dem Kükenkopf in der Hand. »Haben Sie noch nie ein Küken mit Menschenkopf gesehen?«

Ein bis zwei zaghafte Lacher sind zu hören. Und dann ein sehr lauter. Es ist Markus. Er ist hier im Publikum. Und ich gerate durcheinander.

»Puh«, stöhne ich und lasse den Kükenkopf fallen. »Ist das heiß hier … Wahnsinn! Ich seh zwar aus wie ein Küken, aber ich fühle mich wie ein Grillhähnchen.«

Mir ist tatsächlich heiß wie einem Grillhähnchen. Nur warum ich angefangen habe, vom Text abzuweichen, ist mir nicht klar. Aber es ist passiert.

»Jaja … wie ein Grillhähnchen«, fahre ich fort. »Nur mit dem Unterschied, dass Grillhähnchen irgendwann mal gegessen werden. Das steht bei mir erst mal nicht an. Obwohl … ich hab heute meine Mails noch nicht gecheckt. Vielleicht hat sich ja jemand auf meine Anzeige gemeldet.«

Ich schaue wieder ins totenstille Publikum. Über den Gesichtern ploppen gigantische Fragezeichen auf. Wow, die Sache mit dem Kannibalen von Rothenburg ist gerade mal zwei Jahre her, und schon erinnert sich keiner mehr. Außer Markus. Er johlt kurz.

Jetzt erkenne ich meine Eltern, die irgendwie versteinert wirken. Was soll ich bloß machen? Weiter, einfach weiter.

»Auf meine Mails meldet sich echt keiner mehr«, fahre ich fort. »Das ist der Unterschied zu Grillhähnchen. Die hängen wenigstens zu mehreren rum und können sich austauschen. Die sind nie allein. Erst sitzen sie nebeneinander auf der Stange, und dann, nachdem …« Ich drehe einem imaginären Huhn den Hals um, und im Publikum stöhnt jemand auf. »… hängen sie nebeneinander an der Stange. Du bist aber schön braun geworden.« Ich verstelle die Stimme übertrieben albern. »Warst du im Urlaub?«

Das war's. Ich kann es laut und deutlich hören, denn ich höre nichts. Jetzt ist nichts mehr zu retten. Die Show ist vorbei.

Resigniert hebe ich den Kükenkopf auf und mache mich auf den Weg von der Bühne. Ein letzter Blick ins Publikum. Danny, meine Familie, Elmar und Nina, alle sitzen da und starren mich mit offenen Mündern an. Nur Markus strahlt, und sein Lächeln hat noch mehr Watt als die Scheinwerfer von oben.

»Am lustigsten bist du, wenn du einfach nur du selbst bist«, hat er mal gesagt, als wir uns gerade erst kennengelernt hatten und ich Witze an ihm ausprobierte. Damals war ich beleidigt. Aber er hat recht.

Wer bin ich gerade? Ich selbst? In einem Kükenkostüm und mit quietschigen Gesangseinlagen? Mit imaginärem Eierlikör und Geschichten, die nichts mit mir und meinem Leben zu tun haben?

Ich lasse den Kükenkopf fallen, gehe zurück zum Mikro und schäle mich langsam aus dem Kostüm.

»Ganz schön unlustig, oder? So sieht also ein Auftritt aus, der total in die Hose geht.«

Ich werfe das Kostüm achtlos hinter mich und wirble durch meine verschwitzten Haare.

»Danke auch an meinen Schauspielkollegen.«

Ich zeige auf Markus. »Du kannst jetzt aufhören zu grölen. War echt überzeugend!«

Aus dem Publikum kommen Laute des Erstaunens und erstes zögerliches Lachen.

»Vielleicht kennen Sie mich ja, ich bin Max Steinbach und habe mal *Die unlustigste Show der Welt* moderiert. Und jetzt wollte ich mal den unlustigsten Stand-up aller Zeiten hinlegen! Sorry, dass Sie sich das angucken mussten.«

Dann lache ich. Ganz pur, und das Publikum lacht zu meinem Erstaunen mit.

»Danke, dass Sie bei diesem Experiment mitgemacht haben – auch wenn es unfreiwillig war. Aber hey … Ihre Reaktionen waren unbezahlbar.«

Ich parodiere den Ausdruck der Fremdscham auf ihren Gesichtern und ernte lautes Lachen.

Zum ersten Mal habe ich das Gefühl, frei atmen zu können auf dieser Bühne, das Gefühl, dass ich hierhin gehöre und alles hierhin führen sollte. Was, wenn alles, was ich in der letzten Zeit durchgemacht habe, mich hierauf vorbereitet hat? Auf diesen Moment?

Und dann beginne ich genau davon zu erzählen: vom tristen Leben als Pannenshow-Autor, von abgesetzten Shows und Produzenten, die nicht mehr rangehen, von den wunderbar absurden Dialogen, die ich mit Markus führe, von der völlig verunglückten Affäre mit Yuma, und die Leute lachen. Sie lachen mich nicht aus, sie lachen mit mir. Sie finden es lustig. Die Käsebrötchen-Diskussionen, die Sache mit Tanja auf dem Riesenrad und nicht zu vergessen, der Beinahe-Kuss mit ihrem Bruder in der Rom-Com im Mittleren Westen aka Köln-Deutz.

»Was?«, ruft Markus bei dieser Stelle plötzlich, und ich blicke zu ihm.

»Ja, sorry, aber so ist das in diesen Liebesfilmen doch. Die Sache mit Sascha war nur dazu da, damit ich begreife, wen ich eigentlich will.«

Hab ich das gerade wirklich gesagt? Ich halte die Luft an, Markus hält die Luft an, jeder hält die Luft an. Dieser Abend ist einer der Momente, in denen alles in mir in Stücke bricht … aber das muss sein … damit im nächsten Augenblick alle Teile ihren perfekten Platz finden.

Also rufe ich »Danke« ins Mikro und dann, nachdem ich seinen Blick gefunden habe: »Übrigens, Markus, ich liebe dich.«

Für Sekunden ist es so still, dass man eine Stecknadel fallen hören könnte. Dann ruft er: »Verdammt, ich dich auch!«

Einen Augenblick später bricht der Applaus los. Eigentlich wollte ich nach meinen letzten Worten direkt verschwinden, aber jetzt verbeuge ich mich, während ich aus den Augenwinkeln sehe, wie Markus über die Sitzreihen klettert, über einen alten Mann mit struppigem Bart, einen Graukopf mit Monokel daneben und eine dürre Dame mit Oberlippenbart. Das kann nicht sein. Aber darüber muss ich mich später wundern, denn jetzt hat Markus den Gang erreicht, rennt auf mich zu, klettert über die Bühnenkante und steht schwer atmend vor mir. Er strahlt so einnehmend, dass die Scheinwerfer um ihn verblassen. Ich nehme seinen Kopf in die Hände und küsse ihn.

KAPITEL 28: KANNIBALEN-MASSAKER

Sanft gleitet das Holzboot den Kahnweiher entlang und entfernt sich langsam vom Steg. Rechts taucht eine kleine, moosbewachsene Steinbrücke auf, links schwimmt eine Entenfamilie und bettelt um Brotkrumen.

Durch den leichten Nebel über dem Wasser brechen die letzten goldenen Sonnenstrahlen des Herbstes. Ein leises Bild voll Schönheit und Romantik, das nur noch den Weichzeichner von David Hamilton und ein Easy-Listening-Stück von Francis Lai vermissen lässt.

Bis etwas durch die zarte Stille bricht.

»Heidewitzka, Herr Kapitän! Mem Möllemer Böötche fahre mer su gähn. M'r kann su schön em Dunkle schunkele, wenn üvver uns de Sterne funkele«, singt Markus, bevor er das Ruder ins Wasser platschen lässt und die quakenden Enten aufscheucht.

»Weißt du, an was mich das hier erinnert?«, fragt er.

»An einen romantischen Liebesfilm mit David-Hamilton-Weichzeichner und Francis-Lai-Soundtrack?«

»Was? Nein, an die Dschungelfahrt aus *Cannibal Holocaust!*«

Cannibal Holocaust, in Deutschland auch unter dem

wohlklingenden Namen *Nackt und zerfleischt* bekannt, ist einer unserer Lieblingshorrorfilme aus den Siebzigern. Ein kleiner, dreckiger Kannibalenfilm mit pseudosozialkritischem Anstrich, der in über fünfzig Ländern der Welt beschlagnahmt ist.

»Lass uns den heute Abend noch mal schauen«, sagt er begeistert. »Oder *Woodoo – Die Schreckensinsel der Zombies* oder was richtig Abartiges von Argento!«

»Okay«, antworte ich, und wieder befällt mich das dämliche Grinsen, das mich seit Tagen begleitet, wenn ich ihn anschaue.

»Mich in dich zu verlieben …«, sagte er gestern, kurz bevor wir eingeschlafen sind, »… war eigentlich ganz leicht. Ich hab dann nur Jahre gebraucht, um es zu kapieren. Dabei ist es bei der Liebe doch nicht wichtig, *was* genau man für jemanden empfindet, sondern dass man es für niemanden sonst empfindet.«

Markus beugt sich zu mir, um mich zu küssen. Dann schnappt er sich beide Ruder und fährt mit maximaler Geschwindigkeit zur großen Fontäne in der Mitte des Weihers. Ich lasse den Blick über das Wasser wandern, bis er über etwas stolpert.

»Ach du Scheiße.«

Markus schaut mich fragend an.

»Dahinten!«

»Dahinten?«

Er dreht sich um und inspiziert den Weiher.

»Da ist nur Wasser!«

»Auf dem Wasser drauf!«

»Enten?«

»Neben den Enten. Da ganz hinten.«

»Noch mehr Wasser?«

»Quatsch! Auf dem Wasser drauf … neben den Enten … da ganz hinten!«

»Spielen wir gerade ›Ich sehe was, was du nicht siehst‹?«

»Siehst du das grüne Boot? Das ist Rainer, der Producer. Der Typ, der nicht mehr ans Telefon geht.«

»Der Typ, der dir erklären kann, warum deine Show abgesetzt wurde?«

»Ja.«

»Na dann, volle Kraft voraus!« Markus stoppt das Boot und lenkt es in die andere Richtung, dann rudert er los.

»Was zur Hölle machst du da?«

»Ich rudere uns dahin.«

»Spinnst du?«

»Ja, aber darum geht's gerade nicht. Wir klären das jetzt. Hier auf dem Wasser kann er dich nicht mehr ignorieren.«

Unser Boot wird immer schneller. Der abstinente Markus ist noch unberechenbarer als der auf Koks, Alkohol und Ecstasy.

»Ich will das nicht«, entscheide ich.

»Und ob du willst.« Er blickt mich ernst an.

»Markus, echt. Ich hab mit der Sache abgeschlossen, auf der Bühne im Gloria. Es ist mir egal, warum. Es spielt keine Rolle mehr.«

Markus hört auf zu rudern und inspiziert mein Gesicht. »Du hast Schiss.«

Ich verneine energisch, weil er recht hat. Ja, ich hab Schiss. Vielleicht will ich den Grund doch nicht wissen. Vielleicht hab ich deswegen nie wirklich versucht, Rainer zu konfrontieren. Vielleicht will ich nicht hören, dass die Show einfach nur zu mies war, selbst für einen kleinen Spartensender, nach Mitternacht.

»Sag mir, dass du Schiss hast, und ich höre sofort auf zu

rudern«, entscheidet Markus und setzt das Boot wieder in Bewegung.

Ich werde immer nervöser und starre auf das langsam größer werdende Boot am gegenüberliegenden Ufer wie das Kaninchen auf die Schlange. Aber ich sage nichts.

Mein Boss, der ja eigentlich mein Ex-Boss ist, sitzt dort Arm in Arm mit einer Frau, die mir irgendwie bekannt vorkommt. Dann schaue ich genauer hin, und schlagartig wird mir klar, warum *Die unlustigste Show der Welt* nicht mehr auf Sendung ist.

»Verfickte Scheiße«, flüstere ich. »Er war es. Rainer selbst hat dafür gesorgt, dass ich rausfliege.«

»Hä?«, entgegnet Markus.

»Er hat mich rausgekickt wegen dieser Frau da: Cora!«

Markus hört auf zu rudern und dreht sich um.

»Cora? Wer soll das sein?«

»Cora war die Aufnahmeleiterin – und ist jetzt offensichtlich seine Freundin.«

»Okay?«

»Ich weiß, dass er damals schon tierisch auf sie stand, aber das Problem war, dass sie in mich verschossen war. Zumindest hat sie das behauptet, aber im Grunde war es pures Stalking. Sie wollte einfach nicht kapieren, dass ich kein Interesse an ihr hatte. Und dann hab ich Rainer 'ne Mail deswegen geschrieben. Er hat auch darauf nie geantwortet.«

»Fuck.« Markus schaut mich schweigend an, die Augen zu Schlitzen verzogen. »Dann würdest du dich wohl gerne an ihm rächen, was?«, flüstert er diabolisch, während wir beide in Richtung des grünen Bootes blicken.

»Vielleicht«, flüstere ich zurück.

Da erblickt mich Rainer. Markus rudert mit aller Kraft

los. Rainer nimmt den Arm von Coras Schulter und scheint zu überlegen, was gerade geschieht.

Als uns nur noch wenige Meter trennen, kommt unser Boot zum Stillstand.

»Hallo, Rainer«, sage ich.

»Hallo, Max«, sagt Rainer.

»Hallo, Cora«, sage ich.

»Hallo, Max«, sagt Cora.

»Hallo, Rainer und Cora«, sage ich.

»Hallo, alle zusammen«, sagt Markus.

Der Dialog klingt wie Lektion eins aus *Deutsch für Ausländer*.

Eine lange und peinliche Pause entsteht, in der ich überlege, was in Lektion zwei passieren wird. Dann durchbricht Markus mit einem Schlachtruf die Stille.

»Kannibalen-Massaker!« Er greift in die Ruder und rammt das grüne Boot. Bumm! Ein lauter Aufprall. Beide Boote wackeln wild.

»Seid ihr bescheuert?«, ruft Rainer fassungslos.

Markus antwortet mit einem weiteren Angriff. Er rudert ein Stück zurück und rast dann wieder auf Rainer zu. Zweiter Aufprall. Von allen Seiten spritzt Wasser in unsere Boote.

»Alter! Was machst du da?«, frage ich erschrocken.

»Na, Kannibalen jagen«, antwortet er völlig selbstverständlich.

Rainer versucht angestrengt, ans Ufer zu rudern. Aber er hat keine Chance, denn Markus greift schon wieder an. Bumm! Rainers Boot droht umzukippen, fängt sich aber wieder.

Cora und er sind klatschnass gespritzt.

»Was soll die Scheiße?«, brüllt Rainer. »Ist das eine Racheaktion? Du mieses kleines Arschloch!«

Er nimmt beide Ruder in die Hand und rammt uns mit voller Wucht. Das lässt sich Markus nicht gefallen. Mit einem lauten Aufschrei rammt er zurück. Rainers Boot kippt gefährlich zur Seite, und Markus versetzt ihm den Todesstoß. Blitzschnell streckt er die Hände aus und presst sie gegen das nasse Holz. Das Boot kippt, und Rainer und Cora landen im brusttiefen Wasser.

»Gewonnen«, grinst Markus wie ein sechsjähriger Junge, greift die Ruder, wendet das Boot und rudert uns seelenruhig pfeifend weg.

»Fick dich!«, schreit Rainer.

»Fick dich!«, schreit Cora.

»Fickt euch!«, schreie ich.

»Fickt euch alle!«, schreit Markus.

Schön, dass wir es doch noch bis Lektion zwei geschafft haben.

Ich schaue zu, wie Rainer und Cora immer kleiner werden beim Versuch, wieder ins Boot zu klettern. Sie stellen sich so dämlich an, dass sie beginnen, sich lautstark zu streiten.

»Vielleicht hätten wir sie retten sollen«, überlege ich laut. »Aber andererseits würde es dann nie zu dem Vorfall kommen, der als das Lindenthal-Massaker in die Geschichte eingehen wird.«

Markus grinst. »Das Lindenthal-Massaker?«

»Genau, in ein paar Wochen werden wir erfahren, was wirklich geschehen ist: Rainer und Cora schafften es zwar nicht zurück ins Boot, aber auf die kleine, dicht bewachsene Insel in der Mitte des Weihers. Blau und aufgeweicht lagen sie dort, zu schwach, um nach Hilfe zu rufen. Als der quälende Hunger irgendwann einsetzte, blieb ihnen nur noch eine Möglichkeit: Sie mussten sich gegenseitig aufessen. Was anfangs noch ein zögerliches Anknabbern war, steigerte sich rasch zu einer wilden, rücksichtslosen Fressorgie. Und so war alles, was die Polizei vorfand, zwei bis zur Unkenntlichkeit abgenagte Torsos, in einer Lache aus Blut, Knochen und Gedärmen. Ende.«

Markus lässt die Ruder sinken und betrachtet mich eine Weile. »Ich liebe dich, Max.«

EPILOG

»Birds of a Feather« ist der vierte Song auf dem neuen Album von Billie Eilish und unser Lied 2024. Er ist exakt 3:30 Minuten lang, wie es die goldene Regel für perfekte Popstücke besagt. Und exakt dreieinhalb Minuten vor Mitternacht setze ich die Nadel zum zweiten Mal an diesem Tag auf die Rille im Vinyl, an der er beginnt.

»I want you to stay, 'til I'm in the grave.«

Noch bevor ich mich in Richtung Party umdrehen kann, spüre ich die Arme, die sich um meine Hüften legen, und ein Kinn gräbt sich in meine Halsbeuge.

»Elmar kennt jemanden, der uns die Küche schnell wiederherstellen kann«, flüstert Markus in mein Ohr. Ich lege den Zeigefinger an meine Lippen, drehe mich in seinen Armen um und lege die Hände auf seine Schulterblätter.

»Lass uns erst mal ins neue Jahr tanzen.«

»Ich kann nicht paartanzen.«

»Das weiß ich.«

»Ich könnte einen Kurs machen im neuen Jahr.«

Ich muss lachen, und Markus rollt die Augen.

»Das würdest du tun?«

»Nur, wenn die Sache für immer zwischen uns beiden bleibt.«

Er grient mich dämlich an.

»I love you ’til the day I die«, singen Billie und ich als Antwort, und selbst nach zwanzig Jahren habe ich immer noch das Gefühl, dass mich die Welle der Romantik, die ich manchmal fühle, jeden Moment wegreißen kann – wenn er so nah ist, dass ich die Wimpern an seinen Lidern zählen könnte. Ich schwinge uns beide zum Rhythmus der Musik hin und her. Im Hintergrund höre ich Elmar laut den Countdown anstimmen. Zehn.

»Schade eigentlich, dass wir nur *ein* Leben zusammen haben«, raunt er dicht an meinem Ohr. »Wir sollten Buddhisten werden. Die haben neun Leben.«

Ich halte mitten im Takt inne. »Was redest du da? *Katzen* haben neun Leben!«

Elmar ruft neun.

»Dann halt sieben Leben oder so. Darauf kommt es doch jetzt nicht an.«

Acht.

»Ah, okay«, entgegne ich schnippisch.

Sieben.

»Und buddhistische Katzen haben dann sechzehn Leben oder was?« Alle rufen sechs.

»Im Prinzip ja, aber vielleicht multiplizieren die sich auch.«

Fünf.

Ich öffne den Mund zu einer Antwort und schlucke sie herunter, als ich Markus’ Lippen dicht vor meinen spüre.

Liebe bedeutet auch, den anderen mal argumentativ gewinnen zu lassen. Oder einfach nicht hinzuhören ab und an.

Vier.

»Dann lass uns im nächsten Leben buddhistische Katzen werden«, flüstere ich.

Drei.
Markus' Lider schließen sich flatternd.
Zwei.
Er schließt die Lücke zwischen unseren Lippen.
Eins.
Wir küssen uns.
Null.

ABSPANN

Das war:

Konfetti-Blues
Ein Liebesroman

Eine Droemer-Knaur-Produktion
von:

Lutz van der Horst

mit:

Max
Hauptdarsteller

Danny
Bürokollege

Markus
bester Freund

Yuma
Schwarm

Elmar
Freund

Nina
Elmars Schwarm

Tanja
Ex-Freundin

Sascha
Tanjas Bruder

Zainab
Markus' Mitbewohnerin

Botze
Kollege 1

Jochen
Kollege 2

N. N.
Mutter

Robert
Vater

Sonja
Schwester

Paul
Neffe

Marko
Redakteur

Dr. Wasweißichwiesieheißt
Ärztin

Wolfgang
Jurymitglied

Torben
Headautor

Rainer
Ex-Produzent

Cora
seine Freundin

Benny
Moderator

König Glitzerbart
Tagtraum-Darsteller 1

Artus & Merlin
Tagtraum-Darsteller 2 & 3

Danke an

Annegret Bauer
Steffen Haselbach
Johanna Bedenk

Angela Kuepper
Lars Truhn
Alexandra Schlump
Esteban de Alcazar
Claudius Pläging
Manuel Butt
und Tincharan

Ähnlichkeiten mit lebenden und
toten Personen sind rein zufällig.